The Things We Make

ⓒ 2023 by Bill Hammack

Originally published in the United States by Sourcebooks, LLC.

www.sourcebooks.com

This Korean translation published by arrangement with Bill Hammack in care of Sourcebooks, LLC through Alex Lee Agency ALA.

이 책의 한국어판 저작권은 알렉스리 에이전시 ALA를 통해 Sourcebooks LLC사와 독점 계약한 (주)윌북에 있습니다. 저작권법에 의하여 한국 내에서 보호를 받는 저작물이므로 무단 전재 및 복제를 금합니다.

삶은 공학

The Things We Make

불확실한 세상에서 최선의 답을 찾는 생각법

빌 해맥 지음
권루시안 옮김

월북

이 책에 대한 찬사

이 책은 인류의 가장 위대한 걸작품들 이면의 미스터리를 풀어낸다. 빌 해맥은 설계와 건설 전문가일 뿐 아니라 의사소통에도 재능이 있다. 수학을 싫어하는가? 그래도 상관없다. 과학을 어려워하는가? 그래도 괜찮다. 빌 해맥의 글을 읽는다면, 누구라도 공학자처럼 생각할 수 있게 될 테니까.

애덤 그랜트 | 《뉴욕타임스》 베스트셀러 『싱크 어게인』 저자

빌 해맥의 책은 공학자와 발명가가 실제로 어떻게 작업하는지를 보여주는 매혹적인 여정이다. 공학자, 과학자, 심지어 당신과 나를 비롯한 누구라도 뭔가를 만지작거리다 보면 쓸모 있는 것을 만들 수 있음을 증명한다.

도널드 노먼 | 베스트셀러 『디자인과 인간심리』 저자

공학의 역사에서 가져온 생생한 이야기를 가득 담아 공학자가 작업하는 방식을 설명하는 매혹적인 책이자 깨달음을 주는 책.

롤런드 에노스 | 『목재의 역사 The Age of Wood』 저자

이 훌륭한 책은 집념과 인내심이 강하고 실용적인 영리한 사람들에

대한 감동적 이야기로 가득하다. 해맥은 널리 인정된 과학 서사를 뜯어 고치는 사명을 수행하고 있다.

리처드 메인웨어링
|『귀에 들리는 (그리고 들리지 않는) 것 What the Ears Hears (and Doesn't)』저자

공학자들이 수 세기에 걸쳐 고안한 영리한 해법을 조명하는 즐거운 여행. 포도즙을 짜는 고대 장치부터 정밀하게 조절되는 '양초시계'에 이르기까지 매혹적인 역사로 가득한 한편 자전거, 전자레인지, 세탁 세제 등 우리가 당연하게 받아들이는 집 안의 보잘 것 없는 일상 용품을 새삼 고맙게 여기도록 만든다.

로버타 궉 Roberta Kwok | 과학 저널리스트

해맥은 감탄스러울 정도의 권위를 가지고 명료하고 지혜롭게 글을 쓴다.

《커커스 리뷰》

이 책은 역사를 포괄적으로 살피며 공학은 과학과 같지 않다는 매혹적인 주장을 내놓는다. 해맥은 인간의 발전에서 시행착오의 역할을 훌륭하게 설명하면서, 세상을 완벽하게 이해하는 것이 혁신의 전제 조건이 아님을 압도적으로 주장한다. 영리하고도 호기심 많은 그의 설명은 설득력이 있다.

《퍼블리셔스 위클리》

추천의 글
| 저항이 있다는 것은 세상을 바꾼다는 증거 |

내가 지금보다 유명해지기 전 사람들에게 가장 자주 들었던 말은 "생각했던 이미지와는 다르게 유쾌하시네요!"였다. 아마 내 직업에 붙는 두 글자인 '로봇'과 '공학자'를 듣고 딱딱하고 뻣뻣한 이미지를 떠올리는 듯했다. 어쩌면 SF영화에 종종 등장하곤 하는, 연구소에 홀로 틀어박힌 채 나쁜 로봇을 만들어내는 냉혈한 박사 이미지를 상상한 것일지도.

하지만 이는 모두 공학에 대해 잘 알지 못해 비롯된 오해다. 우선 공학자는 자기만의 연구소에 틀어박혀 일할 수 없다. 공학에 필요한 과학과 수학 지식은 혼자 익힐 수 있다고 해도, 인문사회적인 지식은 독학하기 어렵다. 공학은 세상을 더 나은 곳으로 변화시키기 위해, 즉 인간을 행복하게 만들어주기 위해 노력하는 학문이다. 그러기 위해서는 밖으로 나가 사람들의 이야기를 듣고 공감해야 한다. 감성 없는 이성이란 없는 법이며, 인간에 대한 이해가 없는 엔지니어링은 처음부터 시작될 수조차 없다.

공학자가 혼자일 수 없는 두 번째 이유는 다음과 같다. 어떤 공학자든 일단 연구를 시작하면 책 속에 기록된, 이미 그 길을 걸었던 선배 엔지니어를 만나게 된다. 그 비슷한 연구를 성공시킨 사람, 이러저러한 시도를 했지만 실패한 사람까지 아주 여럿이다. 그리고 실제로 옆에서 의지를 북돋고 아이디어를 건네고 조력하는 스승, 동료, 제자가 있다. 이래저래 공학이란 사람 옆에서 교감하며 발전하는 학문이다.

공학자가 딱딱하고 뻣뻣한 사람이라는 것도 큰 오해다. 공학하려면 누구보다도 유연한 자세가 필요하다. 공학자는 실패를 밥 먹듯이 하는 직업이다. 세상에 없는 것을 만들려면 자주 넘어질 각오를 해야 한다. 딱딱한 사람이라면 쉽게 꺾이고 부러지기 쉽다. 엔지니어링을 하고자 한다면 말랑말랑한 몸과 마음을 만드는 게 먼저다.

이 책 『삶은 공학』에는 더 나은 세계를 위해 계속해서 넘어지고 일어났던 여러 공학자의 이야기가 가득하다. 수학도 과학도 심지어 자도 없던 시절부터 인류는 공학을 실천해왔다. 저자 빌 해맥은 이 세상 모든 건축의 토대가 된 대성당과 예술 문화 언론계를 뒤흔든 컬러사진기부터 자전거, 전자레인지, 세탁 세제 등 우리가 당연하게 받아들이곤 하는 주위의 보잘것없는 일상용품까지 세상 모든 것의 시작에는 언제나 공학이 있었음을 일러준다. 그가 설명하는 역사 속 모든 공학자는 세상에 없던 물건을 만들기 위해 어쩔 수 없이 불확실한 정보와 한정된 자원을 가지고 여러 차례 시행착오를 거쳐야만 했다.

나는 책을 읽는 내내 밧줄과 돌만 가지고 드높은 대성당을 지어야 했던 13세기 건축가의 마음을, 병으로 한쪽 다리를 잘라야 했던 최악의 상황에서도 최고의 자기를 만들기 위해 고군분투했던 웨지우드의 얼굴을 끝없이 떠올려 보았다. 공학자들은 언제나 도전했고, 현명하게 실패했고, 세계를 바꾸었다. 그러니까 이 책은, 공학의 역사와 기계의 작동 원리를 담은 이야기이자 아직 도래하지 않은, 보이지 않는 세계로 건너가는 방법을 소개하는 이야기이기도 하다.

공학을 진심으로 사랑하는 저자 빌 해맥이 펼치는 아름답고 유려한 언어에도 감탄했다. 다소 우스꽝스러워 보이는 발명품일지라도 그 안에 숨겨진 진짜 가치와 의의를 밝혀내고, 성별과 인종을 이유로 역사 속에 제대로 기록되지 못한 엔지니어까지 하나하나 짚고 넘어가는 그의 태도는 무척이나 사려 깊다. 공학자처럼 생각하는 법이 우리 삶에 얼마나 많은 도움을 줄 것인지 끊임없이 설명하는 그의 열정을 보고 있자면, 누구나 귀중한 깨달음을 얻을 것으로 생각한다.

책을 덮고 주위를 둘러보면 공학의 손길이 닿은 우리 세계가 얼마나 경이롭게 확장되었는지 새삼 깨닫게 될 것이다. 우리가 사는 세상은 언제나 불확실하고, 공학자는 한정된 자원으로 자기 몫의 해법을 찾아내야 한다. 사실 내일로 나아가고자 하는 사람 누구에게나 공학적 사고가 필요하다. 그리고 자기 삶의 불편함을 해소하고자 해온 우리는 이미 모두 공학적인 생각을 하고 있다. 당신이 기계를 다루는 것과는 거리가 먼 일을 하고 있을지라도, 당신이 비록 수학이나 과학을 싫어할지라도.

로봇을 만들 때는 움직이고 있는 로봇을 자꾸만 넘어뜨린다. 그런 경험이 쌓여야만 로봇이 제대로 서고 걸을 수 있기 때문이다. 사실 이는 로봇이든 사람이든 도전하고 이뤄내려는 사람이라면 누구나 피할 수 없는 과정이다. '저항이 있다는 것은 세상을 바꾼다는 증거'니까. 공학자에게 시행착오는 실패가 아니라 그저 탐구하는 과정이자, 세계를 진화시키는 경로다. 우리 삶도 마찬가지다. 내가 이 책을 읽고 인생과 공학에 대해 느낀 다양한 감정을 여러분도 느끼게 되기를 바란다. 그래서 여러분이 공학적 생각 도구의 쓸모를 깨달을 수 있게 되기를, 그렇게 불확실한 세상에서 자신만의 해답을 찾아나가기를 바란다.

데니스 홍 | 로봇 공학자

〔 차례 〕

추천의 글 | 저항이 있다는 것은 세상을 바꾼다는 증거   6

프롤로그   14

1장   수학도 과학도 자도 없이 대성당을 짓는 법   19
실제 세계의 문제를 해결하는 경험의 힘 | 작은 고무 링이 세계를 바꾸는 방법

2장   최고를 위한 끝없는 탐색   45
이집트인과 아라와크인의 액체 분리 기술 | 세상에 색을 입힌 공학자들 | 인류의 절반을 위한 새로운 자전거

3장   미지 너머에서 해답 찾기   77
공학이라는 아름다운 소용돌이 | 보이지 않는 신호들의 힘 | 해답은 어디에나 존재한다

4장   한정된 자원으로 최선의 방법을 찾아서   109
어떻게 와인을 전달할 것인가 | 이슬람 공학자가 시간을 만들어내는 법 | 머릿속 지식을 우주와 연결하는 방법

5장   실패를 더 똑똑하게 시작할 지혜로 삼는 법   137
재료 공학자의 실패하기 연습 | 잘되지 않는 법을 알아야 잘되는 법을 알게 된다

6장   지식의 학문과 해결의 학문   169
파슨스와 울창한 숲속의 어린나무 | 과학의 도움과 해법의 냄새

7장 공학자가 미래를 내다보는 방법 — 195

불확실한 미래에 수치를 매기려면 | 극단적 비정상이 발생할 확률 | 지금 내놓을 수 있는 최선의 경험칙

8장 한 번의 발명이 세상을 바꾼다는 착각 — 225

대체 누가 전구를 밝혔나 | 변화는 한 단계씩 이루어진다

9장 전자레인지의 역사에 숨겨진 미래의 해답 — 251

퍼시 스펜서와 전쟁과 차가운 음식 | 공학자의 시도가 일상에 스며드는 과정 | 공학의 책임과 세계의 모습

에필로그 — 286

부록 — 297
① 세상을 만드는 공학에 관한 화두
② 새로운 세계로 건너가는 공학적 방법의 A to Z

감사의 글 — 314
주석 — 316
참고문헌 — 331

일러두기

- 단행본 도서는 겹낫표(『』), 단편소설, 시, 논문 등의 짧은 글은 홑낫표(「」), TV 프로그램 및 영화, 그림, 노래 등은 홑화살괄호(〈〉), 잡지나 신문 같은 간행물은 겹화살괄호(《》)로 표시했다.
- 본문 중의 소제목과 강조 표시는 한국어판 편집 과정에서 독자의 이해를 돕기 위해 출판사에서 추가한 것이다.

『방법에 대한 논의 — 공학자의 접근법으로 문제 해결하기
Discussion of the Method: Conducting the Engineer's Approach to Problem Solving』라는
선구적 책을 쓴 빌리 본 코언에게.

이 책의 모든 페이지에서 그 영향이 빛을 발한다.

거의 모든 사람이 기술은 응용과학이라고 잘못 믿고 있다. (…) 기술은 과학보다는 예술과 더 밀접한 관계에 있다. 어떤 식으로든 물질을 고르고 다루어야 하기 때문이기도 하지만, 개념적으로 분석 불가능한 수많은 복잡한 것을 가지고 작업해야 한다는 점에서도 그렇다. 또 한 가지 오늘날 널리 퍼진 오해는 기술은 본래부터 추하고 유해하지 않은 것이라는 믿음이다. 하지만 잠시 생각해 보면 사물이나, 말, 소리, 환경으로 표현되는 최고의 예술뿐 아니라 수많은 즐거운 경험 뒤에 기술이 자리하고 있음을 알게 될 것이다.

시릴 스탠리 스미스, 『구조를 찾아서 A Search for Structure』

프롤로그

내가 파리에 갈 때마다 가장 먼저 들르는 곳은 13세기에 지어진 시테궁의 생트샤펠 대성당이다. 나는 13세기 프랑스 군주의 시종이 그랬을 법한 대로 경건한 마음으로 아래층 예배당에 들어선다. 그리고 중세 프랑스 왕의 부와 권력을 과시하는 금박 아치와 깊은 푸른색 천장에 잠시 눈길을 빼앗긴 다음, 지하 감옥 같은 칙칙한 회색 석벽이 이어지는 둥근 계단실을 따라 올라간다. 계단 바닥이 고르지 않아 난간을 붙잡고 균형을 잡으면서 위층 예배당으로 걸음을 재촉한다. 위층 예배당은 과거에는 왕과 왕비 전용이었지만, 프랑스 혁명 이후에는 인류 평등주의에 따라 모두에게 개방 중이다.

침묵을 요구하는 작은 팻말을 지나 위층 예배당으로 들어선다. 14세기의 어느 프랑스 철학자의 말을 빌려 표현하자면 "낙원에서 가장 좋은 방에 들어간다."[1] 팻말이 있건 없건 모든 방문객은 이 예배당에서 넋을 잃고 침묵에 빠져든다. 안으로 들어간 나는 회중석에 자리를 잡고 앉아 400톤에 이르는 예배당의 석조 천장과 벽을 바라본다. 지름이 30센티미터 조금 못 미치는 가느다란 기둥이 제각기 한 폭의 스테인드글라스 창을 떠받치고, 창을 통과한 햇빛은 다양한 색상의 예배당 조각물과 금박 아치를 비추며 빨강, 파랑, 황금색으로 반짝거린다. 고딕 건축물의 특징인 이 빛은 고대 후기 로

마인들이 지었던 어두침침한 건물과는 판이하다. 판테온이나 콘스탄티노폴리스의 아야 소피아 같은 거대한 로마 건축물이 육중한 벽으로 지상의 제국을 세웠다면, 생트샤펠 성당의 반투명한 고딕 천장을 통해 쏟아지는 빛은 이 세상 것이 아닌 듯한 영적 권력을 상징했다. 무엇보다 공학자로서 내가 주목하는 점은, 이곳이 인류의 여명기부터 오늘날까지 모든 공학자가 사물이나 시스템을 만들어내기 위해 사용한 전략의 모범 사례이기 때문이다.

우리는 순진하게도 공학자가 내놓는 결과물은 과학적 방법을 통했을 것으로 생각한다. 과학과 공학의 관계에 대해 공학자 사이에서 약간은 씁쓸하게 오가는 오래된 농담이 있다. "성공하면 과학의 기적이고, 재앙이면 공학의 실패다." 이 농담은 성공적인 기술은 눈에 보이지 않는다는 사실을 강조한다. 쉽게 말하자면, 우리는 무언가가 고장 날 때에만 용광로를 떠올린다.

우리는 공학의 비결은 지식이라는 불가사의한 영역을 제대로 터득하는 데에 있다고 생각한다. 마치 기계 같고 냉정한 사람이 구사하는 정교한 미적분학, 그리고 강력한 컴퓨터 과학이 그 비결이라고 생각하는 것이다.

그러나 공학자의 위력은 정교한 수학이나 컴퓨터가 등장하기 오래전부터 사용해온 어떠한 방법에 있다. 현대의 공학자는 철근콘크리트 바닥판의 강도에 대한 철저한 지식과 정교한 수학 공식을 사용하여 구조물을 설계하되, 그 구조물이 수명이 다할 때까지 겪을 것보다 훨씬 더 큰 힘을 견디도록 한다. 초고층 건물 설계에서는 공학자들이 말하는 '100년 풍속'을 견디도록 안전 여유를 둘 것을 요구한다. 100년 풍속이란 그 건물이 있는 지역에서 한 세기에 한

번 발생할 것으로 예상되는 가장 강한 바람을 말한다. 그렇지만 이런 정교한 도구나 기법이 '공학적 방법engineering method'은 아니다. 생트샤펠 성당은 오늘날 초등학교 때 가르치는 기본적인 산수나 기하학을 배운 적이 없는 건축가 팀이 설계하고 건설했다. 설령 운이 좋아 읽고 쓰기와 수학을 배웠다 해도, 지역에 따라 자의 길이가 달랐던 탓에 그런 지식을 표준화된 척도 없이 사용해야 했다.

　이러한 환경임에도 중세기 공학자들은 석조 구조물을 너무나 잘 이해했다. 종교개혁 이후 몇 세기 동안 풍화와 방치로 손상을 입기 전에 수명보다 일찍 무너진 대성당은 전체의 극히 일부분에 지나지 않는다. 현대적 건설 방법을 배운 어느 20세기 공학자는 대성당의 설계와 구조에 대해 "거의 어떤 기준으로 보아도 거의 완벽하다"[2]고 말했다. 현대의 도구나 기법 없이 13세기에 생트샤펠 성당을 지은 사람들은 여러 면에서 오늘날의 공학자로서도 더 바랄 수 없을 정도로 깊이 석조 건축물을 이해했다.

　오늘날 석조 대성당을 짓기 위해 자신의 명성을 걸 공학자는 거의 없을 것이다. 이는 석조 대성당의 복원과 보존에서 문젯거리다. 어쨌거나 생트샤펠의 사례는 좋은 공학을 결정하는 것은 컴퓨터 알고리즘이나 구조 분석, 건축 재료에 대한 과학적 지식이 아니라 방법이라는 관념을 강조한다.

　이 책의 목적은 공학적 방법을 가린 베일을 걷어내고 그 찬란한 본모습을 있는 그대로 보여주는 것이다. 공학자의 창의성을 드러내고, 인간의 마음이 어디까지 유연해질 수 있는지를 보여주고자 한다. 기술의 올바른 용도를 결정하고 기술이 제구실을 다 하도록 도울 뿐 아니라 그 한계를 이해하는 것에 이르기까지, 기술에 대해 생

프롤로그

각하는 방법의 기초를 놓을 것이다. 이 책은 역사의 모든 시대를 다루고 있지만, 공학사를 다루는 책은 아니다. 다양한 문화의 예를 들고 있는 만큼 '서양의 업적'을 기리는 책도 아니다. 이 책은 공학을 설명하고 그 기초를 깊이 들여다보며, 우리 세계를 형성하기 위해 공학을 어떻게 활용할 수 있는지를 살피는 책이다.

공학적 방법을 설명하는 데에 대성당 설계보다 좋은 예는 없다. 과학적 탐구, 수학적 조작 등 종종 공학적 방법과 혼동되는 도구들을 벗겨내고 그 핵심에 있는 것을 보여주기 때문이다. 그러고 난 뒤 드러나는 것은 바로 '경험칙'이다.

자, 이제 공학의 세계에 들어가보자. 수학과 과학을 잘하지 못해도, 공학을 공부해본 적이 한 번도 없어도 너무 두려워하지 말길.

1장

수학도 과학도
자도 없이
대성당을 짓는 법

중세 도시의 무질서 속에서 대성당 건축 현장은 놀랍도록 질서 있는 곳이었다. 교회 건물의 규칙적인 비례와 깨끗한 석재는 더러운 주위 환경과 대비되었다. 건축 현장의 바깥 주변은 진흙과 쓰레기, 부서진 도자기, 썩어가는 고기, 인간의 배설물로 뒤범벅이었는데, 인간의 끊임없는 활동이 남긴 찌꺼기였다. 도시에는 수천 명의 사람이 복닥복닥 모여 살았다. 농부들은 곡물이나 달걀, 우유, 치즈를 넘치도록 실은 마차를 매단 짐말을 부렸고, 양치기들은 양떼와 소떼를 몰고 시장으로 향했다. 종종 아이들은 이런 난장판을 피해 건축 중인 대성당 건물 벽을 타고 올랐다. 관청에서 근처에 빙 둘러 가시덤불을 설치해 두어도 아랑곳하지 않았다.

 이러한 도시 풍경 속에서 작업 현장도 온갖 활동으로 북적거렸지만, 여기서는 도편수의 지시에 따라 질서가 유지되었다. 도편수는 다섯 가지 역할을 맡았는데, 오늘날로 치면 공학자, 건축가, 자재 조달업자, 건설업자, 건설 감독자였다.[1] 도편수가 관리하는 100명 넘는 인원은 현장 여기저기에 흩어진 채 온갖 소음을 만들어냈다. 대장장이가 숫돌에다 정을 뾰족하게 쓱쓱 가는 소리, 도구를 때려 만드는 동안 화로에서 나는 쉭쉭 소리, 배관공이 망치로 납을 땅땅 두들겨 처마와 홈통 모양으로 다듬는 소리, 돌 블록용 거대한 기중기를 움직이는 황소를 인부가 찰싹 채찍질하는 소리, 돌 블록을 쌓아 올리는 동안 필요한 비계를 세우기 위해 목수가 서걱서걱 널빤지를 톱질하는 소리까지. 참고로 대성당 한 채를 완공하기까지 사용되는 목재는 무려 약 4000그루였다.[2]

초가지붕을 얹은 작은 건물에서 간간이 울리는 날카로운 망치 소리는 이런 소음에 가려 거의 들리지 않을 정도였다. 대성당 한쪽 벽에 붙여 지은 이 오두막 안에서는 석수 여남은 명이 작업대에서 나무 본에 맞춰 수천 개의 석회암 블록을 정으로 쪼아 다듬었다. 작업하는 동안 석수들은 제각기 헝가리어, 폴란드어, 독일어, 프랑스어, 네덜란드어로 잡담을 나누었다. 곳곳을 순회하며 일하는 이 일꾼들은 어딜 가나 일거리를 쉽게 얻을 수 있었다. 프랑스만 해도 해마다 교회를 10채씩 지었으니까. 또 이 우수한 일꾼들에게는 보수가 후했다. 석수가 가져가는 보수는 목수의 거의 두 배였고, 목수는 지붕널 밑에 까는 이끼를 채취하는 여성 등 비숙련 일꾼의 서너 배에 이르는 보수를 벌었다.

석수는 해가 뜰 때부터 질 때까지 일했고, 아침과 점심을 먹고 술 한 잔을 마실 휴식 시간이 있었다. 여름이면 낮잠 시간도 따로 있었다. 석수는 14일마다 한 번씩 두 시간 일찍 일을 마치고 목욕탕에 갈 수 있었다. 이들만 누릴 수 있는 특전이었다. 목수나 그 밖의 일꾼과는 달리 석수는 모두 대성당 후원자가 지급하는 똑같은 종류의 옷을 입었다. 석재를 나르는 동안 어깨를 보호하기 위한 가죽 두건, 장갑, 비가 올 때를 위한 장화, 여름을 위한 밀짚모자, 그리고 긴 겉옷 한 벌이었다. 털가죽을 댄 겉옷을 걸친 도편수는 석수들이 일하는 동안 장갑 낀 손에 '바게트baguette'를 들고 이 벤치에서 저 벤치로 돌아다녔다. 바게트는 프랑스어로 '막대' 또는 '봉'인데, 이 대성당 건축 현장에서는 길이의 표준으로 삼는 쇠막대를 가리키는 말이었다. 따로 그려진 표시가 없는 일종의 자였다. 도편수는 돌을 다듬는 젊은 석수를 내려다보고 바게트로 지적해가며 나무 본의 사용법을 바로잡아 주었다. 그는 후렴처럼 말하곤 했다. "여길 좀 깎아줘."[3]

 대성당 건축에서 핵심이 되는 이 도편수가 누리는 혜택은 자신이 부리는 숙련 석수들을 훨씬 능가했다. 식비, 말 먹이, 때로는 평생 세금을 면제받는 혜택까지 있었고, 보수도 화폐 가치 하락에 대비하여 은, 아마포, 목재, 신발, 고기, 소금, 양초 등으로 받는 때가 많았다. 대성당 후원자들은 이런 부가적 혜택을 동원하여 다재다능한 일꾼을 도편수로 고용했다. 도편수는 채석장에서 작업 현장까지 석재를 운반하는 기계와 석재를 들어 올릴 기중기를 설계했다. 어느 명장은 잉글랜드 왕이 사용하는 화장실의 배관을 수리하기도 했다. 그러나 도편수의 가장 중요한 업무는 숙련 석수들이 돌을 다듬을 때 기준으로 삼을 나무 본을 만드는 일이었다. 매우 집중해야 하는 일임을 아는 만큼, 젊은 석수들은 오두막 주위로 '인 트라수라'라는 라틴어가 소곤소곤 돌아다니면 도편수가 일하는 데 방해되지 않도록 조심했다. 이 말이 들리면 모두들 도편수가 도안실에서 작업 중이라는 것을 알았다.

 오늘날의 제도실에 해당하는 도안실 안에서 도편수는 노르웨이, 러시아, 독일, 저지대 국가로부터 특별히 수입한 얇은 참나무나 전나무, 소나무 널빤지를 늘어놓고 분필로 돌의 면 모양을 그렸다. 이때 사용하는 도구는 컴퍼스(디바이더), 곧은 자, 그리고 끈이 전부였다. 문맹이었을 가능성이 높은 그는 청사진도, 심지어 서면 설계조차도 없이 이런 모양을 그려냈다. 도편수는 머릿속에서 건축물을 수천 조각의 3차원 퍼즐로 분해했다. 조립하면 완전한 대성당이 되는 퍼즐 조각들이었다. 건축 설계가 거의 전적으로 도편수의 머릿속에만 존재하기 때문에 후원자들은 건축이 진행되는 내내 도편수가 현장에 있을 것을 요구하곤 했다. 하지만 도편수는 자신을 필요로 하는 곳이 많았기 때문에 매우 먼 곳까지 여행하면서 유럽 전역에 걸쳐 다수의 건축 작업을 동시에 진행했다.

도편수의 설계는 단순한 퍼즐 조립이 아니었다. 그 결과물은 오랜 세월 동안 우뚝 서서 귀족 후원자의 부와 신앙심을 기리는 독특한 기념물이 되어야 했다. 어느 도편수는 훈련생인 아들에게 이렇게 충고했다. "명예로운 작품은 주인에게 영광을 안겨준다." 그리고 이렇게 덧붙였다. "서기만 한다면 말이지."[4] 본을 만듦으로써 도편수는 안정적인 구조물을 만드는 데 필요한 지식을 보존하고 전달했다.

도편수는 자신이 지을 대성당의 넓은 내부 공간을 떠받치기 위한 기법을 두 가지 중에서 고를 수 있었다. 모두 건축이 비바람을 막는 단순한 오두막이나 천막 형태에서 웅장한 공공 건축물로 변화하는 사이에 발달한 기법이었다. 하나는 그리스인이 파르테논 신전에서 완벽한 경지까지 구사한 방법이다. 바로 기둥-상인방 구조로, 기둥으로 지붕을 떠받치는 구조라 할 수 있다. 그리스인은 멋진 구조물을 만들기는 했지만, 한 가지 아쉬운 점이 있었다. 평면을 기둥이 빼곡히 채우기 때문에 이 방법으로 만드는 건물은 방이 작고 어두웠다. 이윽고 기둥 사이가 더 넓은 공간을 설계하려는 건축가는 지붕이 될 석판을 지탱하려면 기둥을 더 촘촘히 세울 필요가 있다

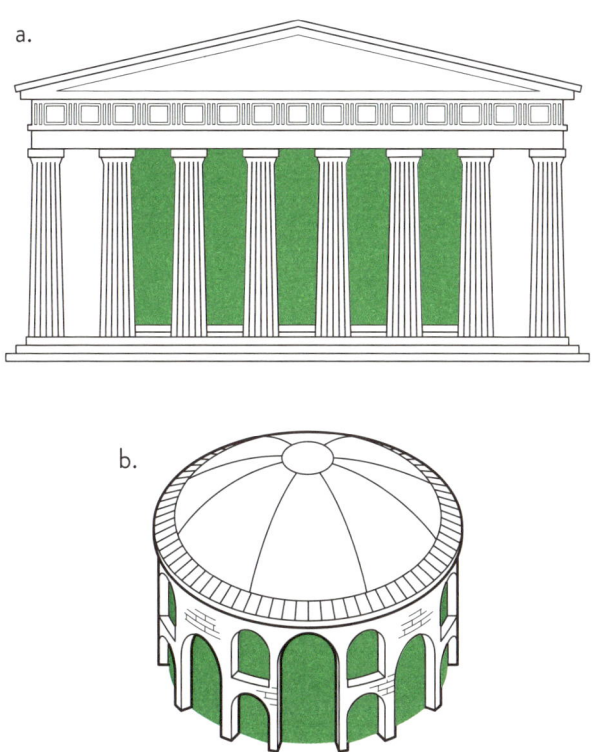

(a) 판테온. 기둥-상인방 구조의 예. (b) 판테온의 돔. 아치의 중심선을 축으로 회전시킨 형태다.

는 사실을 깨달았다. 그렇다면 이 방법은 비경제적이고 만족스럽지 않게 된다. 기둥-상인방 구조는 19세기에 주철 기둥과 도리가 개발되면서 부활했고 이후 고품질 강철 보 덕분에 더 개선되었지만, 고대에 웅장한 건축물을 세우려는 건축가는 로마인이 완벽하게 터득한 또 하나의 방법으로 눈을 돌리는 수밖에 없었다. 바로 아치였다.

로마 황제들은 건물 외관이 중요하다는 것을 알았다. 사람들에게 건축물은 로마의 힘을 보여주는 시각적 단서였다. 자신이 로마의 힘이 다스리는 도시의 시민 또는 피지배민이며 영원히 그러하

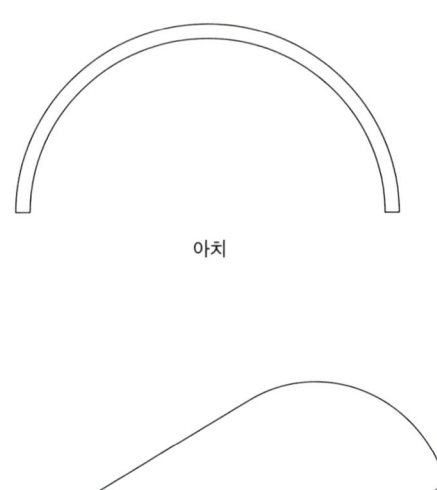

아치

원통형 둥근 천장

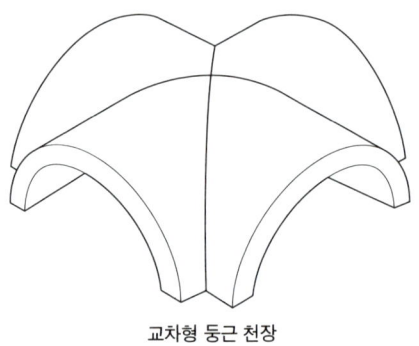

교차형 둥근 천장

둥근 천장을 만드는 아치와 그 역할.

리라는 표식이었다. 물론 로마인이 그리스인으로부터 기둥-상인방 구조를 자유로이 받아들이기는 했지만, 로마제국의 독특한 양식은 곡선이 들어간 건물이었다. 중앙에 집중된 거대한 공간에 돔을 얹은 형태로, 로마에 있는 모든 신을 위한 신전인 판테온이 좋은 예다. 판테온의 중앙 홀에는 지름이 43미터에 이르는 콘크리트 돔이 얹혀 있는데, 미켈란젤로는 이것을 너무나 아름답다고 여긴 나머지 "천사의 솜씨"이며 "인간의 설계가 아니다"라고 말했다.[5] 로마제국의 건축물은 영웅적 기상과 규모의 반원형 아치와 그것이 3차원 형태로 표현된 둥근 천장과 돔을 자랑한다. 기하학과 안정성이 아치와 결합된 둥근 천장과 돔 구조에서는 기둥-상인방의 한계를 훨씬 넘어서는 널찍하고 웅대한 공간 조성이 가능하다.

그러나 중세기 석수 입장에서 이런 유형의 아치는 한 가지 문제를 안겨주었다. 반원형 아치는 높이가 언제나 너비의 절반이라는 점이었다. 도편수는 드높이 치솟은 대성당을 세우고자 했지만, 고대 로마의 아치 기법을 사용하면 높이가 1미터 높아질 때마다 너비는 2미터가 커진다는 게 문제였다.

대성당이 비대해져 도시 블록 몇 개씩을 차지하지 않도록 하기 위해, 그들은 이슬람에 의해 개량된 형태에 주목했다. 바로 '첨정 아치', 즉 뾰족한 아치였다. 높고 날씬한 생김새가 특징인 이 양식은 서기 2세기에 불교 국가인 인도에서 처음 사용되었고, 7세기에 이르러 근동 지역까지 전래되었다. 새로 만들어진 이슬람 세계는 모스크를 지을 때 때마침 이 양식을 활용할 수 있었다. 성전으로 들어가는 입구 여덟 개가 뾰족한 아치로 장식되어 있는 예루살렘의 바위 돔처럼, 이슬람 건축에서는 후기 로마제국 시대에 그리스도교

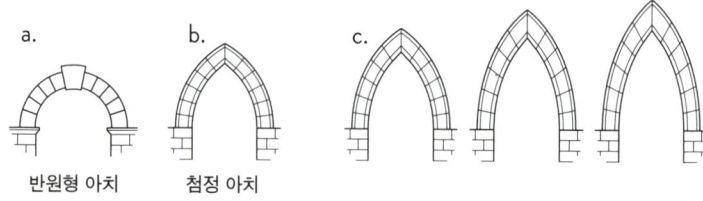

(a) 로마인은 반원형 아치를 광범위하게 사용했다. (b) 중세기 도편수들은 이슬람 세계에서 유래한 첨정 아치를 선호했다. (c) 반원형 아치와는 달리 첨정 아치는 너비를 그대로 두고도 얼마든지 높게 만들 수 있다.

건물 양식을 지배한 반원형 아치 대신 첨정 아치를 택했다. 뾰족한 아치는 아랫부분의 너비가 얼마가 되건 높다랗게 솟아오를 수 있었기에, 비록 종교적 차이가 있을지언정 유럽의 석수들이 중세기 대성당에 높고 장엄한 천장을 만들기 위한 완벽한 도구였다.

대성당 건축을 맡은 석수는 그처럼 숨이 막힐 정도로 아름다운 건축물을 안전하고 경제적으로 건설하기 위해 아치를 떠받치는 벽 두께를 정확하게 설정해야 했다.[6] 너무 얇으면 아치 무게 때문에 벽

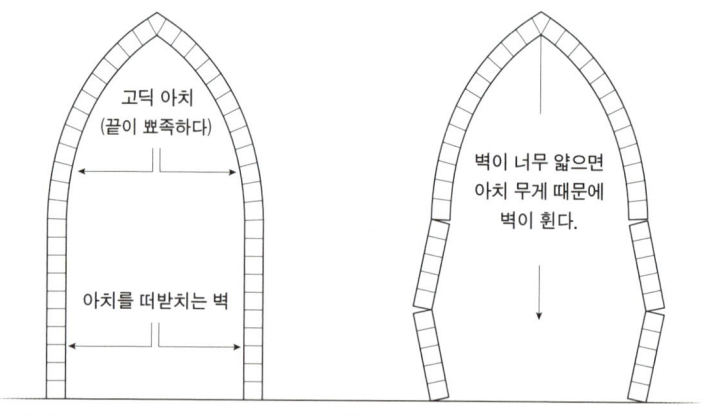

대성당을 설계할 때 가장 중요한 부분은 지붕 아치를 떠받치는 벽의 두께를 정하는 일이었다. 너무 얇으면 아치 무게 때문에 벽이 휘어 구조물이 무너지게 된다.

이 휠 것이고, 너무 두꺼우면 석재가 낭비되고 대성당 내의 탁 트인 공간이 줄어들기 때문이다. 벽 두께를 정하기 위해 도편수는 고대 후기 때부터 전해내려온, 로마의 판테온과 이스탄불의 아야소피아를 세운 법칙을 사용할 필요가 있었다. 벽 두께가 아치 폭의 5분의 1을 약간 초과할 때 안정적인 아치가 만들어진다는 법칙이다. 그렇지만 도편수는 치수 비례 계산은 고사하고 문자도 배우지 못했다. 그래서 숫자가 표시된 자 없이, 유클리드 기하학도 없이 가장 기본적인 수학만을 가지고 이 법칙을 적용했다.

    도편수는 끈을 마치 아치 자체에다 걸친 것처럼 아치 본을 따라 늘어뜨렸다. 그런 다음 한쪽 벽에서 아치의 곡선을 따라 올라갔다가 꼭짓점을 지나 반대쪽 벽까지 아치 전체의 길이와 같도록 끈을 잘라냈다. 그리고 이렇게 자른 끈을 직선으로 놓고 세 등분이 되게끔 접은 뒤 그곳을 색분필로 표시했다. 이제 3등분으로 표시된 끈을 다시 원래의 아치 본에 놓고 아치를 따라 늘어뜨렸다. 그다음 끈의 분필 표시대로 아치 자체에다 핵심 지점이 될 곳 두 군데를 표시했다. 각기 아치 꼭짓점으로부터 양쪽으로 약간 내려온 지점이었다. 끈의 분필 표시가 된 지점을 핀으로 고정한 다음, 끈 양쪽으로 나머지 3분의 1 부분을 직선이 되도록 팽팽하게 당겨 아치와 지지벽이 만나는 지점에 오게 했다. 이 선분의 길이와 선분의 경사각이 법칙의 핵심이었다. 석수는 이 선분과 똑같은 길이의 끈을 따로 잘라 원래 선분과 일직선이 되도록 그 끝에 이어놓았다. 이렇게 이어진 두 선분이 석수의 머릿속에 있는 직각삼각형의 빗변이 되었고, 그 삼각형의 가장 짧은 밑변이 그가 찾는 최종 수치인 아치를 떠받치는 벽의 두께가 될 것이었다. 아마도 그는 빗변과 밑변이란 단어

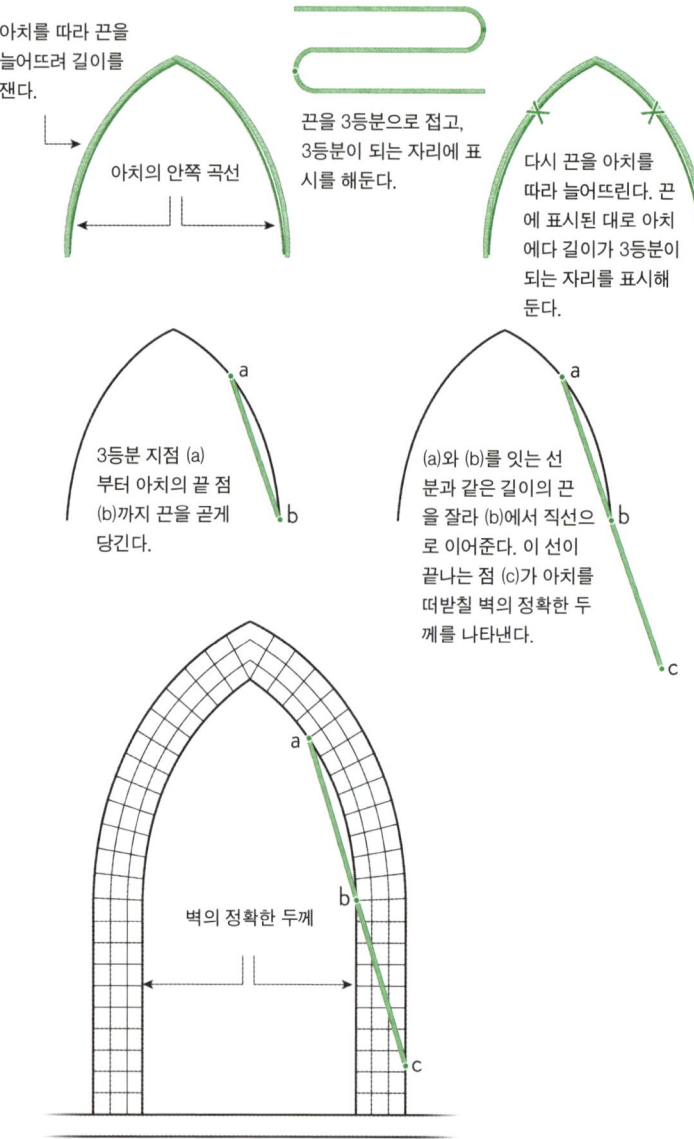

도편수는 대성당을 설계할 때 수학도 분석 기하학도 사용하지 않고, 오직 끈만 활용해 비례 법칙을 적용했다.

는 평생 들어본 적이 없었겠지만, 이후 몇 세기 내내 안정성이 보장되는 수치를 간단하기 그지없는 수학 계산조차도 동원하지 않고 알아낸 것이다.

이 비례 법칙은 1000년에 걸쳐 적용하고 다듬은 끝에 만들어진 것이다. 이 법칙에서 결정된 수치대로 더 많은 건축물이 세워짐에 따라 법칙은 구전으로 전해지며 반복해 활용되었다. 그 예로 13세기 중반에 생트샤펠 성당이 세워지고 그로부터 150년 정도가 지난 뒤 남쪽으로 960킬로미터 남짓한 곳에 세워진 지로나 대성당 앞면에 이 법칙이 적용된 것을 들 수 있다. 이는 도편수에게만 알려진 지식체계에 포함되는 수많은 법칙 중 하나였다.

이러한 법칙은 석수 한 명이 평생토록 건물을 지으면서 쌓은 직관에서 생겨난 것들이었다. "너 자신의 좋은 생각을 활용하라."[7] 어느 도편수는 아들을 가르치며 그렇게 말했다고 한다. 전형적으로

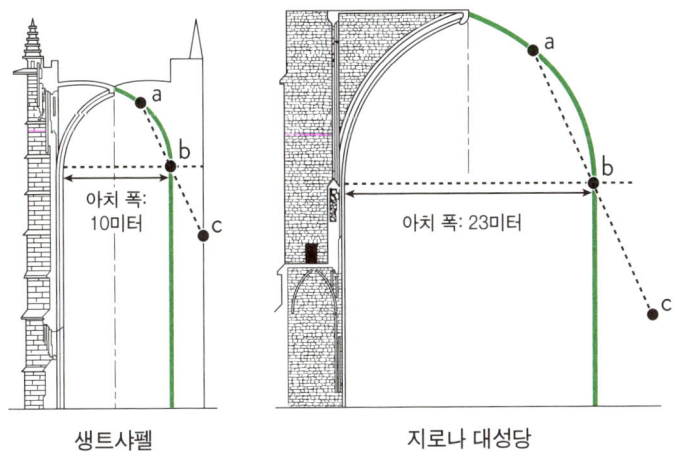

생트샤펠은 13세기 중반에 지어졌고, 지로나 대성당은 15세기 초에 세워졌다. 둘 다 같은 경험칙을 사용하여 구조물의 지지벽 두께를 결정했다.

쓰인 한 가지 판단 방법은 블록으로 쓸 석재의 품질 평가 방식이었다. 약한 암석층이 끼여 있는가? 망치로 톡톡 두들길 때 부서지거나 금이 가는가? 몇 주 동안 물에 노출시켰을 때 블록이 약해지는가? 품질이 뛰어난 석재를 사용할 때는 위에서 계산한 두께에서 7.6센티미터 정도를 뺐고, 약한 석재라면 7.6센티미터를 더했다. 도편수는 시공 도중에 수정을 가할 수도 있었다. 만일 움직이거나 흔들리는 돌이 눈에 띄면 다른 모양의 돌로 교체했다. 또는 마른 모르타르를 점검하여 응력 때문에 균열이 생긴 곳이 있는지를 살핀 다음 구조를 보강하기도 했다.

바로 이것이 공학적 방법이다. 이 방법은 체계적이고 실행 가능한 문제 해결 과정이자, 인류 세계를 창조한 힘이다. 13세기 프랑스 석수가 이 힘을 어떻게 활용했는지를 관찰함으로써, 우리는 다음과 같이 가장 기본적인 형태로 공학적 방법을 정의할 수 있다.

<u>불완전한 정보를 가지고 경험칙을 활용하여 문제를 해결하는 것.</u>

이 간단한 정의는 언뜻 전혀 흥미롭게 느껴지지 않을 수 있지만, 이 덕분에 중세기 도편수라고 불리던 공학자는 정교하고 멋진 대성당을 지을 수 있었다. 그에게는 재료의 강도나 돌 블록 한 개의 내부에서 작용하는 정확한 응력·변형력에 대한 이해가 없었다. 오늘날 우리가 중요하게 여기는 기술적 지식도, 심지어 간단한 비율을 계산할 수 있는 수학적 능력도 없었다. 더욱 놀라운 점은 자신은 그런 지식이 없다는 자각조차 없었다는 것이다. 그 어떤 순간에도 '내가 이 암석의 파괴 강도만 계산할 수 있었더라면' 하고 생각하는

법이 없었다. 그런 생각을 했을 거라는 상상은 오늘날의 공학을 기준으로 과거를 바라보는 시대착오적 발상이다.

실제 세계의 문제를 해결하는 경험의 힘 ♟

우리는 이 같은 결점에도 석수가 성공할 수 있었다는 사실에서 경험칙의 중요성을 알 수 있다. 또 공학적 방법은 경험에서 파생된 잠정적 지침으로만 이루어지며, 그중 어느 것도 정확한 답을 보장하지 않지만 함께 엮일 때 신뢰할 만하다는 점을 알 수 있다. 심지어 실용적이고 아름다운 결과물을 만들어낸다. 이러한 방법으로 세계에 혁명을 일으켰다는 것이 믿기지 않지만, 사실이 그러하다. 동굴에서 부싯돌을 사용하던 과거부터 놀라운 디지털 도구를 사용하는 오늘날에 이르기까지 공학자는 경험칙을 동원해 창의성을 보여주는 위대한 업적을 달성하고, 인간의 독창성이 갖는 한계를 넓혀왔다.

경험칙의 공식적인 용어는 '발견법heuristic'으로, 문제의 해결책을 찾아내기 위한 지름길로서 사용되는 부정확한 방법을 뜻한다. 이는 너무나 오래전부터 널리 퍼져 있는 발상이어서, 사실상 모든 언어권에 이에 해당하는 단어가 있는 것으로 보인다. 게다가 신기하게도 신체 부위와 관련된다. 프랑스어로는 코('르 피프'), 독일어로는 주먹('파우스트레겔'), 일본어로는 '눈대중', 러시아에서는 '손가락으로'이다.[8] 이런 용어는 모두 간단한 상식을 길잡이 삼아 추정하는 부정확한 방법을 나타낸다. 정의에 따르면 경험칙은 "비교적 구조화되지 않은 방법"[9]을 동원하여 결과를 이끌어낸다. 이는 문제 해결에 그럴 법하게 도움이 될 수 있으나, 과학이나 철학 관점에서는 결과 말고는 무엇으로도 뒷받침될 수 없는 까닭에 정당화되지 않는 모든 것을 말한다. 그러나 이런 사전적 정의는 재미도 없고 딱히 명료하지도 않다. 경험칙을 제대로 이해하기 위해서는 이것이 가진 다음 네 가지 특징을 알아두는 쪽이 더 낫다. 체스를 잘 두는 방법으로 알려진 "체스판의 중앙을 지배하라"라는 경험칙을 예로 들어 설명해 보겠다.

첫째, 경험칙은 문제의 해결책을 찾는 데 필요한 시간과 노력을 줄여준다. 체스 기사는 최대한 많은 갈래의 구체적 시나리오에 맞춰 계획을 세울 수도 있겠지만, 전반적으로 체스판 중앙 공간을 차지하도록 말을 움직인다면 그 대부분의 경우 세세한 부분 때문에 고민하는 일이 없을 것이다.

둘째, 경험칙은 주어진 변수 안에서 성공 확률을 확보해 주지만, 성공을 보장하지는 않는다. 체스판의 중앙을 지배하는 선수가 게임마다 이기는 것은 아니지만, 취미로 체스를 두는 사람이 이 법칙에 신경을 쓴다면 이 법칙을 무시하는 상대를 이길 가능성이 더 클 것이다.

셋째, 경험칙은 같은 문제를 푸는 데 도움이 되는 다른 경험칙에 위배되는 동시에 유효성을 유지할 수 있다. 즉 체스 선수가 체스판 중앙에 대한 지배력을 포기하게 된다 해도 "나이트를 위한 전초기지를 확보하라"나 "비숍을 대각선 위치에 유지하라" 같은 경험칙을 기억해 이길 수도 있다.

넷째, 경험칙은 절대적 기준을 거부한다. 경험칙은 문제가 갖는 맥락에 따라 적용하고 판단하도록 만들어졌다. 그런 만큼 추상적으로나 객관적으로 따질 때는 덜 유용하거나 심지어 의미가 없어질 수도 있다. 체스 이론가는 "체스판 중앙을 지배하라"가 "게임 후반을 위해 킹의 수를 아껴라"보다 더 나은 경험칙이라고 말할 확실한 근거를 찾지 못한다. 체스 선수는 이제까지 지키던 모든 법칙이 스피드 체스를 두려고 하자 갑자기 쓸모가 없어지는 상황을 맞이하기도 한다.

 이런 특징을 대성당 도편수에게 적용해보자. 첫째, 비례 법칙을 활용하면 수학 지식을 배우는 데 시간을 들이지 않고서도 단 몇 분 만에 안정적인 벽 두께를 결정할 수 있다. 둘째, 어떤 웅장한 석조 건축물이라도 무너질 위험이 있다. 그러나 비례 법칙으로 설계된 기존의 대성당이 안전하게 유지되고 있고, 그래서 자신의 대성당 역시 살아남을 가능성이 높다는 확신을 충분히 가질 수 있다. 셋째, 이 법칙만으로 지지벽 두께를 결정하면 벽이 너무 약해질 수도 있으므로, 도편수는 석재의 품질을 판단하면서 다른 경험칙을 동원하여 계산을 보정했다. 끝으로, 대성당을 지을 때는 이런 고딕 양식 설계 법칙이 너무나도 알맞게 쓰이지만 중세 석조 건축물이라는 범주를 넘어 적용하면 절대적으로 실패하며 심지어 재앙으로 끝난다. 현대의 공학자는 현대적 방법을 사용해 특정 구조가 지탱할 수 있는 최대 하중을 알 수 있다. 그런 다음 예상 하중의 다섯 배까지 지탱하도록 안전 여유를 두고 구조물을 설계한다. 만일 그러지 않고 현대의 초고층 건물을 설계할 때 석수의 비례 법칙을 되살려 적용하기로 한다면 그 건물은 아마도 완공도 전에 그 자체 무게로 무너져 내릴 것이다. 그러나 같은 비례 법칙에 따라 석수들이 지은 대성당 중 많은 수는 오늘날에도 전통 있는 예배 장소나 관광 명소로 살아남아 있다.

최첨단 기술로 초고층 건물과 우주선을 건설하는 이 시대, 옛 건축가가 쓴 방법의 역할은 그저 '진짜 해답'이 나올 때까지 자리를 맡아둔 것 정도로 생각하고 싶은 유혹이 든다. 우리는 석수의 설계 방법을 '원시 공학'으로 볼 수도 있다. 현대 공학자가 사용하는 세련된 방법으로 진화하기 전의 방법으로 보는 것이다. 그러나 그렇게 판단하기에는 무리가 있다.

고딕 건축물에서 이런 비례 법칙이 통한 데는 특별한 이유가 하나 있다. 바로 쓸 수 있는 석재가 남아돌다 보니, 석수가 석재를 파괴 강도에 근접하는 정도의 응력에 절대로 노출시키지 않았기 때문이다. 그들은 그 사실을 알지도 못했다. 돌기둥은 높이가 약 2000미터에 이르기 전에는 제일 아랫부분의 돌이 짜부라지지 않는다. 중세기에 세워진 가장 높은 대성당인 솔즈베리 대성당의 첨탑 높이인 123미터보다 훨씬 높다.[10] 석수의 경험칙은 그 시대 그곳에서 필수이자 무적의 방법이었다. 그러나 고딕 설계 법칙은 더 이상 쓸모가 없어지자 진화하는 것이 아니라 그냥 모습을 감추었다. 중세기 도제 제도의 구전 전통으로 현장에서도, 기억에서도 사라진 것이다. 수많은 시간이 흘러 지난 50년 동안 건축사학자들이 15세기의 소책자와 대성당 자체의 측정치를 바탕으로 역공학을 동원해 갖가지 경험칙을 그러모아 재구성했다.

경험칙은 여럿이 공존할 수도 있고 쉽사리 내다 버릴 수도 있다는 점에서 과학적 방법과 차이가 드러난다. 경험칙의 가치는 과학 이론과는 달리 다른 경험칙과의 대립을 통해 확립되지 않는다. 뉴턴의 이론을 대체한 아인슈타인의 이론을 생각해보자. 뉴턴은 공간과 물질은 절대적이며 불변하다고 상상했다. 공간 속에서 움직이는 단단한 물체의 길이는 그대로 유지된다는 것. 그렇지만 아인슈타인은 물체가 움직일 때 길이가 줄어든다는 것을 증명했다. 기회가 주어져 우리가 빛에 가까운 속도로 움직인다면 이 현상을 정확하게 볼 수 있을 것이다. 사실 고속도로를 달리는 것만으로도 아인슈타인의 복잡한 방정식을 이해할 수 있다. 이 원리가 발견되면서 뉴턴의 이론은 틀렸음이 입증되었고, 그는 역사적으로는 존경받지만 이론물리학자로는 인정받지 못했다. 반면에 중세기 석수의 비례 법칙은 한 번도 틀렸음이 입증되지 않았다. 대성당 아치는 오늘날에도 그 증거로 남아 있다. 그 법칙을 과거에 남겨둔 계기는 그저 물질세계였다. 시대가 바뀌어 철과 강철이 발달한 결과였다.

달리 말해 과학적 방법과 공학적 방법은 목표가 다르다.

<u>과학적 방법</u>은 우주에 관한 진리를 드러내고자 한다.
<u>반면 공학적 방법</u>은 실제 세계의 문제를 해결하고자 한다.

과학적 방법에는 정해진 과정이 있다. 질문을 내놓고, 관찰하고, 가설을 세우고, 시험하고, 분석하고, 해석하는 순서로 이루어진다. 그러나 무엇이 발견될지, 어떤 진리가 드러날지는 모른다. 그와 달리 공학적 방법에는 '대성당을 세운다'는 구체적 목표가 있지만 정해진 과정은 없다. 공학적 방법은 반드시 따라야 하는 정해진 절차로 압축할 수 없다. 공학적 방법의 힘은 바로 이 '반드시'라는 것이 없다는 데서 시작되기 때문이다. 목표에 다다르기 위한 올바른 전

략을 찾아내고, 많은 경험칙 중에서 고르고 결합하여 해결책으로 이어질 새로운 경험칙을 만들어내는 것이 공학자의 기술이다. 경험칙의 결과물은 대부분 어떤 양을 추정하는 수치이지만, 문제 해결을 위한 접근 방법으로 안내하기도 한다. 후자가 어떤 부류의 법칙인지 잘 보여주는 좋은 말이 있다. "복잡한 문제는 다룰 수 있는 크기의 작은 조각으로 나누어라." 공학적 방법은 문제를 대하는 태도 또는 접근법, 또는 나아가 그 해법을 만들어내는 철학이라고 묘사하면 가장 쉽다.

작은 고무 링이 세계를 바꾸는 방법

비행기나 자동차, 트랙터, 에어컨 등 움직이는 어떤 것이 가동하는 데 꼭 필요한 작디작은 물건을 생각해보자. 만드는 비용은 몇 푼 들지 않는다. 작고 단순한 모습으로 신문 머리기사가 된 역사상 딱 한 가지 물건. 바로 고리 모양의 가느다란 고무관, 작지만 대단한 O링이다. O링은 1986년 우주왕복선 챌린저호 참사 이후 누구나 아는 물건이 되었다. 물리학자 리처드 파인먼은 O링을 얼음물 잔에 담가 미국 항공우주국이 온도의 중요성을 고려하지 못했음을 밝혔다. 온도가 낮아지자 O링은 딱딱해져 밀폐 상태를 유지하지 못했고, 그 때문에 배기가스가 새어나와 연료 탱크 하나가 파열되었다.

O링은 너무나 단순하고 뻔해 보이기 때문에 대단한 발명품으로 보이지 않는다. 하지만 설계 의도가 겉으로 드러나 보이지는 않아도, O링의 작동 원리에는 미묘한 요령이 있다. 닐스 크리스텐센

Niels Christensen이 40년 동안 궁리한 끝에 알아낸 요령이다.

크리스텐센은 1879년에 공립학교를 나와 덴마크 바일레에 있는 어느 기계 공작소에 도제로 들어갔다. 당시 14살이던 그는 낮에는 기술 훈련을 받고 밤에는 코펜하겐에 있는 공과대학 입학을 준비했다.[11] 근면과 집념은 통했다. 그는 18세에 원하던 공과대학에 입학하여 덴마크 최대의 공학 사업인 한스트홀름 등대에서 일을 맡게 되었다. 이 등대는 한스트홀름 반도 북쪽 끝에 자리 잡은 채 200만 촉광의 등불을 밝히며 북해로 들어가는 입구를 보호했다. 등대의 불빛이 어느 정도로 강했냐면 거의 40킬로미터나 떨어진 곳에 있는 사람이 이 불빛으로 글을 읽을 수 있었고, 밤마다 수많은 새가 이 강력한 불빛에 기절해 죽었다. 아침이면 등대에서 일하는 일꾼들은 등대 주위에서 찌르레기, 도요새, 종다리 등을 몇 들통씩 가득 담아 치워야 했다.

크리스텐센은 공과대학을 최우등생으로 졸업했고, 덴마크 왕립 해군에 공학자로 입대한 뒤 해외 임무를 신청했다. 기계에 관한 그의 뛰어난 능력을 알아본 해군은 그에게 영구 휴가와 급료를 지급하면서 19세기 산업 강국이었던 영국에서 일하게 했다. 영국으로 간 크리스텐센은 미국이 영국에 필적하는 강대국으로 부상하는 것을 지켜볼 수 있었다. 자신이 느낀 미국의 매력에다 '기계의 발전'이라는 이름을 붙인 그는 대서양을 건너기로 결심했고, 1891년 뉴욕에 발을 디뎠다.[12] 이윽고 시카고에 정착해 그곳에서 미국 고속 수송 체계의 한 축을 맡는 프레이저앤드차머스를 위해 전차에 장착할 증기기관을 설계했다.

경쟁이 치열한 이 시장에 대해 좀 더 자세히 알아보기로 한 크리스텐센은 시서로앤드프로비소 시스템이라는 이름으로 알려진 새로운 전기철도를 견학하기로 했다. 우선 철도와 가까운 일리노이 주 오크파크를 들른 그는 자신의 일생을 바꿔놓을 비극을 목격하고 만다.

오후 1시가 되기 직전, 어느 전차가 노던퍼시픽 여객 열차와 정면 충돌하는 선로를 따라 무서운 속도로 질주했다. 신호원은 격렬하게 '정지' 신호를 보냈다. 전차 기관사가 브레이크를 꾹 밟았으나 브레이크가 듣지 않았다. 충돌을 피할 수 없자 전차 승객들이 문으로 몰려가 뛰어내렸다. 여객 열차 기관사는 시간과 관성이 허용하는 한도까지 속도를 늦추었지만, 전차는 노던퍼시픽 열차의 기관차에 부딪쳐 부서졌다. 이 충돌로 전차 기관사는 두개골이 골절되어 사망했고, 한 승객은 전차에서 팅겨 나와 나중에 병원에서 사망했다.

조사 결과, 사고의 원인은 전차가 동력을 잃으면서 전기 구동식 브레이크가 작동하지 않았기 때문임이 드러났다. 브레이크슈가 바퀴에 압력을 가하지 못한 것이다. 이 문제는 해결이 힘들어 보였다. 동력으로 작동하는 육중한 기계 장치의 움직임을 멈추려면 같은 크기의 동력을 갖춘 기계 장치가 반드시 필요해 보였다. 크리스텐센은 그것 말고는 전차의 동력과 별개인 어떤 것에다 에너지를 저장했다가 브레이크로 방출하는 방법뿐이라고 생각했다.

이 문제로 고민하던 그는 전차가 움직이기 전에 실린더에다 공기를 압축해 넣고 밀폐하는, 복잡한 3중 작동 밸브를 갖춘 독창적인 공압 시스템을 고안했다. 공기를 저장해 두었다가 기계적으로 방출한다면 전차가 이동하는 동안에는 전기가 끊어지든 말든 상관이 없었다. 필요한 압력을 언제든 가할 수 있는 것이다. 그가 고안한 제동 시스템은 그 뒤로 40년 동안 운행 중인 거의 모든 전차에 사용되었지만, 실린더를 밀폐한다는 복잡한 문제를 해결하는 일은 여전히 그의 마음속에서 떠나지 않았다.

1933년, 68세가 된 크리스텐센은 여전히 브레이크의 유체 밀폐 문제를 연구했다. 그는 밀폐 상태를 유지하기에 자신의 3중 작동 밸브가 어리석을 정도로 어설프다고 생각했다. 비싸지 않은 부품 한 개로 확실하게 밀폐할 수 있다면 생명을 구하는 제동 시스템을 만드는 것은 별게 아닌 일이 될 것이었다.

그를 비롯한 여러 사람이 새로 개발된 합성 고무를 사용해 만든 링으로 공기를 밀폐하려 해보았지만, 고무 링은 금방 닳았다. 그러던 어느 날, 그는 자신이 만든 공압 시스템의 피스톤에 홈을 파서 그 위에 고무 링을 끼우고 용기에 공기압을 채우면 어떨까 생각했다. 하지만 일찍이 시도한 다른 사람들과 마찬가지로, 이 시도는 실패로 돌아갔다. 호기심이 인 그는 직관을 따라 홈을 약간 다른 크기로 파고 링을 피스톤의 원래 자리에 끼운 다음, 피스톤을 앞뒤로 움직여 고무 링을 관찰하면서 어떻게 닳는지 살펴보았다. 홈을 세로 팔 때마다 O링에 관한 비결이 조금씩 모습을 드러냈다. O링 자체만큼이나 사소한 요령은 홈을 O링 단면 반지름의 1.5배 크기로 파는 것이었다. 새로운 경험칙이었다! 그 결과는 놀라웠다. 그는 자신의 노트에다 "이 패킹 링은 300만 번 가까이 시험을 거쳤는데, 한 번도 새지 않았고 지금도 밀폐를 유지한다"라고 적었다.[13] 이 O링은 너무나 간단하여, 제2차 세계대전 때 육군 항공대 소속 공학자 두 사람이 어느 노스롭 폭격기 랜딩기어의 브레이크가 새는 문제를 해결하기 위해 사용하기 전까지는 아무도 대수롭게 여기지 않았다. 그러나 이처럼 간단하지만 독창적인 O링을 사용한 밀폐 장치는 이내 만년필, 비누 펌프, 배관, 수압 프레스, 세탁기, 자동차, 우주선 등 모든 곳에 사용되었다.

 크리스텐센은 O링이 밀폐를 유지하는 이유는 자신의 특허에서 말한 대로 "지속적으로 주물리거나 만져지면서 수명이 향상되기" 때문이라고 생각했다.[14] 그의 노트에 따르면 세밀하게 조절한 결과 고무가 근섬유 가닥처럼 동작할 잠재력이 열렸고, 운동을 계속하면서 근력이 늘어났다고 보았다. 물론, 크리스텐센의 생각은 틀렸다. 그는 O링이 작동하는 이유를 끝내 이해하지 못했다. 1940년대에 사진 기법을 통해 홈과 링의 작용이 드러나기까지 누구도 이해하지 못했다. 진짜 원리는 이렇다. 크리스텐센이 홈을 링보다 더 크게 팠기 때문에 움직이는 피스톤에 밀릴 때 링이 약간 말렸고, 말리면서 고무와 실린더 벽 사이에 극히 얇은 액체 윤활층이 형성되었다. 링의 작동 수명이 어마어마하게 늘어난 것은 바로 이 때문이었다.

 크리스텐센의 발명 덕분에 우리는 공학적 방법을 더 넓고 더 풍부하게 정의하게 되었다. 그는 세계 속의 어떤 것을 바꿔놓고자 했다. 바로 브레이크 고장 방지였다. 변화를 위해 그가 택할 수 있는 범위는 시간이 가면서 점차 늘어났다. 사용할 수 있는 재료의 유형이 바뀌었지만, 더 추상적 차원에서 그의 자원이 증가했다. 그의 첫 번째 해결책인 복잡한 3중 밸브 방식은 19세기 말의 첨단 기계 가공 기술을 바탕으로 했다. 두 번째 해결책인 O링은 새로 개발된 합성고무를 사용했다. 그리고 비록 스스로 자신의 해결책이 작동하는 이유에 대한 정확한 설명을 내놓을 수 없었고 그 뒤로도 10년 동안 아무도 설명할 수 없었지만, O링은 세계를 변화시켰다. 다시 말해 이해는 되지 않았어도 직관과 부지런한 시행착오를 통해 해결책을 얻어낼 수 있었다.

이처럼 더 섬세한 관점을 고려할 때, 우리는 공학적 방법에 대한 정의를 다음과 같이 좀 더 포괄적 형태로 조정할 수 있다.

> 제대로 이해되지 않은 상황에서 최고의 변화를 이끌어내는 경험칙을 활용하여 한정된 자원을 가지고 문제를 해결하는 것.

이 변치 않을 문제 해결 철학은 인류 세계의 창조 이면에 있는 가장 중대한 힘을 밝혀낼 기회를 건넨다. 경험칙, 자원, 최적화, 불확실성 같은 용어는 강철 초고층 건물, 리튬전지를 사용하는 휴대폰, 바다를 횡단하는 비행기, 우리 태양계 바깥을 여행하는 우주선이 가득한 세계를 열어줄 것으로 보이지 않는다. 그러나 이런 용어들이 한데 어우러지면서 지구상의 가장 강력한 문제 해결 방법을 이룬다. 복잡한 문제의 해법을 설계한 사람들은 누구나 한정된 자원을 경험하고 그 보존을 위해 애썼다. 또 어떤 결과가 바람직한 최적의 상태인지를 정의했고, 피할 수 없는 불확실성에 대비하여 우회로를 개척했다. 그렇게 인류 역사 수천 년 동안 만들어져 전해 내려오다 실전되고 재발견된, 검증된 경험칙이라는 공통의 유산을 엮어냈다.

> 공학적 방법을 '문제 해결 철학'이라 부르는 것은 함축도 아니고 무의미한 묘사도 아니다. 공학적 방법은 그 자체로 근본적 마음가짐을

<u>묘사하는 하나의 형용사다.</u>

 이 마음가짐은 일상에서 끊임없이 모습을 드러내지만 분명하게 표현되는 경우가 거의 없다. 심지어 대부분의 경우 눈에 보이지 않는다. 그러나 이를 발견하는 순간 인간의 본성과 사고를 더 깊이 이해하게 된다. 세계를 형성하는 데 쓰도록 인간성 자체를 두들겨 다듬어낸 도구가 공학적 방법인 셈이다. 마치 톱밥에 뒤덮인 작업대 위 도구처럼 그 자체로는 눈에 띄지도 않고 고마움을 느끼기도 어렵지만, 언제나 사용되는 필수적인 도구와 같다.

 우리가 공학적 방법을 활용하여 어떻게 세계를 창조하는지를 보려면 그 정의에 사용된 낱말과 구절을 더 뚜렷하고 세밀하게 다듬을 필요가 있다. 특히 예시가 필요하다. 버트런드 러셀 또한 "예를 들지 않고서는 어떤 가치 있는 것도 말할 수 없다"고 말하지 않았는가.[15]

 나는 이제부터 여러 예시를 들어 공학적 방법을 설명하려 한다. 이 책을 읽고 여러분이 이 도구를 더 깊이 이해하기를 바랄 뿐이다. 이것이 오늘날 우리가 살아가는 삶 속에서 취할 수 있고 취해야 하는 무한한 형태임을 깊이 이해할 수 있기를 희망한다.

2장

최고를 위한 끝없는 탐색

르네상스 시대에 활동한 화가 레오나르도 다 빈치는 그림 〈비트루비우스 인간〉을 통해 자신이 이상적이라고 생각하는 인체 비례를 설명했다. 다 빈치는 다음과 같이 노트에 수학적으로 꼼꼼하고 세밀하게 기록했다. "이마의 위쪽 끝부터 턱 아래 끝까지는 키의 10분의 1이다. 턱 아래 끝부터 정수리까지는 키의 8분의 1이다. 가슴 위 끝부터 정수리까지는 키의 6분의 1이다."[1]

다 빈치가 설명하는 완벽한 비트루비우스 인간의 아름다움이 우리 눈에는 보기 좋을지 몰라도, 이 그림이 내세우고 있는 '최고'라는 개념은 공학자들이 으뜸이라고 생각하는 것과는 거의 정반대다. 공학자에게 더 쓸모 있는 그림은 이상과는 거리가 먼 비례를 띠는 평범한 사람의 그림으로, 1930년대 후반 산업 디자이너 헨리 드레이퍼스 Henry Dreyfuss가 개발했다.

드레이퍼스는 실제로 존재하는 사람들을 위한 물건을 만들고 싶었고, 그러려면

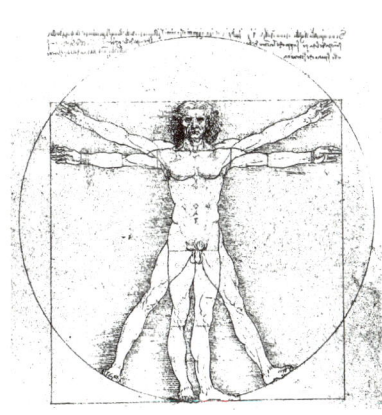

레오나르도 다 빈치의 〈비트루비우스 인간〉

사람들이 어떤 모습인지 알 필요가 있었다. 그러나 직접 미국인을 해부학적으로 조사할 자금과 기술이 없었다. 결국 남성 치수는 미군의 해부학적 자료에서, 여성 치수는 고급 의상 제조사에서 가져와 모든 남성과 여성의 50백분위수에 해당하는 그림을 그렸다. 이 자료는 당시는 물론이고 그 이후 모든 산업 디자이너가 참고하는 귀중한 그림이 되었다. 드레이퍼스는 『인체 치수 The Measure of Man』라는 책에서 다 빈치처럼 이상적인 비례를 갖춘 인간 한 명이 아니라 평범한 남녀를 대표하는 '조와 조세핀'의 평균 치수 모음을 발표했다. 이는 드레이퍼스가 통계를 통해 알아낸 평균적인 미국인 남성과 여성의 모습을 보여주었다. 조는 키가 180.3센티미터에 몸무게는 73.5킬로그램이고, 조세핀은 165.1센티미터에 61.2킬로그램이었다. 다 빈치는 남성의 머리 길이는 키의 10퍼센트가 적당하다고 생각했지만, 조의 수치는 13퍼센트에 가까웠다.

 드레이퍼스는 생각할 수 있는 모든 신체 부위의 높이, 길이, 너비, 무게에 대한 통계가 담긴 표를 이용해 그가 버릇처럼 말한 대로 사람들이 "타고, 앉고, 보고, 말하고, 작동하고, 어떤 식으로든 사용하게 될"[2] 것들을 만들었다. 존디어 트랙터, 제트 여객기 객실, 《타임》지 디자인 등은 모두 이 치수를 바탕으로 만들어졌다. 조와 조세핀을 활용한 면도솔 손잡이, 향수병, 허리띠 버클, 넥타이 등 평범한 것들이 우리 인간 세계 속에 확실하게 어우러지기 시작했다. 그는 인간이 필요로 하는 모든 것을 자신의 디자인에서 뚜렷하게 보여주었다. 그 예 중 하나는 유명한 모델 302 전화기다. 그는 수화기의 크기를 결정하기 위해 2000개의 얼굴 측정치를 사용하여 입과 귀 사이의 평균 거리를 계산했다. 또 하나는 둥근 모양의 하니웰 온

도조절기다. 이 기계는 일반적인 인간의 손에 완벽하게 맞는다.³

　드레이퍼스가 '최고'의 전화기나 온도조절기를 만들 때, 〈비트루비우스 인간〉과 같은 이상적인 비례 관념은 없었다. 절대적 기준에 맞춰 설계하지도 않았다. 그저 솔 손잡이 크기를 정하기 위한 일반적인 여성의 손 크기라든가 대부분의 사람이 편하게 쓸 수 있는 수화기의 평균 크기 같은 상대적 기준만 있을 뿐이다. 드레이퍼스의 이러한 작업은 공학에서 말하는 '최고'의 뜻이 무엇인지 잘 알려준다. 최고의 공학적 설계는 수백 가지 제약 조건과 변수를 절묘하게 다루고 조절한 결과에서 생겨나며, 그러지 않고서는 어떤 것의 최고라는 관념 자체가 성립될 수 없다. 공학적 해법은 문화적 힘의 균형, 사회적 가치, 이용 가능한 물질 자원, 심지어 시급한 정도 등 상황의 제약 조건을 어떻게 다루는가에 따라 판단할 수 있다. 최고의 해법은 모든 것을 고려했을 때 나온다. 공학자의 창조는 진공에서가 아니라 여러 사람이 실재하는 문화 안에서 이루어지기 때문이다. 전화기는 비트루비우스 인간이 아니라 조 또는 조세핀이 사용한다.

이집트인과 아라와크인의 액체 분리 기술 🍇

　공학에서 말하는 이러한 최고 개념은 같은 문제에 대한 서로 다른 문화의 해법을 비교할 때 가장 뚜렷하게 드러난다. 한 사회 안에서 일반적으로 요구되는 어떤 것이 다른 사회에서도 똑같이 요구되는 경우를 생각해보자. 두 사회는 자원과 혁신과 규모가 서로 다르

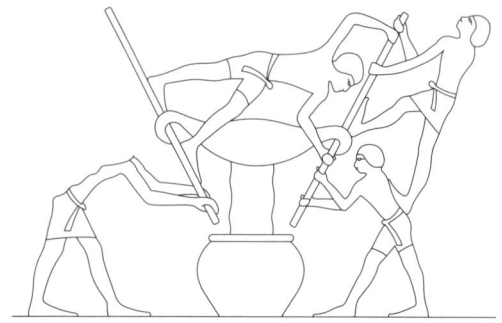

기자에 있는 고대 이집트 제5왕조 시대 이이메리의 무덤에서 발견된 상형문자를 재현한 그림. 포도즙을 짜거나 올리브 등 다른 식물 기름을 짜는 모습을 보여준다. 왼쪽 작업자는 잘 보이지 않지만, 가운데와 오른쪽에 있는 작업자는 분명하게 보인다.

기 때문에 해법을 판단하는 기준이 되는 것은 문제 자체가 아니라 사회이다. 이는 이집트인과 아라와크인이 개발한 두 가지 기술을 보면 쉽게 이해할 수 있다. 전자는 의식용 와인을 만드는 기술이고, 후자는 부족의 가장 중요한 식재료로부터 독성을 제거하기 위한 기술이다.

고대 이집트 시대에는 나일강이 정기적으로 범람하면서 강둑을 따라 고운 흙이 많이 퇴적되었고, 이 흙이 비옥한 농지가 되었다. 이 농지는 전성기에는 전 세계 인구 10분의 1 정도에 해당하는 100만 명 정도를 부양했다. 농업 노동자들은 매우 세밀한 연간 계획에 따라 빵과 맥주를 만드는 데 쓰이는 곡물, 아마포를 위한 아마, 종이를 제작하기 위한 파피루스, 포도주를 생산할 포도를 길렀다. 포도주는 내세에서 고귀한 삶을 누려야 할 왕족과 귀족의 장례식을 위해 생산되었다.

포도로부터 즙을 짜기 위해서 단순하지만 효과적인 방법을 사용했는데, 본질적으로 천을 비틀어 짜는 것과 같았다. 천으로 (아마포였겠지만) 만든 자루에 포도 과육을 채우고 주둥이를 꿰매 과육이 든 기다란 대롱을 만든 다음, 양 끝에다 막대를 끼워 공중으로 들어 올렸다. 마치 아늑한 해먹과 같은 모양새였다. 그다음 양쪽 끝에 두 명씩, 가운데에 한 명 총 다섯 명이 한 조가 되어 자루를 비틀어 과육으로부터 즙을 짜냈다. 양쪽에 있는 사람들이 막대를 돌려 자루를 비틀고, 가운데에 있는 사람은 양쪽 막대 사이에서 몸을 수평으로 한 채 공중에서 두 손과 두 발로 막대를 밀어 서로 떨어뜨렸다. 포도는 비트는 힘 때문에 짓이겨졌고, 그 즙은 천을 타고 흘러나와 그 아래에 있는 커다란 항아리 안으로 들어갔다. 포도즙은 항아리 안에서 발효하여 고귀한 인물을 아누비스에게 보내기에 알맞은 포도주가 되었다.

이집트인을 비롯하여 지중해의 여러 문명 사람은 이 기술을 몇 세기 동안이나 사용했다. 그 정도로 오랫동안 널리 사용된 만큼 천을 비틀고 미는 방법은 절대적 의미에서 최고 기술이라고도 할 수 있다. 하지만 아마존강의 아라와크족은 고체와 액체를 분리하는 기술의 최고라는 자리를 놓고 이집트와는 다른 방법을 개발했다.

브라질에서 아마존강과 네그로강이 만나는 지점에서는 '흑수黑水' 강이 형성된다. 커피색 물이 느릿느릿 흐르는 여러 지류는 생기 넘치는 초록빛 강둑에 양분을 공급한다. 이 열대우림은 세계에서 생물 다양성이 높은 지역으로 거듭났고, 장구한 세월 동안 인간이 모여들어 정착하는 곳이 되었다. 한 인류학자는 이에 대해 "원시림 안에서 작은 마을을 이루고 그날그날 먹을거리를 구해 먹고 사는, 시간의 여명기에 고착된 석기 시대 야만인이 가득한 곳"이라고 종종 잘못 묘사되는 경우가 있다고 밝혔다.[4] 그가 지적한 묘사는 석조 건물, 문자, 잉여 곡물, 길들인 유제류 등을 이 지역에서 볼 수 없다는 데 기인한다. 문명을 평가할 때 이를 기준으로 삼았기 때문이다. 그렇지만 최근 연구에서 발표한 바에 따르면 아마조니아 전역에 걸쳐 2000년 전 거대하고 복잡한 사회가 존재했다. 주요 수로를 따라 밀집된 영구적 정착지가 있었는데, 일부 정착지에서는 인구가 500~600만 명에 이르렀을 것으로 추정한다.[5] 이 인구의 대부분은 콜럼버스가 발견하기 이전 아메리카 시대 최대 규모의 언어집단인 아라와크족으로, 이들은 소규모 채집인이었던 아마조니아 주민들을 땅을 경작하여 수확량을 늘리는 농민으로 탈바꿈시켰다. 이들 농민은 식물 찌꺼기, 물고기 뼈, 그리고 숲을 태우고 남는 숯 찌꺼기 등을 혼합하여 '테라 프레타'라는 비옥한 검은색 흙을 만들었다. 이 명칭은 포르투갈어로 '검은 흙'을 뜻한다. 이들은 포타슘과 인이 풍부한 이 토양에서 자신들의 주식인 카사바를 길렀다.

카사바는 고구마와 비슷한 덩이뿌리로, 지금도 열대 지역에서는 중요한 식이 에너지 공급원이다. 카사바는 아라와크족이 먹고 사는 데 중요한 요소였고, 이에 따라 이들은 카사바를 가공할 정교한 방법을 개발할 수밖에 없었다. 덩이뿌리가 불과 며칠 만에 썩어버리는 일을 막기 위해 가루로 만들어 장기간 보관하면서 납작한 빵을 굽고 걸쭉한 죽을 끓였다. 죽을 끓일 때는 자두 비슷한 '이리와'라는 열매를 넣어 맛을 냈다. 카사바는 세계에서 두 번째로 긴 강둑을 따라 퍼져 있는 수백만 명에게 귀중한 식량이 되어주었다.

그러나 이 식물에게는 한 가지 치명적인 문제점이 있었다. 바로 시안화물이 함유되어 있다는 사실이었다. 카사바는 수확하고 나면 조직이 분해되면서 시안화수소, 즉 시안산 형태로 조직 안에 갇혀 있는 시안화물을 방출한다. 이를 섭취하면 구토, 현기증, 마비, 사망에 이른다. 아라와크 농부들은 독성이 그나마 덜한 품종을 알고 있었고, 그것을 독성이 있는 '쓴' 품종에 대비하여 '단' 품종이라 불렀다. 그러나 독성이 있는 카사바가 수확량이 더 많고 곤충 내성이 강하며 산성 토양에 잘 견디고 탄수화물 함량이 더 높았다.[6] 이런 특성은 주요 작물로서 모두 환상적인 특성이지만, 사람을 죽인다면 쓸모가 없었다. 아라와크족은 그 독성을 없애야 했다.

유독한 시안화수소는 물보다 몇 도 높은 온도에서 끓을 때 증발한다. 그렇지만 가열하면 양분이 파괴되고 카사바의 식감이 나빠진다. 또 마을 사람들이 따로 시간을 들여 땔감을 모아야 한다는 문제도 있다. 가장 좋은 방법은 짜거나 으깨는 것이었다. 그러면 유독한 시안화수소가 카사바로부터 하얀 우유 같은 액체 형태로 흘러나온다. 결국 아라와크족은 카사바의 독성을 제거하기 위한 '고체와 액체의 분리'라는 문제와 마주쳤다. 고대 이집트인들에게 주어진 것과 동일한 과제였다. 이라와크족은 그 해답으로 '티피티'를 고안했다.

티피티의 원리는 대롱 모양의 신기한 징난감인 차이니스 핑거 트랩과 비슷하다. 장난칠 상대방의 손가락에 손가락 올가미를 끼우면 상대방은 그것을 빼려고 잡아당길 텐데, 그러면 대각선 방향으로 섬유를 걸어 짠 대롱이 꽉 조이며 빠지지 않는다. 다만 이 장난감과는 달리 티피티는 길이가 약 2.1미터이고 양쪽 끝에는 고리가 있다.[7]

사용할 때는 양 끝을 가운데 쪽으로 밀어 대롱 지름을 넓힌 다음, 가늘고 날카로운 야자나무 조각 2000개 정도를 박아 만든 강판에다 간 카사바 과육을 대롱 안에 채워넣었다. 다음에는 티피티의 위쪽 고리에 나무 막대를 끼워 두 그루의 나무 사이에 단단히 걸쳐 놓고 아래쪽 고리에 기다란 나무줄기를 끼웠다. 그런 다음 나무줄기를 발로 세게 짓밟으면 손가락 올가미처럼 티피티가 아래로 쭉 당겨지며 대롱이 조이고, 그물 구조로 엮인 대롱의 섬유 틈을 통해 과육으로부터 즙이 흘러내렸다. 만약 카사바를 끓여 시안화수소를 날려 보내고자 했다면 장작을 줍는 데 몇 시간이 걸렸겠지만, 나무줄기를 짓밟는 데에는 몇 초밖에 걸리지 않았다. 티피티로 액체를 대부분 제거하고 나면 살짝 가열하여 남은 독성을 모두 제거했다.

　비틀어 짜는 이집트인의 자루는 티피티와 비교하면 투박해 보인다. 세련된 솜씨로 엮어 만든 티피티는 혼자서도 사용할 수 있지

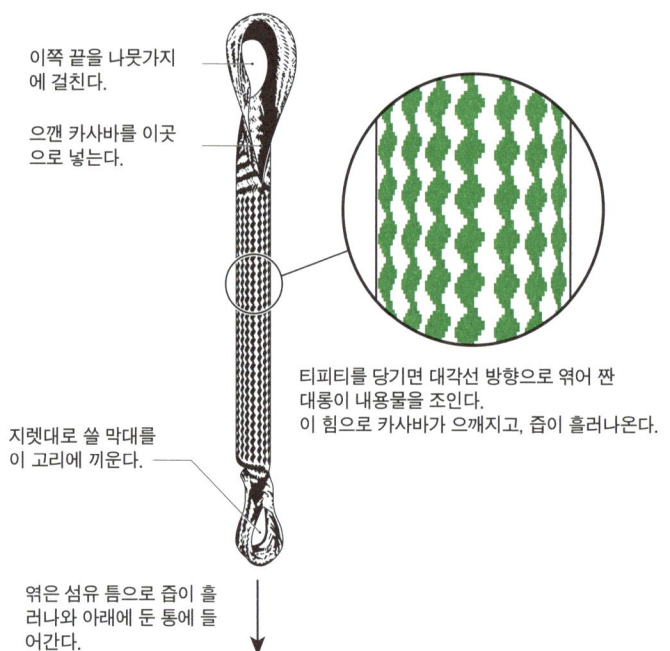

이쪽 끝을 나뭇가지에 걸친다.

으깬 카사바를 이곳으로 넣는다.

티피티를 당기면 대각선 방향으로 엮어 짠 대롱이 내용물을 조인다.
이 힘으로 카사바가 으깨지고, 즙이 흘러나온다.

지렛대로 쓸 막대를 이 고리에 끼운다.

엮은 섬유 틈으로 즙이 흘러나와 아래에 둔 통에 들어간다.

만, 허술한 자루는 노동집약적이다. 디자인 또한 티피티의 정교함은 누구라도 감탄할 만하다. 그러나 어느 쪽이 더 나은가 또는 최고인가 하는 질문의 대답은 '둘 다'이다.

두 해법이 각각의 시간과 장소에서 최고였던 데는 세 가지 커다란 이유가 있다. 첫째, 두 문명은 노동력 공급 체계가 서로 달랐다. 이집트인은 나일강을 중심으로 하는 작은 지역에 밀집해 있었고, 그들의 농업 구조는 대규모이기는 하나 집약적이었다. 따라서 필요한 노동자는 소수에 지나지 않았다. 그 덕분에 수만 명의 노동력을 다른 사업에 활용할 수 있었다. 포도즙을 짜는 데 5인조 팀을 동원하는 것은 이집트 고왕국에서 보기 드문 사치였지만, 귀족에게는 그다지 큰 비용이 아니었다. 그와는 달리 아라와크족에게는 노동력이 부족했다. 가족 단위로 카사바를 기르는 경작지는 면적이 좁고 우림 여기저기에 흩어져 있었다. 이 때문에 아라와크족은 주식 가공용 티피티처럼 노동 효율이 높은 방법을 찾게 되었다.

둘째, 각 방법은 자기 문명 속에 널리 퍼져 있는 기존 기술을 바탕으로 했다. 예로부터 이집트인은 천을 짜는 데 뛰어났다. 무덤에 새겨진 세탁 장면과 항아리 파편에 새겨신 세탁물 목록을 보면 의복, 수건, 침구, 쿠션, 향료 운반용 자루, 등불 심지 등에 천을 사용했음을 알 수 있다. 그림을 통해 또 알 수 있는 점은 이집트 지도층의 장례 풍습에서는 아마로 아마포를 짜는 일이 중심적이었다는 것이다. 우선 염류의 하나인 소다석으로 시신의 장기로부터 물기를 빼내고 마르기를 기다린 다음, 얼굴의 구멍을 천으로 막고 신체의 모든 빈 곳을 아마포로 채웠다. 그런 다음 시신에 붕대를 감았다. 먼저 손가락과 발가락을, 다음에는 팔과 다리를 감았다. 사지에 없는 부분이 있으면 천을 말아 대신했다. 그리고 마지막으로 몸 전체를 붕대로 감았다. 다시 말해 이집트에서는 언제든 어렵지 않게 인장강도와 공극률이 적당한 천을 가져다 포도 과육으로부터 즙을 분리하는 용도로 쓸 수 있었다.

비록 이집트인이 천을 짜는 법에 숙달되기는 했지만, 그들의 방법은 아라와크족의 정교한 직조법과 비교하면 단순해 보인다. 인류학자 클로드 레비스트로스는 "오늘날 아라와크족 후손들은 매듭으로 얽어 만들었다기보다 엮고 짜고 수를 놓아 만든[8] 집에서 살고 있다"고 말했다. 이집트인이 티피티 같은 것을 고안했다 하더라도, 끈 섬유를 사용하여 천을 짜는 그들의 기술로는 즙을 짜는 일을 해낼 수 없었을 것이다. 고대 이집트인의 방법은 특별한 작업장이나 기술이 필요치 않았고, 그저 송곳이나 바늘, 그리고 칼 한 자루만 있으면 충분했다. 그렇지만 이 방식은 노동집약적이고, 끈 섬유로 짠 대롱은 티피티 역할을 할 수 없었다. 티피티는 서로 어긋매껴 엮은 가닥들이 결합한 강도 덕분에 발로 짓밟는 강한 힘을 견딜 수 있지만, 고대 이집트인의 방법으로는 그 힘을 감당할 수 없었다.

각각의 해법이 최고인 세 번째 주요 이유는 특정 재료가 풍부했다는 사실이다. 뒤이어 따로 다루겠지만, 이는 설계의 제약 조건에 해당한다. 아라와크족은 이스크노시폰 아로우마*Ischnosiphon arouma*이라는 풀에서 벗겨낸 질기고 강한 섬유를 사용했다. 그와는 달리 이집트인이 주로 사용한 재료는 그보다 약한 야자 잎이었고, 그래서 결어 짜는 기법이 있었다 해도 아라와크족에 비해 재료 자체가 수준에 미치지 못했다.

공학적 해법에서 최고는 물질적 자원, 사회적 필요, 현재 가진 기술력이라는 세 가지 제약 조건에 대해 공학적으로 어떻게 대응하는가를 바탕으로만 판단할 수 있다. 여기에는 최고라는 개념과 문화는 불가분의 관계에 있다는 뜻이 포함되어 있다. 공학자는 어떤 상황에서든 창조하고 해결하고자 하는 충동에 사로잡힌 채 부정확하고 때로는 불확실한 자신의 경험칙을 활용하여 사회를 돕는다. 철학자, 과학자, 수학자가 진리와 자연과 확실성을 두고 논쟁하는 동안, 공학자는 생명을 구하는 의료기기, 안전한 자동차, 튼튼한 건물 등 우리가 오늘 필요로 하는 것들을 발명한다.

다만 최고라는 것은 양날의 검이다. 최고가 문화적 목표와 가치에 따라 달라질 때 어떤 기술도 중립적일 수 없기 때문이다.

<u>기술에는 그 기술을 만들어낸 공학자의 선택과 편향이 담겨 있다.</u>

현대의 기술은 대부분 백인 중산층 남자 중심으로 만들어졌다. 충돌 시험용 인체 모형은 애초에 평균적인 남성을 바탕으로 만들어졌고, 따라서 나무를 들이받는다거나, 다른 차의 측면에 충돌한다거나, 정통으로 벽면에 부딪힌다거나 하는 전방 충돌 시험 결과는 여성에게 무용지물이었다.[9] 오늘날 자동차 제조사는 여성 1명과 아이 3명(10세, 6세, 3세 1명씩), 과체중인 남성 사촌 1명이 포함된 '하이브리드 III' 가족 인체 모형을 활용할 수 있지만, 유럽연합 규정을 따르는 나라를 비롯하여 많은 나라에서는 여전히 평균적인 남성 인체 모형 1명만 사용하는 충돌 시험만을 요구한다.

그보다 생명과 덜 직결되는 형태의 공학적 편향으로는 대형 사무실 건물의 실온 조절에 이용되는 알고리즘이 있다. 1960년대에 개발된 이 공식은 평균적인 남성이 가만히 있을 때의 기초 대사량을 기준으로 온도를 설정했다. 이런 사무실에서 근무하는 여성은 기초 대사량이 남성보다 35퍼센트 낮기 때문에 추위를 느낀다. 또 대부분의 건축법에서 사무실 건물의 화장실을 50 대 50으로 나누도록 규정되어 있는데, 화장실을 이용할 때 여성은 남성보다 시간이 평균적으로 2.3배 더 걸린다는 것을 간과한 규정이다. 곳곳에 배어있는 편향은 성별에만 그치지 않는다. 음성 인식 시스템은 백인 남성 목소리만 인식하는 경우가 많다. 그리고 많은 산업 디자인에 장애 차별이 깔려 있다. 대부분의 게임 컨트롤러가 양손을 필요로 하는 것이 한 예다. 구글 같은 검색 엔진을 구동하는 알고리즘은 백인 남성이 아닌 사람들에게 서비스를 제공하기 위해 안간힘을 쓴다. 그런 노력에도 불구하고 어느 정보과학 교수가 '흑인 여자Black girls'를 검색했을 때, 놀랍게도 가장 위에 나온 검색 결과는 포르노 사이트로 연결되었다.[10]

    공학자는 자신의 해법이 일종의 최고 상태로 정의되었다는 판단을 내리기 쉽다. 그러나 그 최고를 추구하는 과정에서 무의식중에 변수 자체를 판단하는 단계를 건너뛰는 때가 많다. 역사적으로 공학자의 인종과 성별이 다양하지 못해 전문가로서의 시각이 제한된다는 점도 그 한 가지 원인이다. 여성으로 살아보지 않은 사람은 특정 온도가 여성에게는 더 춥게 느껴진다는 사실을 알아차릴 가능성이 작다. 문제의 대부분은 한 해법이 누구에게 도움이 될지, 한 제품으로 누가 이익을 볼지에 대한 시각이 좁으며 심지어 그것을 의식하지 못한다는 데 있다. 자동차 제조사가 자동차는 대부분 남성이 몬다고 생각했다면 그들에게 안전을 위한 최고의 해법은 남성

보호를 먼저 고려하는 것이었을 테다. 검색 엔진 프로그래머가 인터넷에서 정보를 찾는 사람은 대부분 백인 남성이라고 믿는다면 어린 흑인 여성의 관심사를 무시한다고 해서 프로그래머의 변수 안에서 볼 때 그 해법의 효율성이 떨어지지는 않는다. 이런 편향을 가장 잘 보여주는 예 하나는 컬러사진을 만드는 데 사용된 두 가지 방법이다. 첫 번째 방법은 19세기 말에 개발된 것으로, 1896년 왕립학회에서 런던의 청중을 앞에 둔 채 세상에 모습을 드러냈다.

세상에 색을 입힌 공학자들

1896년 4월의 어느 날 저녁, 런던 왕립학회에 있는 우중충한 계단식 강의실에 청중이 제각기 자리를 잡고 앉았다. 그날 찾아온 900명가량의 청중은 그 절반의 인원만 안전하게 수용 가능한 이 강의실로 몰려와 빈자리를 찾을 수 있기를 바라며 서둘러 들어섰다. 청중이 몰려든 이유는 '컬러사진'이라는 두 낱말로 이루어진 강의 제목 때문이었다. 사진 기술이 발명된 이후 수십 년 동안 사진작가 사이에 이어 내려온 꿈이었다.[11]

청중 대부분은 이미 넘쳐나는 언론 보도를 읽은 터였다. 한 신문은 "다채로운 화려함"이라 말했고,[12] 어느 유명 과학자는 "유일한 결점은 색이 자연에서보다 더 화려하다는 것"이라고 말했다.[13] 그날 저녁 이 강의실에서 프랑스 과학 아카데미의 회원이자 이 기술의 발명자인 가브리엘 리프만 Gabriel Lippmann이 이토록 생생한 색을 만들어내기 위해 사용한 방법을 자세히 공개하기로 되어 있었다.

저녁 9시가 되자 조용한 성격의 리프만이 모습을 드러냈다. 머리는 조금 벗겨졌으며 턱수염과 콧수염이 깔끔하고 코안경을 걸친 남자였다. 그가 강대에 다가가는 동안 색이 칙칙한 프로젝터가 형형색색의 스테인드글라스 창, 나무를 배경으로 푸르른 잔디에 의자를 놓고 앉은 여성, 햇살 아래 덩굴로 뒤덮인 주택, 꽃과 과일 정물, 강렬한 색상의 앵무새 등 그가 만든 컬러 이미지를 화면에 비추었다. 세계적으로 유명한 리프만의 사진을 본 (파리에서 열린 전시를 보았거나 5년 전 왕립학회에서 열린 런던 전시를 본) 몇몇은 프로젝터로 비춘 이미지는 사진을 직접 보았을 때의 생생한 색상을 겨우 '암시'하는 수준에 지나지 않는다는 것을 알았다. 부드러운 말투의 리프만은 화면의 컬러사진을 '나의 자그마한 발견'이라고 설명하면서 강의를 시작했고, 이어 "영어 실력이 부족한 점에 대해 양해를 구한다"며 강의를 계속했다.[14]

그는 자신이 얼마나 간단하게 저 이미지들을 만들었는지를 설명했다. "여러분이 보고 계시는 사진은 햇빛에 약 1분 동안 노출된 것입니다." 그리고 "대부분의 사진은 호텔 방 벽난로 선반 위에서 현상되었습니다. 이 방법이 실행하기 쉽다는 것을 알 수 있지요"라고 덧붙였다. 그는 흑백사진 현상에 쓰이는 표준적인 도구 말고는 특별한 도구 없이 단 15분 만에 사진을 현상했다.

그는 이 점을 짚으면서 청중에게 지금껏 컬러사진을 만들려는 시도가 얼마나 복잡했는지를 상기해 주었다. 이전의 컬러사진은 특수 카메라로 빨간색, 초록색, 파란색 필터를 사용해 피사체를 찍은 다음, 그렇게 만들어진 세 장의 네거티브를 각기 해당 색상으로 염색해 결합하는 방법으로 컬러 이미지를 생성했다. 그는 그것을 '간접 방법'이라 일컬었다. 염료로 만들어내는 색은 어느 정도 임의적인 선택이며 따라서 자연을 그대로 모사하지 않기 때문이었다. 그와 달리 리프만의 사진은 염료도 복잡한 화학 작용도 없이 색을 만들었다. 그는 그저 빛나는 광선의 직접적 작용만 있으면 된다고 말했다.

그는 청중의 이해를 돕고자 자연이 만드는 색을 예로 들었다. "우리는 색이 없는 비눗물이 오색찬란한 비눗방울을 만든다는 것을 이미 잘 알고 있습니다." 진주의 영롱한 색상이나 공작새 깃털의 현란한 색상, 비눗방울 표면의 무지개 색을 떠올려보자. 이런 색은 비눗물, 탄산칼슘, 칙칙한 갈색 깃털 등 색이 없는 물질에서 만들어진다. 리프만은 이런 현상은 색이 없는 물질이 좁은 간격을 사이에 두고 층을 이루고 있을 때 생겨나는데, 아이작 뉴턴이 이전에 보여준 것처럼 적당한 각도에서 보면 프리즘처럼 백색광을 회절한다고 설명했다. 그는 청중에게 말했다. "빛을 반사하는 두 개의 층이 매우 좁은 간격을 사이에 두고 평행하게 놓여 있을 때 백색광이 비치면 백색광을 구성하는 여러 색 광선 중 하나만 반사합니다." 그리고 이전에 뉴턴이 두 개의 층 사이에 1만분의 2밀리미터 간격을 두면 보라색을 만들고, 1만분의 3밀리미터 간격을 두면 빨간색을 만든다는 것을 보여주었다고 설명했다. 비눗방울, 진주, 깃털이라는 세 가지 예 모두에서 자연은 무색 물질로 이루어진 층을 촘촘하게 배열하는 것만으로 색을 만들어 낸다는 것이었다.

리프만이 직접 색을 만들어내는 데 필요했던 무색 물질은 브롬화은 안에 이미 존재하고 있었다. 흑백사진을 만들 수 있게 한 바로 그 물질이었다. 빛에 노출되면 브롬화은 입자의 원자 크기 영역이 금속 은으로 변한다. 현상하면 은 얼룩이 화학 현상액의 전자를 브롬화은 덩어리로 전달하고, 그것이 단단한 은 입자로 성장하여 네거티브의 어두운 부분을 형성한다. 리프만의 천재성은 필름 안의 은을 얇은 층으로 만들어 백색광을 굴절시켜 색을 낸다는 데 있었다.

리프만은 젤라틴에다 브롬화은 입자를 섞어 만든 유제를 유리판에 두껍게 한 겹 입혔다.(그의 후계자 중 한 사람이 언급한 것처럼, 그중에서도 가장 좋은 것은 "푸딩용으로 최고라고 알려진 백화점 젤라틴"이었다.[15]) 그런 다음, 이 유리판을 카메라 안에 넣고 그 뒤에 수은을 부어 얇은 막을 만들었다. 유리판을 빛에 노출해 사진을 찍으면 빛이

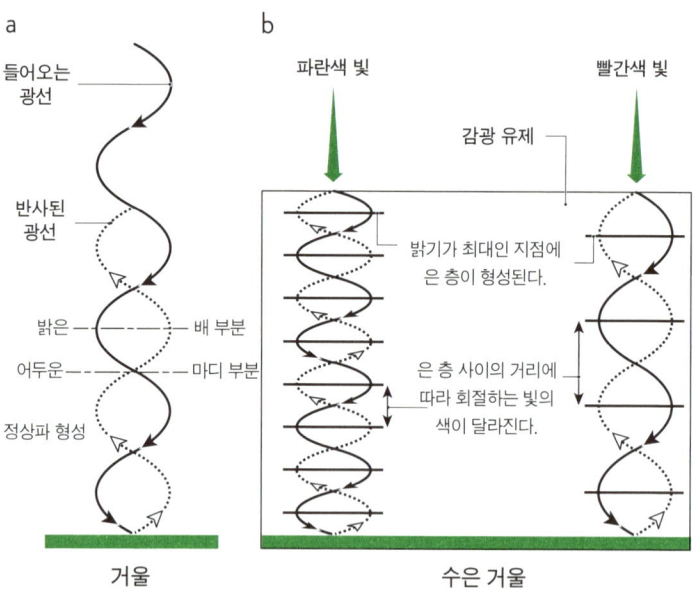

들어오는 광선과 반사된 광선이 정상파를 형성한다. 어떤 지점에서는 두 파동이 상쇄해 어두워진다. 또 어떤 지점에서는 서로 강화하여 밝은 점을 만든다.

유제를 통과해 뒤에 있는 수은에 닿았다. 수은의 역할은 거울이었다. 들어오는 광선이 이 거울에 반사되면서 반사된 광선과 결합해 골과 마루가 안정된 상태를 유지하는 파형이 만들어지는데, 이를 '정상파'라고 한다. 이 정상파는 사진판 안에서 정지된 상태가 되며, 짐작할 수 있듯이 마루 부분은 브롬화은을 활성화하고 골 부분은 어두운 상태를 그대로 유지했다. 사진을 찍을 때 정상파는 이런 원리로 그 부분을 비춘 빛과 파장이 같은 색의 빛을 굴절시키는, 미세한 간격의 은 층을 형성했다. 그 결과물은 비눗방울이나 진주, 깃털처럼 무색에서 색을 만드는 빛의 물리학을 이용한 유리판이었다.

당시 리프만의 컬러사진은 경이로움 그 자체였다. 색상 스펙트럼 전체를 재현하여 만들어지는 사실적인 피부 색조와 금속 물체의 미묘한 반사광은 보는 사람을 현혹했다. 그렇게 구현된 흰색은 3색을 사용하는 간접 사진으로는 낼 수 없었던 진정한 흰색이었다. 리프만은 이 업적으로 1908년 노벨 물리학상을 받았다. 지금까지도 사진으로 받은 유일한 노벨상이다. 당시 사진에서 색을 충실하게 재현한다는 점에 관한 한 누구도 리프만을 따라잡을 수 없었다.

그러나 그가 속한 사회의 가치와 필요라는 변수로 판단할 때, 리프만의 방법은 실패작이었다. 그의 방법을 상용화한 사진 장비 제조사는 거의 없었고, 이내 시장에서 자취를 감추었다.

리프만의 방법은 세 가지 치명적 측면 때문에 최고의 해법이라는 기준에 미치지 못했다. 첫째, 그렇게 찍은 사진은 감상하기가 어려웠다. 리프만은 사진이 보이도록 만들기 위해 유리판 뒷면을 검은색 물감으로 칠하고 앞면에는 프리즘을 부착했다. 그런데 색상이 전부 나타나게 하려면 보는 사람이 사진 정면에 있어야 했다. 정확한 각도로부터 5도만 벗어나도 색이 달라졌다. 어떤 각도에서는 흑백 네거티브 이미지로 보였고, 또 어떤 각도에서는 빨간색과 초록색이 부자연스러웠다. 그래서 여러 사람이 함께 사진 하나를 보려 한다면 한 번에 한 사람만 정확한 각도에서 제대로 볼 수 있었다. 그리고 사진을 조명하려면 빛을 앞에서만 비출 수 있었다. 뒤쪽에서 비추는 빛은 이미지를 망가뜨렸다. 뒤에서 조명된 리프만의 사진을 본 어떤 사람은 "런던의 갈색 안개가 유리에 들러붙은 것 같았다"고 말했다.[16]

둘째, 사진작가들은 유독한 수은 증기에 노출되어야 한다는 것도, 거울 같은 특성이 유지되도록 수은을 자주 청소해 주어야 한다는 사실도 좋아하지 않았다.

셋째, 리프만의 방법으로 이미지를 새기려면 적어도 1분이 필요하고, 빛이 적을 때는 그보다 더 오래 걸리기 때문에 환영받기 어려웠다. 19세기 말은 양초를 쓰는 대신 손가락을 까딱하는 것만으로도 켜지는 전등이 이제 막 쓰이기 시작한 때였다. 마차 대신 자동차를 통한 빠른 이동, 편지 대신 전화를 이용한 즉각적 의사소통으로 이제 갓 옮겨간 세대에게 이것은 너무나 긴 시간이었다.

오늘날 리프만의 사진은 박물관 소장품이 되었고, 염료를 사용하지 않기 때문에 퇴색될 걱정 없이 여전히 찬란하고 생생한 색을 자랑한다. 그러나 리프만이 기억에서 사라지는 동안 사진의 위대한 선구자 한 사람, 그러니까 소수의 취미이던 사진 찍기를 모든 소비자가 비싸지 않은 비용으로 즐길 수 있는 활동으로 바꾼 그 사람이 나타났다. 그는 사진으로 찍은 물체의 빨간색, 초록색, 파란색을 따로 포착하여 하나로 결합하는 간접적 방법 속에서 더 나은 해법을 찾았다.

 코닥을 설립한 조지 이스트먼은 20세기 초에 컬러사진을 만들기 위한 최고의 기술을 찾아 세계를 돌아다녔다. 이스트먼은 전문 사진작가부터 아마추어, 과학 연구소를 찾아가 그들의 해법을 살펴보고 평가했다. 1910년 4월 그는 다음과 같은 글을 남기기도 했다. "유럽에서 12주 동안 머물면서 나는 많은 시간을 들여 컬러에서 새로운 것이 있는지를 살폈다. 뭔가 상업적인 것으로 발전시킬 만한 게 있지 않을까 하는 마음에서였다."[17] 그러나 이스트먼이 추구한 단순성이라는 기준에 부합하는 것은 없었다. 이 기준은 코닥을 오늘날의 구글이나 애플 같은 거대 기술 기업으로 바꿔놓을 개념이었다.

 번거로운 유리판 대신 필름을 사용한 코닥의 첫 카메라는 다음과 같은 광고 문구를 내세우며 단순성을 강조했다. "여러분은 버튼만 누르세요. 나머지는 저희가 합니다." 코닥이 내놓은 혁명적인 카메라와 필름 롤은 전 세계로 퍼졌고 그 어떤 경쟁 제품도 들어가지 못했던 시장을 뚫었다. 심지어 1904년 티베트 수도를 떠나온 달라이 라마도 코닥 카메라를 가지고 있었다.[18]

 1917년, 이스트먼의 유럽 탐사 여행으로부터 몇 년이 지나고 세계대전이 끝을 얼마 남기지 않았을 때였다. 레오폴드 고도프스키Leopold Godowsky와 레오폴드 맨스Leopold Mannes라는 10대 소년 둘이 뉴욕의 어느 극장에서 초기 형태의 프로젝터인 매직 랜턴으로 흐릿한 컬러 영상을 감상했다.[19] 두 청소년은 아마추어 사진과 음악이라는 공통의 관심사를 통해 우정을 쌓은 사이였고, 코닥의 브라우니 카메라를 가지고 스냅 사진을 찍는 한편, 장래에 관한 가족의 기대에 부응하려 애쓰고 있었다. 어설픈 컬러 필름을 본 둘은 뭔가 더 인상적인 것을 만들겠다는 야심을 품었다. 그러나 대학을 졸업하기 전에는 목표를 완전히 실현할 기회를 얻지 못했다. 고도프스키는 로스앤젤레스와 샌프란시스코 심포니 오케스트라의 솔로 바이올리니스트가 되었고, 맨스는 피아노 모음곡을 썼다. 그리고 둘 다 물리학을 공부했다.

이후 둘은 각자 뉴욕에 있는 집으로 돌아가 전문 음악가로 활동했지만, 컬러사진 실험은 계속했다. 부모로부터 800달러를 빌린 두 사람은 집의 부엌과 욕실을 실험실과 암실로 개조했다. 초기 시도 중에는 카메라로 들어가는 빛을 빨간색, 파란색, 초록색 필터를 통해 세 갈래로 나누어, 각기 다른 파장에 반응하도록 처리한 세 겹의 필름에 비추는 방법도 있었다. 그런 다음 그것을 합쳐 하나의 컬러 이미지를 구성했다. 그러나 세 겹의 네거티브는 이미지를 일치시키기가 어려웠다. 두꺼운 네거티브 '샌드위치'가 빛을 너무 많이 걸러내 이미지에 열화가 일어났고, 층 두께가 두꺼워 들어오는 빛이 흩어지는 때문에 사진이 어둡고 흐릿했다. 둘의 실험은 실패했지만, 실패 덕분에 올바른 해법으로 다가갈 수 있었다. 그것은 모든 것을 필름 한 장으로 해결한다는 해법이었다.

임시로 만든 실험실이 계속 집을 차지하도록 둘 수도 없었고 갈수록 부모들이 난색을 표했기 때문에, 연구를 계속하려면 다른 후원이 필요했다. 두 사람은 필요한 돈을 마련하기 위해 곧장 이 분야의 정점에 있는 인물을 찾아갔고, 기적적으로 이스트먼과의 면담을 성사했다. 두 사람은 코닥의 기업주로부터 아무런 약속도 받아내지 못했지만, 그들의 열정에 깊은 인상을 받은 연구 책임자 덕분에 결국 일자리를 얻어냈다. 그는 두 사람에게 모든 특허 사용료로 3만 달러(오늘날 가치로 약 50만 달러)를 선불로 지급하고 7500달러(오늘날 11만 3000달러)를 연봉으로 지급했다. 두 사람은 코닥에 입사한 첫해에 특허를 40건 획득하는 등 높은 생산성을 보여주었다. 그 덕분에 둘에게는 각 이름의 첫 부분을 딴 '갓 앤드 맨'이라는 별명이 붙었다. 일부는 암실에서 흘러나오는 휘파람 소리를 듣곤 '저 음악가들'이라고 불렀다.[20] 고도프스키와 맨스는 필름이 뿌옇게 될까 염려해 라듐 야광 문자판이 있는 시계를 차지 않았고, 그래서 시험용 필름을 현상하는 동안 시계 대신 브람스의 C단조 교향곡을 휘파람으로 불며 시간을 맞추었다.

    세 장의 필름 문제를 해결하기 위한 고도프스키와 맨스의 발상은 세 장이 아니라 한 장의 필름에다 각기 빨간색, 초록색, 파란색 빛에 반응하도록 유제를 세 겹으로 입히는 것이었다. 이로써 첫 번째 문제는 해결되었지만, 해결이 어려운 두 번째 문제가 생겨났다. 지저분한 유제를 가지고 작업할 때 세 개의 층 하나하나에 올바른 색을 어떻게 넣을 것인가 하는 문제였다. 필름을 현상하면 한 층에서 다른 층으로 색이 번져 이미지를 망쳤다. 층 사이의 색 번짐을 줄이려면 필름에 염료가 포함되지 않아야 했다. 리프만이 컬러사진을 만드는 굴절식 방법을 발명할 때의 목표와 똑같았다. 그러나 고도프스키와 맨스는 염료를 완전히 제거하려고 하지는 않았다. 코닥 소속의 화학자는 두 사람의 지휘에 따라 완벽한 현상액을 만들어냈다. 현상이 진행되는 동안 염료를 필름 안으로 운반하고, 빨간색, 파란색, 초록색에 반응하는 세 개의 층을 한 번에 한 층씩만 현상해 다른 층으로 번지거나 옮겨가지 않는 현상액이었다.

1930년대에 이르러 고도프스키와 맨스는 코닥의 기술 지원을 받아 완벽한 필름을 만들었다. 이 필름은 선명하고 생생한 이미지를 기록했다. 한 필름으로 사진 18장을 찍을 수 있었고, 소매가는 촬영 후 우편으로 접수 처리하는 비용까지 포함하여 3.5달러였다. 이 필름은 아마추어에게 컬러사진의 세계를 열어주었고, 코닥의 컬러 필름 코다크롬은 출시 후 3년 안에 흑백 필름 매출을 넘어섰다.

새 필름은 리프만이 고려하지 못한 변수를 충족했다. 생생하고 정확한 색 굴절이 보기에 더 인상적이고 세계의 색상을 이미지 위에 더 제대로 옮겨놓는다는 절대적 목표 측면에서는 리프만의 기법이 더 나았겠지만, 코다크롬은 당시 전환기의 미국인이 가장 중요하게 여겼던 편리함이라는 가치를 충족해 주었다. 이를 위해 코다크롬 필름은 리프만의 방법이 지닌 복잡한 부분과 간단한 부분을 서로 뒤바꾸어 놓았다. 리프만의 컬러사진은 장시간 노출이라든가 수은의 독성 등 준비하는 부분이 복잡했지만, 현상 부분은 그가 말한 대로 호텔 방에서 15분밖에 걸리지 않아 간단했다. 그와는 달리, 코다크롬 필름으로 사진을 찍는 것은 기존 카메라로 그저 '찰칵' 하기만 하면 되었고, 그 뒤 복잡하기 이를 데 없는 현상 과정이 따랐다. 하지만 이는 사진작가가 직접 하지 않아도 되었다.

코다크롬은 디지털 영상에 의해 밀려날 때까지 74년 동안 시장을 압도했다. 1953년 엘리자베스 여왕의 대관식을 기록했고, 또 같은 해에 에베레스트산 꼭대기까지 올라가 그곳 정상에서 에드먼드 힐러리와 텐징 노르가이를 기록했다. 또《내셔널 지오그래픽》표지에 등장한 아프가니스탄 소녀 샤르바트 굴라의 꿰뚫는 듯한 초록 빛 눈을 포착했다.[21] 이 이미지를 포착한 사진작가는 코다크롬의 색을 "시적 모습이다. 특별히 번지르르하지도 만화 같지도 않으며 훌륭하다. 이미지의 귀중한 표준"이라는 말로 묘사했다.[22] 이 필름은 《영국 사진 저널》이 발표한 것처럼 '충실하다'라는 찬사를 받곤 했다. 심지어 이 필름을 사용하는 어느 애호가는 "창을 통해 현실을 내다보는 것에 가깝다"고 묘사했다.[23] 그렇지만 현실의 충실한 재현은 코다크롬의 특징이 아니었다.

1950년대에 이르러 코다크롬에 관한 불만이 코닥으로 흘러 들어왔다. 문제를 제기한 이들은 대형 기업 고객이었다. 어느 전국 규모 캔디 회사가 이 필름이 다크 초콜릿, 달콤하고 쌉싸름한 초콜릿, 밀크초콜릿을 구분하는 미묘한 갈색을 포착하지 못한다는 사실을 알아차렸고, 어느 가구 제조사는 단풍나무나 참나무, 그 밖의 짙은 색 목재가 모두 똑같아 보인다고 보고했다. 그리고 이따금 코닥은 (사실은 많은 전문 사진작가가 1950년대 말부터 알고 있었던) 한 사실을 전해 듣기도 했는데, 그것은 피부색이 어두운 어린이가 속한 학급 사진을 찍을 때 세부를 살리려면 사진작가가 낮은 각도에서 어린이의 얼굴을 향해 조명을 반사할 필요가 있다는 점이었다. 즉 피부색이 어두운 사람과 밝은 사람을 함께 찍을 때는 조명에 더욱 신경을 써야 하며, 그러지 않으면 피부색이 어두운 사람은 사진에 눈과 이의 흰 부분만 남았다.

코다크롬 컬러 필름은 3원색을 사용하여 나머지 색을 만들어내는 여느 필름과 마찬가지로 모든 색을 복제하지는 못한다.[24] 이는 우리 눈의 생리적 특성 때문이기도 하다. 우리 눈에는 원뿔세포라 불리는 빛에 민감한 특수한 세포가 세 종류 있다. 우리는 이를 통해 색을 감지한다. 로(ρ) 원뿔세포는 빨간색-오렌지색-노란색 빛을 감지하고, 감마(γ) 원뿔세포는 오렌지색-노란색-초록색 빛을, 베타(β) 원뿔세포는 초록색-파란색-보라색 빛을 감지한다. 코다크롬으로 포착해 빨간색, 초록색, 파란색이라는 3원색으로 분리하여 만들어지는 이미지는 우리 눈의 반응과 일치하지만, 감마 원뿔세포를 활성화하는 색은 없다. 파란색은 베타 세포를, 빨간색은 로 세포를 자극하지만, 초록색은 거의 어떤 범위에 있어도 로 세포와 감마 세포를 모두 활성화한다. 초록색 빛에 대한 주된 반응은 감마 세포에서 오지만, 로 세포나 베타 세포가 동시에 자극되면서 초록색이 더 옅어지고, 이는 다시 흰색이 자홍색으로 물드는 결과로 이어진다. 더 순수한 흰색을 만들기 위해 3색 필름은 인지되는 초록색이 강화되는 정도만큼 빨간색과 파란색을 만드는 염료의 강도를 높임으로써 색상 균형을 다시 맞춘다. 그렇지만 이 때문에 노란색과 갈색 색상이 왜곡된다.

    코닥 공학자들은 최고의 색상 균형 결과를 얻기 위해 직접 변수를 정의했다. 바로 색상이 풍부하고 선명하게 대비되는 옷을 입은 백인 여성이 찍힌 사진이었다. 이 사진 속 여성에게는 셜리라는 이름이 붙었다. 사진은 적어도 10년에 한 번씩 갱신되었고, 코닥이 《컬러 데이터 가이드》를 발행할 때마다 수록되었다. 코닥은 사진작가에게 '동봉한 표준과 유사한' 이미지를 만들라고 조언했다.[25] 자동 인화기를 가진 사람은 셜리의 네거티브를 이용하여 장비를 조정해 코닥이 말하는 '좋은 컬러사진'을 얻었다.

    그러나 이 '셜리들'의 색은 모델의 실제 피부 색조를 충실하게 나타낸 것이 아니라, 코닥의 심사위원 팀이 결정한 것이었다.[26] 코닥은 셜리 사진을 극단적인 빨간색이나 노란색부터 파란색까지, 또 극단적인 초록색부터 분홍색까지 색조와 색상 균형과 명암을 조금씩 달리하며 인화했다. 심사위원은 이렇게 변경된 셜리들을 검사한 다음, '최적의 색상 균형'을 놓고 표결했다. 이 심사에 관여한 어느 코닥 공학자는 '정확한 재현', 다시 말해 모델의 실제 피부 색조에 더 가까운 사진은 만장일치로 지나치게 어둡다는 평가를 받았지만, 가장 많은 표를 얻은 사진은 정확히 재현한 사진과 비교할 때 "매우 창백"했다고 지적했다.[27] 정리하자면, 1954년까지 코다크롬의 유일한 현상 업체였던 코닥은 오랫동안 창백한 백인 피부 색조를 만드는 쪽으로 현상 과정을 최적화했고, 이 때문에 더 진한 피부 색조는 제대로 재현하지 못했다.

코다크롬의 생생하고 강렬한 색조는 패션 산업에도 영향을 미쳤다. 패션 사진의 선구자인 루이스 달울프의 작품을 보면 알 수 있다. 화가 교육을 받아 색상 이론에 정통한 사진작가인 그는 코다크롬이 세상에 나오자마자 즉시 매료되었고, 《하퍼스 바자》에서 1936년부터 1958년 사이에 600장이 넘는 내지 컬러사진과 86장의 표지 사진을 찍었다. 어느 평론가는 "달울프는 미국이 이상적으로 생각하는 건강미와 유럽이 기준으로 삼는 우아미를 결합했다"고 말했다.[28] 이를 비롯하여 《보그》, 《글래머》, 《포토플레이》, 《마리끌레르》같은 잡지에 실린 코다크롬 이미지는 그 시대가 추구하는 미의 기준을 만드는 데 일조했다.

컬러 필름의 이런 결함은 공학자가 말하는 최고 개념이란 주류 문화에 내재한 하나의 선택이라는 사실을 보여준다. 또, 공학의 결과물은 과학 이론과는 달리 인간 세계 안에 맞춰 들어가도록 설계된 것임을 반영한다.

> 이는 공학적 방법과 공학의 최고 관념에 문제가 있음을 지적하는 관측이지만, 역설적으로 이 불공정을 바로잡을 수 있는 것은 공학적 방법뿐이다. 공학자가 말하는 최고는 절대적 기준이 아니라 시대에 따라 달라지기 때문이다.

이처럼 편향이 내재해 있음을 인정하고 나면, 공학자 인력이 다양해야 한다는 주장으로 이어질 수밖에 없다. 수 세기 동안 인구 절반 이상이 공학에서 배제되어 왔는데, 이는 공학적 방법의 핵심인 경험칙 정신, 즉 '해법으로 이어질 만한 모든 것을 활용한다'는 정신에 위배된다.

인류의 절반을 위한 새로운 자전거

가능한 모든 사람이 문제 해결에 투입되어야 한다. 기본적으로 공학에서 다양성이 필요한 이유는 해법에 기여할지도 모르는 고유한 지식을 갖춘 사람 수를 늘리기 위함이며, 나아가 다른 해법이 필요하다는 점을 인식하기 위함이다. 남성 공학자는 표준 자전거 디자인이 여성의 전형적 체형에 맞지 않는다는 사실을 인식하지 못했다. 이처럼 내재한 남성 편향을 바로잡기 위해서는 여성 공학자가 필요했다.

조지나 테리Georgena Terry가 자전거를 재설계하기까지의 과정은 그리 간단하지 않았다. 불평등을 바로잡겠다는 열망에서 시작한 일은 아니었다. 그저 용접기로 뭔가를 만들고 싶었을 뿐이었다.[29] 공학자 중 많은 사람이 그렇듯, 주변 세계를 바꾸고 싶은 그녀의 열망은 어린 시절에 시작되었다. 테리는 이렇게 말했다. "저는 인형을 가지고 놀지 않았어요. 모래 상자를 만들고 도구를 만지며 놀았죠."

시간을 많이 할애한 놀이는 자신의 장난감 손수레 바퀴에 윤활유를 바르는 일이었다. 손수레에 올라 집 진입로의 경사를 타고 달려 내려갈 때 최고 속도를 내고 싶었기 때문이다. 그러나 그 시절 여자아이들이 곧잘 겪곤 하듯이 여자가 과학과 공학을 공부하는 것은 학교 전체에서 권장되지 않았다. 본받을 여성 공학자도 거의 없었다. 그러다 보니, 자연스럽게 과학과 공학으로부터 멀어졌다. 테리는 연극으로 학위를 받았다. 그러나 연극을 공부하면서 그녀가 매료된 것은 세트를 만들고 조명을 조절하는 등의 기술적 부분이었다. 연기 활동에서 성취감을 얻지 못한 테리는 와튼 스쿨에 등록하여 경제학석사 학위를 받았고, 그런 다음 증권 중개인으로 일했다. 그러나 책상머리에 묶여 있다 보니 완전히 미칠 것 같았다. 물리적 세계에서 뭔가를 만들고자 하는 열망 때문에 공학으로 돌아왔고, 거기서 테리는 자기 장기를 발견했다.

테리는 다음과 같이 말했다. "공학과 과학을 가지고 일한다는 것이 얼마나 마음 편한지요. 언제든 진실을 말해주니까요." 그리고 이렇게 덧붙였다. "실제 숫자를 집어넣으면 실제 숫자가 나온다는 게 얼마나 매력적인가요?"

공과대학의 마지막 프로젝트로 그는 팀과 함께 자전거와 자동차의 하이브리드를 만들었다. 페달로 움직일 수 있지만, 작은 엔진이 있어서 필요할 때 구동할 수 있는 작은 차량이었다. 차대의 금속 튜브를 조립할 때 팀원 중 아세틸렌 불대를 사용하는 경납땜이라는 용접 방법에 능숙한 사람이 있었다. 테리는 경납땜에 매료되었고, 그 팀원이 튜브를 녹여 붙이는 것을 어깨너머로 보고 용접법을 가르쳐달라고 졸랐다. 졸업한 뒤에는 제록스에서 좋은 보수를 받으며 일했지만, 겨우 2년만 일하고는 그만두고 자전거 프레임 제작을 생업으로 삼아 시작했다.

테리가 스스로 집에서 만든 자전거로 대회에 참가했을 때, 몇몇 여성이 다가와 맞춤 자전거 제작을 부탁했다. 표준형 자전거를 타면 목과 어깨가 아프다는 것이 이유였다. 테리는 좋은 공학자답게 먼저 문제를 정량적으로 접근했다. 타고난 성과 성 정체성이 일치하는 남성과 여성의 해부학적 차이는 무엇일까? 그녀는 헨리 드레이퍼스의 연구를 살피곤 조와 조세핀의 신체 치수 측정치를 활용하기로 했다. 그리고 그 꼼꼼한 연구에서 여성은 '크기만 작은 남성이 아니다'라는 사실을 알아냈다. 남성 다리와 상반신에 맞춰 설계된 자전거를 축소한다 해도 여성 치수에는 맞지 않는데, 여성은 남성보다 상반신이 비례적으로 더 긴 경향이 있기 때문이다. 게다가 여성은 근육 질량의 중심이 남성과 다르다. 따라서 여성이 남성용 자전거를 타면 몸을 길게 뻗게 되어 목과 어깨 통증이 발생한다.

테리는 안장에서 핸들 바까지의 거리를 줄이고 여성의 어깨 너비에 맞춰 핸들 바를 더 좁게 만듦으로써, 여성이 기존 자전거를 탈 때보다 상체를 더 세운 자세가 되도록 재설계했다. 그리고 새로 만든 시제품 자전거를 주말 자전거 대회에 가지고 나가 여러 여성에게 시승하게 했다. 테리가 재설계한 자전거를 타본 어느 여성은 다음과 같은 내용이 담긴 편지를 보내기도 했다. "내 엉덩이 밑바닥에서 우러난 진심 어린 감사를 드려요."

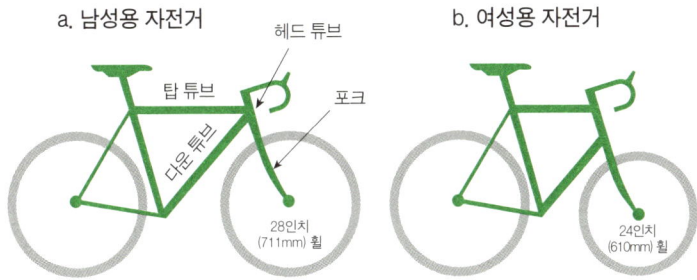

제대로 설계된 자전거라면 탄 사람의 몸무게를 뒤 차축에 55%, 앞 차축에 45%로 분산시킨다. 남성용으로 설계된 일반적인 자전거(a)를 여성이 타면 몸무게 분포가 앞 차축 쪽으로 더 쏠리는데, 안장과 핸들 바 사이의 거리가 대다수의 여성에게는 너무 길기 때문이다. 여성용 자전거인 (b)는 안장과 핸들 바가 더 가까워지도록 탑 튜브 길이를 줄이기 위해 앞쪽에 더 작은 휠을 사용하는데, 그러면 다운 튜브를 헤드 튜브의 더 아랫부분으로 내릴 수 있게 되면서 앞뒤 휠 사이에 페달을 위한 공간이 생겨난다.

출시 첫해인 1985년, 테리는 이렇게 만든 여성용 자전거 20대를 팔았고, 그 이듬해에는 1300대, 그 이듬해에는 5000대를 팔았다. '테리바이시클'은 당시 '최고'로 불렸던 전통적인 자전거 설계에서 무시된 변수를 가진 모든 자전거 소유자를 만족시켰다. 그리고 전체 사용자의 3분의 1에 자전거를 제공하는 수백만 달러 규모의 기업이 되었다.

이제까지 살펴본 사례는 공학자와 공학계가 모든 사용자를 대상으로 넓고 깊이 생각하지 못했던 부분을 강조한다.

역설적으로, 공학계가 가진 이러한 맹점을 해결하고 예방할 수 있는 것은 공학적 방법뿐이다.

보편적 디자인, 노화를 위한 디자인, 보편적 유용성 등 다양한 명칭으로 불리는 이 접근법은 신체의 가동 범위가 줄어들어 가는 사람들에게 도움이 되는 경험칙을 특징으로 한다. 예컨대 '캐비닛을 표준보다 7센티미터 낮게 배치한다', '둥근 손잡이를 D자 모양으로 대체한다', '문 말고 서랍 형태를 사용한다' 같은 법칙이다.[30] 그렇지만 보편적 디자인은 이상적 해법을 추구하기 때문에 닿으려 애쓰지만 어떤 경우에도 닿을 수 없는 목표에 지나지 않을 것이다. 이상은 상대적 최고 관념과 충돌한다. 공학자가 오늘의 해법을 만들어 내기 때문에, 공학적 방법에 필수적인 저 최고 관념과 충돌하는 것이다.

3장

미지 너머에서 해답 찾기

3장 · 미지 너머에서 해답 찾기

17세기 말, 프랑스 수학자 자크 오자남Jacques Ozanam은 유용하고 재미있는 23가지 과학 문제를 다룬 개론서를 통해 인력으로 구동하는 차량을 꿈꾸었다. 오자남은 "차량 주인은 말이나 당나귀 등 동물을 돌볼 필요 없이 길을 마음대로 돌아다니고, 또 그러는 동안 운동까지 즐길 수 있을 것이다"라며 열심히 설명했다.[1] '말 없는' 차량은 그 뒤로 거의 100년 동안 헛된 꿈이라며 일축되었다. 그러다가 1817년, 괴짜 독일인 남작 카를 폰 드라이스Karl Von Drais가 라우프마시네, 즉 '달리는 기계'를 공개해 주변 사람을 당황하게 했다. 이 장치에는 철제 바퀴가 앞뒤로 나란히 달려 있었고, 나무로 만든 차체, 푹신푹신하게 만든 좌석, 그리고 앞바퀴의 방향을 돌릴 수 있도록 길게 구부러진 막대가 달려 있었다. 이것을 타는 사람은 좌석에 앉아 한쪽 발로 땅을 민 다음 반대쪽 발로 땅을 미는 식으로 앞으로 나아갔다. 그리고 드라이스가 이것을 처음 타는 순간, 자전거가 탄생했다.

공학자는 지난 한 세기 반 동안 자전거를 매만져 1킬로그램을 움직이는 데 필요한 에너지 양을 기준으로 세계에서 가장 효율이 높은 차량으로 만들었다. 오늘날 자전거의 효율성은 움직이는 모든 동물과 기계를 능가하며, 자동차는 이 기준에서 자전거보다 에너지를 다섯 배나 더 많이 사용한다.² 전 세계적으로 10억 대가 있고 매년 1억 대이상 제조되는 자전거는 어떤 기준으로 보아도 공학의 승리다.

자전거에 관한 얘기가 나온 김에 캘리포니아 대학교 데이비스 캠퍼스의 어느 스포츠 장비 공학 전문가가 한 말을 짚어볼 필요가 있다. "자전거 타는 법은 누구나 안다. 그렇지만 자신이 '어떻게' 자전거를 타는지는 아무도 모른다."³ 어린 시절 자전거 타는 법을 배울 때 호기심이 넘쳐 약간의 실험을 해본 사람이 있을 것이다. 자전거의 핸들과 안장을 잡고 달리다가 밀어 놓고 얼마나 멀리 나간 다음 쓰러지는지를 확인하는 것이다. 실험해보지 않은 사람을 위해 정답을 이야기해 보자면, 손에서 떨어진 자전거는 상당히 먼 거리를 간다. 속도가 점점 빨라지는 경사면을 따라 아래로 굴릴 때는 특히 더 그렇다. 공학자의 설계 덕분에 자전거는 충분히 빠른 속도로 달릴 때 스스로 똑바로 서는 능력을 갖추고 있다. 그리고 우리는 자전거 타는 법을 배우는 동안 어느 정도 이 현상의 도움을 받았다.

그러나 이 현상은 좀처럼 이해되지 않는다. 공학자는 대부분 자이로스코프처럼 앞바퀴의 각운동량 덕분에 자전거가 똑바로 선 자세를 유지한다고 짐작한다. 그렇지만 얼핏 빤해 보이는 이 대답은 2011년 어느 공학자 팀이 앞바퀴와 반대 방향으로 회전하는 바퀴를 하나 더 달아 그 효과를 상쇄시키는 자전거를 설계함으로써 정답에서 제외되었다. 자전거의 안정성에 있어서 앞바퀴의 자이로스코프 작용이 필요조건도 충분조건도 아님을 증명한 것이다.⁴ 만일 자이로스코프 효과가 정답이 아니라면, '캐스터 트레일 caster trail'이 정답일 수 있다. 앞 차축과 핸들 바를 잇는 조향축이 뒤쪽으로 기울어지도록 설계되어 있기 때문에, 자전거가 한쪽으로 기울어지면 앞바퀴의 조향축 뒤쪽이 지면에 밀려 올라감으로써 기울어진 방향으로 핸들 바가 저절로 틀어진다. 따라서 자전거가 넘어지지 않게 되는 것이다. 그러나 이 팀은 캐스터 트레일도 정답에서 제외했다.

약간의 창의성을 발휘하면, 원리를 간단하게 설명할 수 없어도 스스로 똑바로 선 자세를 유지하는 안정적인 자전거를 설계하는 것이 가능하다. 자전거의 안정성은 자이로스코프 작용과 차체의 무게 분산, 캐스터 트레일이 혼합된 복잡한 이유가 바탕이 된 것으로 보인다. 그러나 이런 힘이 어떤 식으로 함께 작용하여 자전거의 안정성을 만들어 내는지를 설명하는 수학적 정의는 아직 파악되지 않았다. 연구팀은 이렇게 보고했다. "우리는 캐스터 트레일이나 앞바퀴의 자이로스코프, 앞부분의 질량 중심 중 어느 하나라도 잘못 조정하면 원래 안정적인 자전거도 대부분 불안정하게 만들 수 있다는 것을 알아냈다."[5] 역으로 불안정한 자전거도 이 세 변수 중 어느 하나를 조정하면 안정하게 만들 수 있다.

자, 이제 우리는 여섯 살 꼬마가 자전거를 타고 동네 거리를 질주하는 것만 보아도 공학은 응용과학이 아님을 알 수 있다. 또 공학자가 어떤 현상을 이용하여 뭔가 유용한 것을 만들 때 그것을 먼저 과학적, 수학적, 철학적 또는 다른 어떤 방식으로든 이해할 필요가 없음을 증명할 수 있다. 그 역 또한 성립된다.

'불확실성이 존재하지만, 그럼에도 설계한다'는 것이야말로 공학자의 작업 과정이다. 공학자의 필수 임무 하나는 문제의 현상이 얼마나 복잡한지는 신경 쓸 것 없이, 불확실성에 울타리를 쳐두고 그것을 우회하여 달려가 결과를 오늘 내놓는 것이다.

공학이라는 아름다운 소용돌이 🌪

생활 속 복잡한 자연 현상 중 하나는 우리가 직접 만들어 관찰할 수 있다. 부엌 수도꼭지를 틀면 된다. 꼭지를 조절하여 물을 조금씩 천천히 흐르게 만들어놓고 깨끗한 물줄기 뒤로 손가락을 넣어 얼마나 투명하게 보이는지를 본다. 이번에는 꼭지를 열어 물이 거세게 쏟아지게 한다. 이제 물줄기가 불투명해져 손가락이 잘 보이지 않는다. 매끄럽고 투명한 흐름은 '층류'라 부르는데, 얇은 판이나 켜를 나타내는 '층'에서 따온 말이다. 불투명하게 교란된 흐름은 '난류'라고 하며, 혼란하게 흐트러진 흐름을 말한다.

층류가 난류로 어떻게 전이하느냐는 과학자에게 한 세기가 넘도록 수수께끼였다. 최근 어느 물리학자는 이렇게 말했다. "전이가 도대체 왜 일어나는가 하는 수수께끼의 핵심은 여전히 해결되지 않았다. 그것은 불가사의의 영역이다. (…) 광범위한 연구 활동으로 퍼즐의 중요한 조각을 많이 찾아냈음에도 수수께끼의 핵심은 여전히 해결되지 않았다."[6] 그 이유는 아직 과학자에게 난류에 관한 포괄적 이론이 없기 때문이다. 유체동역학에는 위성이나 총알의 궤적을 예측하는 뉴턴의 운동 법칙 같은 것이 따로 없는데, 난류를 포괄적으로 다루는 이론이라면 원자 차원에서부터 거시적 척도에 이르기까지 유체의 작용을 묘사하고 예측할 수 있어야 하기 때문이다. 10^{-8}센티미터 정도 되는 원자 척도에서 볼 때, 바닷물은 양자역학

원칙에 따라 움직이는 분자들로 이루어져 있다. 몇 센티미터에서 몇 미터 척도가 되면 이 분자들이 파도를 이룬다. 수천 킬로미터 척도에서는 이런 파도가 해류가 되고, 지구 전체를 아우르는 척도에서는 달과 함께 오르내리는 조수가 된다. 대부분의 물리 현상에서는 한 가지 척도가 지배적이고, 그래서 과학자는 물체와 힘이 어떻게 행동하는지를 예측하고 설명하는 이론을 개발할 수 있다. 물이 난류를 이룰 때처럼 복잡하기 그지없는 현상에서는 원자부터 대양까지 여러 단계의 척도가 작용한다.

그러나 공학자는 매끄럽고 조용한 흐름이 거칠고 격렬한 흐름으로 전이하는 때가 언제인지, 또 원하는 유형의 흐름이 나타나도록 조절하는 방법은 무엇인지 알아내야 한다. 이따금 공학자에게는 난류가 필요하다. 우리가 삼키는 약은 난류에 의해 혼합된다. 자동차 엔진은 연료와 공기를 난류 속에서 혼합해야 작동한다. 반대로 어떤 상황에서는 층류가 필요하다. 우리가 일하는 건물에 사용되는 강철은 녹인 철의 층류에 의해 주조되며, 컴퓨터와 전화기를 움직이는 실리콘 칩은 칩을 파괴하는 오염원을 공기의 층류로 깨끗하게 쓸어낸 방에서 만들어진다. 항공기 날개는 특히 공기의 매끄러움을 필요로 한다. 어느 공학자는 층류와 난류의 전이를 해결하지 않은 상태로 실용적인 공기역학이 애초에 어떻게 전개될 수 있었는지 의심스럽다고 말하기도 했다.[7]

21세기 과학은 여전히 전이를 이해하지 못하지만, 어느 19세기 공학 교수는 이처럼 터무니없이 복잡한 현상에서 오는 불확실성 문제를 우회할 수 있도록 유서 깊은 전략을 사용했다. 오즈본 레이놀즈Osborne Reynolds는 영국 맨체스터의 오언스 컬리지에서 19세기의 마지막 30여 년 동안 학생을 가르치면서 특이하기 그지없는 사색가로 명성을 얻었다. 그의 지성은 물리 현상을 깊이 직관적으로 통찰하는 능력에서 비롯했는데, 그가 이를 글로 표현할 때는 좋게 말해 격식 없고 순수한 언어를 사용했다. 그의 학생이었던 어떤 사람은 이렇게 말했다. "그의 두뇌는 우리 대다수와는 다른 노선을 따라 작동하는 것처럼 보였다. 그는 모든 것을 독창적인 방식으로, 거의 원시적일 만큼 단순한 마음으로 바라보았다."[8] 레이놀즈는 자신의 강력한 지성을 자연 세계를 이해하는 데 사용하기로 했다. 대학교는 돈이 부족했고, 학교의 유일한 건물 뒤 낮은 난간으로 울타리를 쳐둔 커다란 구덩이 옆 마구간에다 공과대학을 설립했다. 레이놀즈는 마구간 1층에서 강의했고, 건초 더미에서 학생들에게 도면 그리는 법을 가르쳤다. 실험실 또한 따로 없어 레이놀즈는 마구간에서 혜성 꼬리, 태양의 코로나와 오로라, 지구 자기, 구름의 전기적 특성 등을 연구했다. 우박, 빗방울, 눈송이가 어떻게 형성되는지를 연구했고, 심지어는 느긋하게 구조를 연구할 수 있도록 석고로 우박의 본을 뜨기도 했다. 또 나무가 벼락을 맞으면 왜 폭발하는지 조사했는데, 내부 수분이 가열되면서 팽창하기 때문임을 알아냈다. 그는 소리가 대기에 어떻게 반사되고 안개에 어떻게 감쇠하는지를 측정하기도 했다. 그러나 마주친 온갖 자연 현상 중 그에게 물의 흐름보다 더 매혹적인 것은 없었다.

그는 물이 왜 어떤 때는 조용히 투명하게 흐르고 또 어떤 때는 격렬하게 흐르는지, 층류와 난류가 왜 생기는지 의아했다. 그 현상을 기술적 문제 해결에 어떻게 활용할 수 있을지에도 관심이 있었다. 레이놀즈는 "결과의 실제적 측면에 관해서는 너무나 명백한 만

큼 어떤 개요 설명도 필요가 없다"고 말하곤 했다.[9]

그는 프랑스 동쪽에 있는 수원지로부터 파리까지 길이가 거의 130킬로미터에 이르는 '뒤 수로' 같은 구조물을 생각했다. 이 수로는 거리 청소, 식수, 목욕에 필요한 물은 물론 폐기물을 가장 현대적인 하수 시스템으로 씻어낼 용수를 매일 수만 세제곱미터씩 파리에 공급한다. 프랑스의 공학자는 지난한 시행착오 끝에 이 수로의 도관을 물이 매끄럽게 흐르도록 설계했다. 와류나 난류가 생기면 도관이 침식되어 수로의 사용 수명이 줄어들 것이다.

레이놀즈는 배가 물에서 효율적으로 움직이는 데 층류와 난류가 얼마나 중요한 역할을 하는지 언급했다. 배의 이물이 물을 가르며 앞으로 나아갈 때 옆으로 밀려나는 물의 흐름은 층류이지만, 갑판을 따라 배 옆을 내려다보면 고물까지 절반 정도 되는 지점에서 물의 흐름이 난류 소용돌이로 변해 배의 항적을 따라 이어진다. 레이놀즈는 "배의 이론적 저항이 실제 저항과 차이가 나는 이유를 설명하는 것은 이 소용돌이"라고 적었다.[10] 레이놀즈는 전이를 이해할 때의 실제적 효용을 위해 층류나 난류가 언제 어디에서 일어날지 계산하는 방법을 찾기 시작했다. 그의 마음을 사로잡은 것은 그 수수께끼였다. 층류-난류 전이에 완전히 매료된 레이놀즈는 "과학자를 고민하게 만든 유체의 신비한 운동"을 연구하는 데 오랜 시간을 보냈다.[11]

어느 날 그는 한 친구에게 바람이 많이 부는 날 대학 근처 연못에서 실험한 내용을 편지에 적어 보냈다. 레이놀즈는 연못에 돌멩이를 하나 던지고 그 잔물결의 움직임을 최대한 추적했다. 그다음 연못에다 기름을 약간 붓고 관찰했는데, 표면 아래에서는 물이 여전히 소용돌이를 이루지만 윗부분은 더 이상 잔물결을 일으키지 않고 유리판 모양을 띠었다.[12] 나중에는 연못에 떨어지는 비를 지켜보고 수면이 잔잔하다는 걸 알아차렸다. 그는 뱃전 너머로 고개를 내밀고 습관적으로 관찰을 계속했다. 배를 타고 파도의 움직임을 연구하면서 커다란 파도 하나를 추적하려고 했으나, 파도가 곧 다른 파도와 융합되어 사라지면서 뜻을 이루지 못했다. 그는 다음과 같이 적었다. "그 파도의 경로를 따라갔는데, 파도가 짧은 거리를 이동한 다음 비대한 크기를 잃는 것을 보았다. 뒤를 돌아보니 후속 파도가 그만큼의 크기를 이어받아 있었다."[13]

또는 빠른 배의 이물에서 발생하는 파도를 관찰하며 물 덩어리의 움직임을 추적하고자 했다.[14] 그 움직임은 눈에 보이지 않았기 때문에 그의 탐구심은 충족되지 못했다. 그는 "우리는 물이나 공기 내부의 움직임에 관해 아무것도 보지 못한다"며 한탄했다.[15] 물이 정확히 어떻게 움직이는지는 알아차리기가 어렵고 명확히 정의하기는 더욱 어렵다는 것이다.[16] 그는 닥치는 대로 물리 세계 관찰을 계속했다. 그러다 굴뚝 위로 오르는 연기, 대포의 포구에서 나오는 연기, 증기기관이나 흡연자의 입에서 뿜어나오는 연기, 테이트의 연기 상자에서 나오는 연기에 관심을 가졌다.[17]

테이트의 연기 상자는 19세기 사색가들의 상상력을 사로잡은 장치였다.[18] 이 상자는 육면체로, 그중 한 면은 뚫린 상태이며 수건을 팽팽하게 당겨 막아두었다. 그 반대쪽 면에는 한가운데에 지름이 3~5센티미터 정도 되는 구멍 한 개가 나 있었다. 상자 안에다 암모니아와 황산을 채워 연기를 발생시킨 다음, 팽팽한 수건을 두들기면 상자의 구멍으로부터 커다란 고리 모양으로 연기가 나왔다.

절대온도의 단위 켈빈Kelvin의 명칭 배경이 된 것으로 유명한 켈빈 경은 연기 고리를 시각적 보조 자료로 삼아 연구했고, 원자를 에테르 안의 소용돌이로 보는 '소용돌이 원자 이론'을 전개했다.

 레이놀즈는 이 상자의 연기 고리에 감탄했다. 그는 "연기 고리라는 아름다운 현상, 둥글게 말린 연기가 개방된 공간에서 위로 올라가는 광경에서 도저히 눈을 뗄 수가 없다"고 말했다.[19] 이 고리의 움직임을 계산하는 방법이라는 어려운 문제는 다른 사람들에게 남겨 두었지만, 그는 연기 고리가 유체 운동의 형태를 드러낸다는 것을 알아차렸다.[20] 테이트의 연기 고리는 보이지 않는 기류를 눈에 보이도록 탈바꿈했다. 이를 보고 레이놀즈는 수류를 눈으로 볼 방법을 떠올렸다. 그는 배의 프로펠러 근처에 염료를 주입했고, 기쁘게도 '연기 고리를 꼭 닮은 아름다운 소용돌이 고리'를 볼 수 있었다.[21]

 이렇게 새로운 기술을 갖춘 레이놀즈는 유체 운동의 비밀을 알아내고 층류가 언제, 또 가능하면 어떻게 난류로 바뀌는지를 예측하기 위한 기구를 설계했다. 그는 길이 약 180센티미터, 너비와 높이가 약 46센티미터인 나무 상자를 만들었다. 상자의 앞면과 뒷면은 투명한 유리판을 사용했다. 그는 이 상자를 실험실 바닥으로부터 약 210센티미터 정도 높이의 단 위에 놓고 물을 채웠다. 이 수조 안에 지름 약 2.5센티미터에 길이 약 150센티미터 되는 유리 대롱을 넣고, 대롱 한쪽 끝에는 그의 표현에 따르면 '나무에 니스 칠을 한 나팔 모양 주둥이', 다시 말해 깔때기를 달았다.[22] 반대쪽 끝에는 고무를 끼워 철제관과 연결했다. 철관은 상자 끝 나무를 통과하여 아래로 90도 각도로 꺾였다가 210센티미터 아래로 내려가, 커다란

19세기 중반, 오즈본 레이놀즈는 층류가 난류로 전이하는 현상을 연구하기 위해 특수한 수조를 만들었다. 실험실 바닥 가까이에 있는 밸브를 열면 중력 때문에 수조 안의 나무 깔때기 안으로 물이 빨려 들어간 다음 유리관 안으로 들어갔다. 물이 흐를 때 레이놀즈는 물이 흐르는 모양을 볼 수 있도록 노즐을 통해 약간의 염료를 주입했다.

손잡이로 조절되는 밸브를 지나 바닥의 하수구로 이어졌다.

 장치가 준비된 후 드디어 유체동역학의 핵심 불가사의 중 하나를 풀어내기 위한 실험을 시작할 수 있었다. 그는 수조에 물을 채우고 그 상태로 몇 시간 내버려두어 온도가 전체적으로 최대한 균일해지도록 했다. 그다음 밸브를 조금 열었다. 나무 깔때기 안에는 물의 흐름에 영향을 주지 않을 정도로 아주 작은 유리관을 미리 설치해 두었는데, 물에다 염료를 타기 위한 장치였다. 물이 흐르자 관 중심을 따라 한 줄기 염료가 잔잔하게 흐르면서, 그의 표현에 따르면 '멋지도록 안정된 상태'를 유지했다.[23]

 유속을 높이자 색 띠는 철관 입구로부터 약 60센티미터 정도 되는 지점까지 안정된 모양을 유지했다. 그 지점에 이르자 색 띠가 물과 섞이며 넓게 퍼졌고, 그다음에는 희석되어 염료보다 연한 '색조의 구름'이 수조를 채웠다. 레이놀즈는 관을 섬광으로 비춤으로써 이 균일한 색조가 일련의 소용돌이로 꼬인 액체임을 알았다. 그는 그것을 '꿈틀꿈틀 꾸불꾸불한 움직임'이라 표현했다.[24] 이 소용돌이는 불쑥 나타나 물이 관 한쪽 끝에서 반대쪽 끝으로 계속 가로질러 가는 동안 사라졌다가 다시 나타났다. 그는 더 가는 관과 굵은 관으로 실험을 반복하여, 관이 가늘어질수록 유속이 더 빨라야 난류가 만들어진다는 것을 알아냈다.

이 실험으로 레이놀즈는 층류에서 난류로 전이할 때의 핵심 특성을 조명했다. 첫째, 전이는 갑자기 일어난다. 소용돌이는 처음에는 크기가 작다가 점점 더 커지는 것이 아니라 갑자기 완전히 형태를 갖추고 나타난다. 둘째, 유속이 일정 수준보다 낮을 때는 난류가 일어나지 않는다. 셋째, 층류를 유지할 수 있는 유속에는 상한선이 있어서 그것을 넘어서면 층류가 유지되지 않는다.

이런 해석에는 그의 남다른 지성이 뒷받침되었다. 그는 언제나 유비를 통해 현상을 추론했다. 장기적으로 볼 때 유비가 피상적이기는 했지만, 그의 혜안은 여전히 공학자의 길잡이 역할을 한다. 그는 물을 입자로, 즉 원자가 아니라 유한한 크기의 입자로 생각했고, 입자의 움직임은 군부대의 구성원과 비슷하다고 보았다. 행진하는 부대는 줄을 맞출 수도 있고 병사들이 사방으로 향하며 뒤죽박죽이 될 수도 있다. 그는 물에 섞은 염료를 가운뎃줄에 있는 밝은색 제복을 입은 병사들이라고 상상했다. 매끈하게 흐르는 부대에서는 그 줄이 안정된 상태를 유지하며 목적지를 향해 움직인다. 질서가 무너지면 밝은색 병사들은 난류처럼 줄을 벗어나 부대의 대형 전체로 퍼진다.[25] 그는 행진하는 부대의 대형은 규율, 속도, 규모라는 세 가

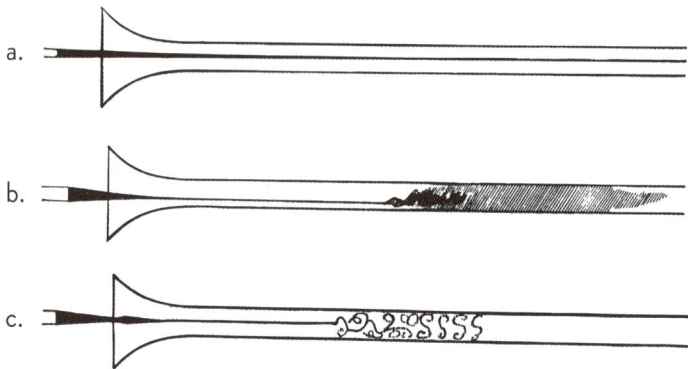

레이놀즈가 관찰한 흐름의 종류. (a) 유속이 느릴 때 염료가 관 중심을 따라 안정된 선 모양을 띠는 것을 관찰했다. (b) 유속을 높이자 염료가 '균일한 색조의 색 구름' 모양으로 관을 채웠다. (c) 관을 섬광으로 비췄을 때 그 '균일한 색조'가 액체의 소용돌이임을 볼 수 있었다.

지 특징에 따라 가지런한 모양을 이룬다고 생각했다. 규율이 형편없는 부대, 빠른 속도로 움직이는 부대, 또는 규모가 큰 부대는 대형을 유지하기가 어렵다. 다만 규율이 있으면 빠르거나 규모가 큰 부대도 질서를 유지할 수 있을 것이다. 그는 부대에 해당하는 것은 정확히 물에도 해당한다고 말했다. 또 물은 어떤 상황에서는 완전히 똑바로 규율을 갖춘 방식으로 움직일 것이고, 또 어떤 상황에서는 소용돌이와 흐름이 꼬인 덩어리가 되는데, 이는 개개의 입자가 나머지 입자를 방해하면서 서로 돌고 몸부림치는 군중의 움직임에 충분히 비유할 수 있다고 덧붙였다.

유체의 '규율'은 유체의 점도, 즉 흐름에 대한 저항이다. 만일 레이놀즈가 자신의 장치에 메이플 시럽을 넣었다면 매끈한 층류가 난류가 되기까지 훨씬 더 빠른 속도가 필요했을 것이다. 부대의 속도는 유체의 유속에 해당하며, 부대의 규모는 관의 지름에 해당한다. 관이 더 굵으면 관이 가늘 때보다 더 낮은 유속에서 층류가 난류로 전이한다. 레이놀즈는 이를 하나의 관계식으로 만들었다.

$$\frac{\text{유속} \times \text{관 지름}}{\text{점도}}$$

레이놀즈는 자신이 실행한 실험처럼 관 벽면이 매끈한 경우 이 변수 조합이 2000 미만일 때 흐름은 층류이며, 4000을 훨씬 웃돌면 난류이고, 그 사잇값일 때는 두 종류가 섞여 나타난다는 것을 보여주었다. 유체의 몇 가지 속성을 가지고 끌어낸 이 간단한 관계식은 한 세기가 넘도록 공학 설계에 이용되었다.

레이놀즈의 연구는 공학자가 불확실성을 다룰 때 활용하는 주된 방법의 하나를 잘 보여준다. 그는 전이가 일어나는 이유에 대한 근본적인, 어쩌면 분자 차원의 설명을(분자 차원에서 이 현상은 지금까지도 완전히 이해되지 않았다) 탐구하지 않고, 흐름을 현상학적으로 묘사했다. 다시 말해 흐름 속에서 관찰할 수 있는 요소를 묘사했지만, 그 근본을 드러내 보여주지는 않았다. 레이놀즈의 연구는 공학의 고전적 모습이다. 복잡한 과정의 세밀한 부분을 뭉뚱그려 자신의 목표를 달성하는 데 꼭 필요한 정도로만 추상화하여 나타냈다. 유체의 흐름은 점도, 유속, 유체가 흐르는 도관의 크기로만 묘사하면 된다. 이것만 있으면 공학자는 유체가 층류 또는 난류일 수 있는 불확실한 영역을 피하고 의도에 따라 층류 또는 난류를 유지하는 영역을 벗어나지 않을 수 있다. 흐름이 왜 그렇게 되는지를 근본적으로 이해하지 않고서도 가능하다.

레이놀즈의 접근법은 관련된 갖가지 흥미로운 측면을 덮어버리며, 난류라는 다루기 어려운 악몽 같은 문제를 해결하지는 않는다. 과학자라면 이에 대해 불평할 것이다. 이러한 사고방식은 앞에서 다룬 과학과 공학의 뚜렷한 차이점을 강조한다.

> 과학적 방법은 우주에 관한 진실을 드러내려 애쓰지만,
> 공학적 방법은 현실 세계 문제에 대한 해법을 추구한다.

레이놀즈는 유체 운동의 비밀을 전혀 밝혀내지 못했지만, 몇 세대에 걸쳐 공학으로 세계를 바꾸는 데 도움을 준 것만은 확실하다.

사실 우리 삶 속에서 이용되는 공학의 산물과 시스템은 대부분 제대로 원리가 이해되지 않는다. 그러나 강력하게 동작한다. 우리는 원리를 제대로 설명하지 못하지만, 이를 동작하게 하는 놀라운 능력을 가지고 있다. 그 원동력은 공학자의 절박함이다. 이는 공학이 과학과 차별화되는 또 한 가지 특징이다. 공학자는 현실 세계의 필요에 반응하기 때문에(우리는 건물을, 자동차를, 의약품을 바로 지금 원하기 때문에) '이것은 지금 알아낼 필요가 있다'는 절박한 태도로 일하는데, 이는 과학이 세계를 탐구하는 느긋한 태도와는 극명하게 대비된다. 컴퓨터를 연결하는 네트워크에서 이 차이는 보다 더 뚜렷하게 드러난다.

보이지 않는 신호들의 힘 ↗

인터넷과 연결된 사무실 컴퓨터 사이의 네트워크나 우리 가정

에서 인터넷 연결을 공유하는 갖가지 장치를 통과하는 수십억 바이트의 정보가 어떻게 형성되어 있는지는 아무도 모른다. 이는 어느 순간에든 정보가 스스로 파괴할 위험이 있다는 뜻이기도 하다. 정보를 담은 채 이런 네트워크를 빠른 속도로 통과하는 신호는 언제든 서로 간섭을 일으켜 마치 두 사람이 동시에 상대방에게 대화를 시도할 때처럼 뒤죽박죽 섞여 혼란을 만들어낼 위험이 있다. 컴퓨터 공학자는 이를 '신호 충돌'이라 부른다.

그럼에도 오늘날 초당 수조 바이트가 차례차례로 로컬 네트워크를 통과하여 왜곡도 혼란도 없이 세계 곳곳과 정보를 공유하고 있다. 이는 네트워크 케이블 안에서 정확히 무슨 일이 벌어질지 모른다는 불확실성을 극복하기 위해 한 공학자가 영리한 방법을 고안한 덕분이다. 이 문제 해결을 위한 노력이 시작된 원인은 보기 흉하기 이를 데 없는 어느 발명품이었다. 제록스에서 나온 복사기를 개조한 것으로, 윗부분을 뜯어내고 그 자리에다 검은 관으로 감싼 레이저, 거울, 그리고 전선을 잔뜩 연결한 물건이었다.

1970년대 초, 로버트 메칼프Robert Metcalfe는 풀기 어려운 문제에 부딪혔다. 어떻게 하면 신호 충돌로 네트워크가 무용지물이 되지 않게 하면서 컴퓨터 100대로부터 레이저 프린터로 문서를 보낼 수 있을까? 제록스가 1970년대에 캘리포니아에서 운영한 팔로알토 연구소에서 메칼프는 전산의 미래를 10년 정도 미리 내다보았다. 그는 오늘날 맥이나 윈도우 컴퓨터처럼 그래픽 유저 인터페이스와 초기 형태의 마우스를 갖춘, 알토스라는 이름의 개인용 컴퓨터로 둘러싸여 있었다. 그리고 그것들은 모두 제록스의 최신 개발품인 레이저 프린터로 연결되어 있었다. 메칼프가 맡은 일은 이 프린터를

100대의 컴퓨터와 공유하는, 오늘날 용어로 표현하자면 네트워크로 연결하는 것이었다. 이는 팔로알토 연구소 바깥에서는 그다지 급한 문제가 아니었다. 개인용 컴퓨터가 나오기 이전에는 컴퓨터 한 대당 25만 달러 정도였다. 따라서 컴퓨터를 두 대 이상 구비한 회사는 거의 없었고, 가정용 컴퓨터는 환상에 지나지 않았기 때문이다.

    이 무렵 메칼프는 워싱턴 D.C.에 있는 어느 친구 집에서 신세를 졌다. 시차 문제로 잠을 이루지 못하던 그는 어느 날 책장에서 기술을 다룬 두꺼운 책을 꺼냈다. 동부 시간에 적응하여 잠을 이루려던 계획이 무색하게, 책 속의 한 가지 주제가 그의 관심을 사로잡았다. 하와이의 여러 섬 사이에서 신호를 전송하기 위해 개발된 무선 통신 네트워크인 알로하 시스템이 놀라울 정도로 메칼프와 비슷한 문제로 씨름하고 있었다. 만일 섬에 있는 두 기지가 동시에 메시지를 전송하면 신호는 충돌을 일으켜 정작 신호를 받아야 하는 쪽에서는 그것을 수신하지 못할 것이다. 그러나 다른 기지에서 언제 신호를 전송할지 알 방법은 없었다. 오늘날 알로하넷이라 불리는 알로하 시스템에서 사용한 방법은 간단했다. 어느 기지든 원하는 때에 신호를 전송할 수 있으나, 전송한 다음에는 신호를 받았다는 응답이 돌아오기를 기다리는 방법이었다. 응답이 금방 돌아오지 않으면 신호를 보내는 기지는 다른 기지가 동시에 신호를 전송했으며 그 때문에 신호가 충돌했다고 간주했다. 그러면 송신 기지는 얼마가 되든 임의로 택한 시간만큼 대기했다가 다시 송신했고, 이때의 대기 시간 길이가 자신과 충돌한 기지가 대기한 임의의 시간 길이와 다르기만 하다면 두 기지의 다음 송신은 제대로 전달될 것이다. 어쩌다가 두 기지가 다시 동시에 송신하는 일이 있다 해도 그저 조금 더 기다리기만 하면 되었다.

메칼프가 보기에 이는 매우 세련된 해법이었다. 그는 이에 대해 "단순성을 통해 신뢰성을 달성했다"라고 썼다.[26] 그는 신호 양이 증가하면 충돌 역시 급속히 증가하리라는 사실을 알아차렸고, 그래서 다수의 컴퓨터를 한 대의 프린터와 네트워크로 연결하기 위해 알로하넷의 기본 방법을 보강하여 적용했다.

그는 프린터와 통신을 시작할 컴퓨터가 같은 네트워크의 다른 컴퓨터에서 오는 신호를 듣게 할 방법을 고안했다. 그렇게 하면 프린터로 신호를 보내는 컴퓨터는 자신의 신호가 충돌을 일으켰는지 여부를 감지할 수 있었다. 충돌이 일어나면 충돌한 신호를 보낸 각 컴퓨터는 네트워크가 잠잠한지를 파악한 다음 다시 신호를 보내되, 임의의 시간만큼 기다린 다음에야 보냈다. 그러지 않고 두 컴퓨터가 바로 신호를 다시 보낸다면 신호는 다시 충돌을 일으킬 것이고, 파괴된 데이터의 무한 루프에 갇힐 것이다. 이 방법에서는 네트워크 안에서 무슨 일이 벌어지고 있는지를 확실히 파악할 필요가 없었다. 무작위라는 불확실성 안에 해법이 내장되어 있었다. 잠시 멈추었다가 다시 시도하면 그만이었다. 얼핏 불확실성에 불확실성이 쌓이면 혼란이 생겨날 것처럼 보인다. 실제로 당시 메칼프의 방법을 두고 "실제에서는 통하지만 이론에서는 통하지 않는다"는 농담도 있었다.

메칼프는 자신의 방법을 산업 표준으로 만들기 위해서 다른 방법을 밀고 있던 컴퓨터 업계의 거물 아이비엠과 싸워야 했다. 아이비엠은 메칼프의 해법이 확률적 성질을 띤다는 점이 신경에 거슬렸다. 그곳의 최대 고객은 거대 금융 기업들로, 어느 아이비엠 공학자는 그들을 '상당히 전통적인 기관들'이라 묘사했다.[27] 또 다른 아이비엠 공학자는 이 보수적 조직들이 선호하는 네트워킹 접근법을 다음처럼 설명했다. "우리는 그 접근법이 통한다는 것을 믿어야만 한다. 그게 통하지 않으면 고객들은 우리를 쏴 죽일 것이다."[28] 당시 아이비엠이 지닌 최고의 전산망은 1960년대 말 스웨덴의 발명가 올로프 쇠데르블롬Olof Söderblom이 스웨덴의 어느 대형 은행을 위해 개발한 것이었다. 그는 2000킬로미터에 걸쳐 흩어져 있는 500개 지점의 창구 직원 2500명과 사무실 터미널을 네트워크로 묶어야 했다. 메칼프의 해법과는 달리 쇠데르블롬의 해법은 케이블이 사용 가능한지에 대한 불확실성을 '모두' 배제했다. 쇠데르블롬의 접근법은 불확실성에 대한 전체주의적 접근법의 화신이었다. 그에 비해 메칼프의 네트워킹은 자유방임주의에다 거의 혼란에 가까웠다.

쇠데르블롬은 고리 형태로 연결된 케이블을 따라 컴퓨터를 연결했다. 케이블에 신호가 있는지를 나타내는 정보 조각인 '토큰'이 고리를 따라 돌았다. 이 토큰은 마치 모임에서 말할 차례를 지정하는 발언 막대기처럼 작용했다. 한 컴퓨터가 뭔가 송신할 것이 있을 때 그 컴퓨터는 토큰이 지나갈 때까지 기다렸다가 토큰을 읽어 고리가 사용 중인지를 알아내고, 사용 중이 아니면 토큰을 붙잡고 자신의 정보를 송신했다. 고리 위에서 다른 어떤 메시지도 허용되지 않으리라는 확신이 기준이 되었다. 신호가 도착하면 토큰은 해제되었고, 그러면 다른 컴퓨터가 케이블을 이용할 수 있었다. 이 토큰은 다른 신호가 케이블 위에 있을 수 있다는 불확실성을 모두 배제했다. 아이비엠은 이 '토큰 고리token ring' 시스템의 라이선스를 받아 대형 기업에 판매했다.

 1980년대 초 메칼프의 방법과 토큰 고리 네트워크는 시장을 장악하기 위해 싸움을 벌였으나, 토큰 고리가 크게 세 가지 측면에서 유리했다. 첫째는 아이비엠의 막강한 금융 능력 그 자체였다. 1970년대 말 이 회사는 S&P 500 중 가장 큰 기업이었으며, 한때 지수의 7.2퍼센트를 차지했다. 그 규모와 힘은 엑손, 에이티앤티, 제너럴모터스와 어깨를 나란히 할 정도였다. 독보적인 컴퓨터 회사로서 아이비엠의 지배력은 의심할 여지가 없었다. 아이비엠은 세계 각국내 컴퓨터 시장의 60에서 80퍼센트까지 지배하기도 했다.

 둘째, IT 부서 입장에서는 토큰 고리 프로토콜이 사용하기 더 편했다. 아이비엠이 대개 토큰 고리를 방 하나 안에다 설치했기 때문이다. 네트워크에 문제가 있을 때 기술자가 그 방만 찾아가면 문제점을 찾아내 고칠 수 있다는 뜻이었다. 이 구조는 상업용 건물의 기존 전화 배선 방식과도 어울렸다. 그런 까닭에 중앙 전화 설비실에 토큰 고리가 설치되는 사례가 많았다. 그와는 달리 메칼프의 방법은 뿌리 없는 나무 구조를 활용했다. 중심이 되는 긴 케이블에 마치 가지처럼 수많은 케이블이 연결되는 구조였다. 이 방법은 규모가 작을 때는 효율적이고 실용적이었지만 대기업에서는 악몽으로 변했다.

 셋째, 토큰 고리는 전선 두 가닥을 꼰 케이블을 이용하기 때문에 메칼프의 동축 케이블보다 훨씬 더 유연했다. 동축 케이블은 오늘날 유선방송을 볼 때 쓰는 바로 그 케이블이다.

 이러한 이유로 처음 두 방법이 경쟁하기 시작할 때는 토큰 고리가 확실히 우위에 있었다. 그러나 토큰 고리 쪽에 부족한 점이 있다면, 로버트 메칼프 같이 선견과 카리스마를 갖추고 싸움에 나설 사람이 없다는 것이었다.

키가 185센티미터 남짓한 메칼프는 언제나 숱이 많은 머리에다 덥수룩한 붉은 턱수염을 하고 브로그 구두를 신은 멋진 모습을 유지했다. 그는 자신의 차림에 관해 이렇게 말하기도 했다. "나는 브로그를 좋아한다. 나는 일종의 세미 히피, 우파 히피인 채로 MIT 슬론 경영대학원에 다녔기 때문이다."[29] 그의 독특하고 압도적인 존재감과 마케팅 감각 덕분에 많은 기업이 네트워크를 '이더넷Ethernet'에 맡겨 보겠다는 확신을 얻었다. 이더넷은 19세기에 빛을 전달하는 데 필요한 '빛의 에테르'로부터 가져온 것으로, 마케팅에 뛰어난 메칼프가 자신의 프로토콜에 붙인 이름이었다. 팔로알토 연구소의 어느 공학자는 당시 상황을 이렇게 회상했다. "모든 사람이 즉시 정말로 입에 착 달라붙는 이름이라는 데 공감했다."[30]

메칼프의 카리스마는 미래에 대한 명확한 전망으로 더욱 강화되었다. 그것은 바로 개인용 컴퓨터 시대가 다가오고 있다는 것이었다. 그의 경쟁자들은 이런 선견지명을 갖추지 못했다. 그의 동료한 사람이 먼 훗날 회상한 바에 따르면 메칼프는 이 혜안으로 거의 예언자 같은 능력을 발휘했다.

제록스의 팔로알토 연구소에서 메칼프는 개인용 컴퓨터가 부상할 것을 내다보았지만, 아이비엠은 자신의 기업 고객들이 사용하는 중앙 집중식 대형 컴퓨터만 생각했다. 아이비엠은 자사가 판매하는 개인용 컴퓨터에 네트워크 포트를 설치할 생각조차 하지 않았다. 메칼프는 이 전망을 바탕으로 이더넷을 개인용 컴퓨터 제조사들에 팔겠다는 결의가 굳건한 기민한 회사들을 하나로 묶었다. 그는 이

더넷을 모두가 참여하여 혁신을 이루어 나가도록 권장하는 개방형 프로토콜로 내놓았다. 불확실성을 우회할 방법을 찾아낼 모든 정보와 발견법을 추구하는 공학자의 마음가짐을 완전히 포용한 것이다.

그와는 대조적으로 아이비엠은 자사에 지원하는 회사들을 포용한 적이 없었다. 토큰 고리는 개방형 표준이었음에도 아이비엠은 우호적인 태도를 취하지 않았다. 아이비엠은 텍사스인스트루먼트에 라이선스를 주어 토큰 고리 칩을 생산하게 했지만, 그 회사가 뒤처질 수밖에 없게 만들었다. 아이비엠이 향상된 칩을 개발했을 때, 텍사스인스트루먼트는 아이비엠이 새 칩을 제조하여 판매할 때까지 기다린 다음에야 제조하고 판매할 수 있었다. 그리고 어떤 회사가 토큰 고리에 접속할 수 있는 컴퓨터 시스템을 판매하고 싶어 하면 올로프 쇠데르블롬과 그의 사업 파트너들은 터무니없는 로열티를 요구했다. 토큰 고리 프로토콜의 관 뚜껑에 박힌 마지막 못은 역사상 가장 빠른 속도로 변화하는 기술 산업 안에서 가만히 앉아 있는 완고한 결정론적 성격이었다. 컴퓨터의 힘이 점점 더 강력해지고 고객들이 컴퓨터가 더 빨라지기를 기대할 때 이더넷은 쉽게 적응했지만, 토큰 고리는 거기 발맞춰 성장하지 못했다. 이더넷은 이내 속도가 토큰 고리보다 수십 배나 빨라지면서 결국 기술적 우위 면에서 토큰 고리를 추월했다.

해답은 어디에나 존재한다

레이놀즈와 메칼프의 방법이 불확실성을 극복하는 독창적인 방법이기는 하다. 그러나 우회하는 방식으로 불확실성을 해결하는 것은 과학의 도움으로 '진정한' 해법에 다가갈 때까지 쓰는 임시변통 수단일 뿐이라는 생각은 쉽사리 지우기 어렵다. 지난 200년 동안 과학적 탐구가 급속도로 발전했다는 사실을 바탕으로 추정해볼 때, 많은 것을 너무나 깊이 이해하는 나머지 곧 어림셈이 필요하지 않은 시점이 오리라는 생각이 들 수도 있다. 그러나 과학이 모든 것을 포괄하고, 과학을 통해 완벽하게 정확하고 명확하게 공학을 할 수 있게 되리라는 이 사고방식은 공학이 존재하는 이유를 놓치게 된다. 바로 공학은 과학적 이해의 한계에서 작업하여 집대성된 지식 너머에 닿기 위해 존재한다는 것이다.

> 과학적 혁신은 불확실한 부분을 밀어내고 확실한 부분의 영역을 넓힐 뿐이다. 공학자는 바로 그 경계에서 일한다.

19세기 초를 기점으로 시작된 현대 과학 시대는 과학자가 어떤 현상을 관찰하고, 공학자가 그것을 이용하여 뭔가를 만들고, 그리고 훨씬 훗날 그 현상이 새로운 과학적 이해로 이어지는 식으로 발전해왔다. 이 양상은 과학과 공학이 성장하며 20세기와 21세기의 기술을 위한 기초를 놓은, '빅토리아시대의 위대한 유산'이라는 이름으로 알려진 시대부터 존재했다.[31]

19세기 초·중반 화학, 의학, 전자기학, 양자물리학에서 이루어낸 과학적 관찰은 세계에 대한 새로운 과학적 이해로 이어졌지만, 이 새로운 지식이 구체화되기 전에 공학자는 이런 현상을 이용하여 세계를 변화시켰다. 화학자가 고무와 같이 긴 분자를 합성해 그 성질이 무엇인지 고민하는 사이 일레르 베르니고Hilaire Bernigaud는 인조견을 몇 킬로미터씩 뽑아냈다. 과학자는 전선을 통과하는 전류가 자침을 움직일 수 있다는 사실을 발견했는데, 그 시대 이론으로는 이해할 수 없는 현상이었지만 공학자는 대양 밑바닥을 따라 광대한 전신망을 구축했다. 과학자는 미생물이 질병의 원인임을 밝혀냈지만 이런 미생물을 공격하는 '마법 탄환'을 설계할 만큼의 지식은 없었다. 그러나 1928년 알렉산더 플레밍이 공학적 방법을 동원하여 페니실린을 발견했다. 페니실린의 항생 작용 메커니즘이 이해되기 40년 전인 1940년대, 페니실린은 이미 대규모로 생산되었다. 물리학자는 광전 현상을 관찰했다. 고전 물리학으로는 어떻게도 설명할 수 없는 양자 현상이었지만, 1938년 어느 공학자는 유리질 셀레늄의 광전도성을 이용하여 복사기를 만들었다. 과학자가 그 현상을 완전히 이해하기 30년 전의 일이었다.

이런 사례는 19세기 말과 20세기 초의 과학적 발견에서 비롯되었다.

> 우리 세기에 들어서 과학 이해와 기술이 놀라우리만치 발전하면서 과거에 공학자를 괴롭히던 불확실성이 없어지리라는 것은 확실해 보인다. 그러나 그런 일은 절대로 일어나지 않는다. 과학 지식이 발전하는 동안 공학자는 그 지식을 넘어서서 일하기 때문이다.

지난 50년 동안 최고의 과학이라 꼽히는 분자생물학의 예를 생각해보자. DNA에 내장된 생명 암호를 풀어내면서 유기체의 작동 방식을 알 수 있는 깊고 풍부한 지식의 광산이 열렸다. 어느 미국인

화공학자는 이처럼 더 깊은 과학 이해라는 경계선을 넘어, 연료와 의약품과 화학 물질을 생산하는 데 드는 환경 비용을 줄이는 효소를 만들어냈다.

효소는 화학 작용을 촉진하면서 그 자신은 변하지 않는 촉매와 비슷하지만, 촉매는 간단한 무기질 분자인 반면 효소는 생명에 의해 만들어지며 또 생명을 만들 수 있게 해준다. 효소는 제빵용 효모 안에서 설탕을 분해하여 반죽을 부풀게 하는 이산화탄소를 생성한다(효모의 그리스어는 '효소'라는 영어 낱말의 어원이다). 또 우리가 숨을 들이쉴 때는 촉매로 작용하면서 산소를 분해하여 우리가 내쉬는 수분과 이산화탄소라는 노폐물로 만든다. 이는 효소를 촉매로 세포가 양분을 얻고, 성장하고, 번식하고, 노폐물을 배출하고, 이동하고, 다른 세포와 소통하는 수천 가지 화학 작용 중 두 가지 예일 뿐이다.

효소 자체는 복잡한 단백질 분자다. 대개 20가지 유형의 아미노산 500개가 결합하여 효소 하나를 이룬다. 즉 효소를 만드는 아미노산 조합에는 20^{500}가지가 있을 수 있다는 뜻이다. 우주 안의 원자 수를 훨씬 넘어서는, 쉽게 상상이 가지 않는 큰 숫자다. 과학자는 이처럼 천문학적인 가능성 가운데서 유용한 조합을 찾아내는 일에 쉽사리 엄두를 내지 못했다. 그러나 공학자 프랜시스 아널드Frances Arnold는 특정한 문제에 대한 해법으로 쓸 효소를 만들어낼 수 있었다.

아널드는 어느 단편소설에서 영감을 얻었다. 그녀는 "내가 1976년 여름 마드리드에서 일하고 있을 때 호르헤 루이스 보르헤스의 단편 「바벨의 도서관」을 읽은 일을 절대 잊지 못할 것이다"[32]라고 말했다. 보르헤스는 1941년 쓴 이 단편에서 우리의 집합적 지식에 내재한 천문학적 규모의 불확실성을 묘사했다. 바벨의 도서관은 육각형 방으로 이루어진 무한한 도서관이다. 방마다 문자와 구두점이 무작위로 가득 배열된 책이 서가 가득 꽂혀 있는데, 세계에 대한 완벽한 묘사와 설명뿐 아니라 미래 예측까지 포함한 생각을 보여줄 모든 낱말 조합이 이 도서관 안에 보관되어 있다. 서가에서 서가로 오가는 사서들은 이중 어떤 글은 인류의 근본적 신비를 드러낼지도 모른다는 희망을 품지만, 책에서 이성적인 생각을 하나 찾아내기까지 무분별한 불협화음과 의미 없는 말과 앞뒤 없는 내용을 무수히 만나게 된다.[33]

아널드가 볼 때 이 도서관의 책들은 하나의 효소가 지닐 수 있는, 상상할 수 없을 정도로 많은 아미노산 조합과 비슷했다. 그녀는 이렇게 말했다. "이 생명 암호는 무수히 많은 연주자와 악기가 정교하고 아름다운 음률로 연주하는 교향곡이다. 어쩌면 우리는 자연이 지은 작품의 조각을 자르고 붙일 수 있을 것이다. 그러나 효소 하나를 나타내는 소절의 악보조차 어떻게 써야 하는지 모른다." 그녀는 스스로 굉장한 내용을 담고 있지만 지극히 만나보기 힘든 그런 책을 가망 없이 찾아다니는 바벨 사서가 된 것은 아닐지 하는 생각이 들었다. 그러나 그 효소 도서관을 정돈하여, 인체 바깥에서 작용하도록 맞춤 배열된 새롭고 강력한 효소를 향해 나아가게 해줄 세 가지 사실을 금방 깨달았다.

첫째, 횡설수설이 아닌 내용이 든 책을 어디에서 찾을지 짐작조차 하지 못하는 바벨 사서와는 달리, 아널드는 유용한 효소가 이미 존재한다는 것을 알고 있었다. "그것들은 어디에나 있으며, 문자 그대로 내 구두 밑바닥에서 긁어낼 수도 있고 또 내가 숨 쉬는 공기에서 포착할 수도 있다."[34] 그녀가 볼 때 이런 효소가 자신의 효소 도서관에서 유용한 책이었다.

둘째, 자연은 이런 유용한 효소에 포함된 아미노산을 한 번에 하나씩 교체해가며 수십억 년에 걸쳐 조금씩 변화시키며 진화해 나갔다. 이런 효소는 다른 유용한 효소를 향해 한 걸음씩 그녀를 이끌어 줄 수 있었다.

셋째, 그녀는 산업적으로 유용한 강력한 효소를 만드는 방법은 자연이 사용하는 방법, 즉 진화임을 깨달았다. 아널드는 이렇게 말했다. "자연은 고금을 통틀어 단연 최고의 공학자다. 놀라울 정도로 다양한 조건에서 수십억 년 동안 번성해온 생명을 발명했다."[35] 아널드는 기민하게 적응하는 효소의 성질을 활용하기로 했다. 통제된 진화를 통해 자연이 탐색하지 않은 길을 따라 나아가게 할 수 있다는 생각이 들었다.

효소의 '통제된 진화'라는 그의 발상은 과학자의 저항에 부딪혔다. 단백질을 이해하고 싶었던 사람들은 경악하여 "그건 과학이 아니야!"라고 소리쳤다.[36] 이에 아널드는 "나는 공학자다"라고 답하면서, 자신의 목표는 "유용한 결과를 빠르게 얻어내는 것이며 이것이 공학자의 원칙"이라고 설명했다.[37] 다른 사람들은 아널드에게 자연이 이미 수십억 년에 걸쳐 효소를 최적화했고 그러는 과정에 그 막대한 힘에 의해 유용한 모든 아미노산 조합이 발견되었을 것이기 때문에 그 방법은 통하지 않을 것이라고 말했다. 그러나 그녀는 그것이 잘못된 추론임을 알았다. 자연은 생명체가 지닐 수 있는 분자의 극히 일부분밖에 탐색하지 않았는데, 바로 자연이 단백질에게 그렇게 하도록 시키지 않았기 때문이었다.[38] 그녀는 공학적 방법이 통할 것으로 생각했다. 이처럼 중요한 점을 간파한 아널드는 공학자가 갈 수 있는 가장 비옥한 영역으로 들어갔다. 자연이 탐색하지 않은 부분을 포함하여, 해결할 수 있는 문제의 외연을 파고 들어가는 일이었다.

아널드가 처음으로 만든 효소는 우리에게 우유 소화 능력을 부여하는 효소군 중 하나를 인위적으로 진화시킨 것이었다.[39] 젖먹이 시기에 모유를 먹을 수 있도록 진화한 대부분의 현대인은 성인이 되어서도 락타아제 효소를 계속 만들도록 적응했다. 수분이 많은 소장의 액체 안에서 이 효소는 놀라울 정도로 잘 작용한다. 그러나 아널드가 이 효소를 다이메틸폼아마이드라는 용매에 넣었더니 더는 유단백질을 '소화'하지 않았다. 페인트 제거제를 생각하면 다이메틸폼아마이드라는 화학물질이 무엇인지 쉽게 이해할 수 있을 것이다. 이어 아널드는 이 효소의 돌연변이를 만드는 방법을 통해 인위적으로 진화를 일으켰다. 아미노산이 바뀌어도 많아야 한두 개겠거니 하며 돌연변이를 시험했다. 대부분이 유단백질을 소화하지 못했지만, 이번에는 몇몇이 적어도 부분적으로라도 소화에 성공했다.

아널드는 새로 만들어진 효소 중 최고를 선택하여 돌연변이를 만들고 다시 시험했다. 용매 농도를 점점 높여가며 돌연변이와 선택을 열 차례 반복한 끝에, 원래 효소가 물에서 작용하는 것과 거의 비슷하게 가혹한 화학적 환경에서도 잘 작용하는 효소를 만들어냈다. 처음에 아널드는 필요한 돌연변이 횟수가 너무나 적다는 데 놀랐다가, 이어 자연의 진화 장치가 얼마나 기민한지에 놀랐다. "유전자는 발상과 마찬가지로 마구 돌아다닌다. 좋은 것은 금방 선택받아 더욱 빠르게 퍼진다. 믿기지 않는다면 약물 내성보다 앞서 나가려는 노력을 한번 해보라."⁴⁰ 이렇게 새로이 '진화한' 효소는 유용한 효소를 만들어내는 길은 통제된 진화라는 그녀의 발상을 증명해 주었다.

어떤 면에서 생물학적 진화와 종의 다양성은 공학이 불확실성과 과학적 무지에도 결과를 만들어내는 완벽한 이유가 되어준다. 하나의 과정으로서 진화에 효소가 어떻게 작용하는지, 심지어 효소가 무엇인지에 대한 지식조차 없다. 어떤 화합물을 이용할 수 있는지 또는 그것으로 무엇을 만들었는지도 알지 못한다. 진화 입장에서 가능성은 무한하다. 그 어떤 것에 대한 지식도 전혀 없지만, 불확실성은 문제가 되지 않는다. 본질적 특성상 생명은 문제를 해결하기 위한 물리적, 화학적 작용 안에 들어 있는 필수 원칙이기 때문이다. 연구자들은 불확실성의 어마어마한 규모에 질렸지만, 바로 그 부분에서 아널드는 자연 자신의 공학적 방법을 적용한다는 직관을 발휘했다. 이 불확실성은 과학 관점에서 보면 결함에 해당하지만, 역설적으로 바로 이것이 아널드를 비롯한 모든 공학자에게 자유를 준다. 마음껏 상상의 나래를 펴게 해주는 것이다. 결과가 그것을 증명한다.

아널드의 연구 이후, 수십 년 동안 통제된 진화를 통해 만들어낸 갖가지 효소가 질병을 진단, 치료했고, 농장 폐기물을 줄였다. 그뿐만 아니라 직물 품질을 향상했고, 산업 및 제약 화학 물질을 합성했으며, 세탁용 세제를 강화했다. 유단백질을 분해하는 그 효소가 얼룩도 분해하는 것이다.

아널드는 노벨상을 받는 자리에서 이렇게 말했다. "진화를 이용하는 공학의 멋진 점은 해법이 먼저 나온다는 것입니다. 해법에 대한 이해는 나중에 올 수도, 오지 않을 수도 있습니다."[41] 그녀가 말한 효소에 대한 깊은 이해는 아직도 이루어지지 않았다. 그녀는 오늘날에도 우리는 자신이 진화시킨 효소가 어떻게 작용하는지를 설명하기 위해 고심한다고 말했다.[42] 이 말은 우주에 관한 우리 지식이 확장하는 동안 공학자는 언제나 그 선두에 나서서 제대로 이해되지 않은 영역 안에서 작업하고 있으리라는 것을 분명하게 일깨운다. 발전은 불확실성을 제거해주지 않기 때문이다. 그저 확실성과 불확실성 사이의 경계선을 옮겨줄 뿐. 그리고 공학자가 일하기에 완벽한 공간은 바로 그 경계선이다.

4장

한정된 자원으로 최선의 방법을 찾아서

기원전 17세기, 오늘날 튀르키예와 시리아 국경에 있었던 도시국가 카르케미시의 고위 관리인 시드쿰라나시는 곤란한 문제에 부딪혔다. 정치적으로 조각나 있는 메소포타미아의 이웃 도시국가 마리의 왕 짐리림에게 판매한 와인 1만 8000리터를 어떻게 운송할 것인가 하는 문제였다. 시드쿰라나시 입장에서 이 거래에는 커다란 이익이 보장됐다. 농업에 유리한 기후인지라 포도원과 숲과 밀밭이 잘 형성되어 있는 카르케미시에서는 와인 생산이 활발하게 이루어졌고, 이곳에서 와인 한 병을 구입하면 마리에서는 그 세 배 가격에 팔 수 있었다. 마리의 왕과 백성은 염분이 많아 척박한 시리아 사막에서 살았다. 타는 듯한 여름이 아홉 달 동안 이어지며 기온은 최고 섭씨 48도까지 올라갔고, 겨울에는 사방이 얼어붙으며, 봄은 위험한 모래폭풍이 부는 곳이었다. 그러나 400킬로미터 떨어진 마리까지 와인을 운송할 수만 있다면 그곳의 악조건은 시드쿰라나시에게 더없이 좋은 기회였다. 문제는 그곳까지 가는 길이 두 가지뿐이며, 모두 목숨을 걸어야 한다는 점이었다. 대상을 꾸려 짐을 실은 짐승을 데리고 도적들이 돌아다니는 길을 통하거나, 유프라테스강을 타고 내려가는 길밖에 없었다.

어떻게 와인을 전달할 것인가

마리 왕 짐리림은 하나뿐인 지리적 이점을 통해 자신의 왕국을 유지했다. 유프라테스강을 오르내리는 무역은 그를 거쳐야 했고, 그는 단단한 목재나 이국적 먹을거리, 동물, 보석, 청동 제조에 필요한 아연에 막대한 세금을 물렸다. 짐리림은 이렇게 축적한 방대한 부를 바탕으로 햇볕에 구운 진흙 벽돌을 사용하여 260개의 방을 갖춘 궁궐을 지었다. 높이가 5미터 가까이 되는 담으로 둘러싸인 궁궐은 면적이 2만 5000제곱미터 정도 되었다. 짐리림은 그 담 안에다 궐 밖 척박한 황무지에서는 상상할 수 없는 신록의 낙원을 만들었다. 유프라테스에서 운하로 끌어온 물로 적셔진 푸르른 정원에는 삼나무, 송백나무, 대추야자, 올리브나무가 가득했다. 왕의 정원사가 남긴 기록에 따르면, 메소포타미아 사람들이 좋아하는 나무인 도금양과 석류는 산들바람의 향기를 풍성하게 만들었다고 한다.[1]

유프라테스를 거쳐 짐리림의 손님으로 이곳을 방문하는 사절과 외교관과 고관대작들은 석회암을 두른 출입구를 통과해 궁궐에 들어가는 사이 이 정원에 매료되곤 했다. 정원을 구성하는 모든 것이 그의 권력과 부를 드러냈다. 이 인상은 왕이 신들과 인간 사이의 중재자임을 되새겨주는 벽화로 강화되었다. 벽화에는 허리띠에 단검을 찬 왕이 그려져 있었고, 염소 두 마리가 유럽 왕가나 귀족가의 문장에서 흔히 보는 자세로 성스러운 나무 잎사귀를 뜯어 먹는 장면이 묘사되어 있었다.

성전을 방불케 하는 왕의 알현실 안으로 일단 들어가면, 마치 이 세상 것이 아닌 듯한 서늘한 기운이 손님들의 척추를 타고 흘러내렸다. 궁궐 담장 안 곳곳에 만들어진 커다란 못은 구름 한 점 없는 사막의 추운 밤 동안 얼었다가, 찌는 듯한 낮이 되면 궁궐을 따라 시원한 공기를 흘려보내도록 설계되었다.[2] 손님들이 모이고 나면 서늘하고 음침한 알현실은 인접한 방에서 내오는 음식으로 금세 축제 분위기를 띠었다. 아시리아에서 나는 메뚜기 절임, 발리크 강에서 나는 물고기알, 근처 산간지방에서 나는 사슴 고기… 특히 봄이면 송로버섯을 맛볼 수 있었다. 짐리림은 대추야자와 보리맥주를 (라이트, 다크, 앰버, 심지어 거른 맥주까지) 제공했지만, 대부분의 손님은 달콤한 레드 와인을 기대했다. 얼음으로 차갑게 식혀 내놓는 와인은 값비싼 별미였기 때문이다. 이토록 귀한 와인을 지키기 위해 짐리림은 도둑질 방지용으로 병마다 옥새를 찍어 봉한 다음 지하실에 보관하게 하고 그 열쇠는 자신이 직접 간수했다.

    짐리림은 이 와인을 구입하기 위해 은 983그램, 당시 돈으로 130세켈을 시드쿰라나시에게 보냈고, 시드쿰라나시는 그 돈으로 붉은 진흙 항아리 600개와 와인을 구입하고 운송 수단까지 마련해야 했다.[3] 수송 문제로 고심하는 동안 그는 짐리림에게 인내심을 갖도록 간청했다. "지연에 대해 전하께서 나무라지 않으시기를 바랍니다. 육로가 도적 떼로 들끓어 길이 끊어졌습니다." 그는 나중에 이렇게 썼다. "어젯밤의 공격으로 저의 양들이 끌려갔습니다. 전하께서는 제가 양 없이는 살림을 꾸려나갈 도리가 없다는 것을 아실 것입니다." 짐리림은 진흙 항아리를 구입하는 데 10세켈, 와인에 90세켈을 쓰고(그는 짐리림에게 보낸 편지에서 "와인이 비싸졌습니다"라는 내용을 언급했다) 남은 30세켈로 와인을 이 권력자 고객에게 보내야 했다.

이제 남은 길은 배를 이용하는 것뿐이었다. 그러나 유프라테스강은 위험이 가득했다. 그 최악은 바위투성이인 강바닥에 배를 처박아 산산조각 내는 급류였다. 배와 화물이 살아남는다 해도 문제는 해결되지 않았다. 강의 유속이 빨라 배가 강을 거슬러 카르케미시로 돌아갈 수 없었다.

시드쿰라나시는 메소포타미아를 여행하는 상단들이 고안한 독특한 해법에 의존해야 했다. 풍부한 자원과 부족한 자원이라는 양쪽 모두의 제약 조건에 의해 만들어진 해법이었다. 유프라테스 상류는 농업, 목재, 목축업 등 중동의 비옥한 초승달 지역을 대표하는 모든 것을 갖추고 있었다. 그렇지만 고급 목재로 지을 수 있는 견고한 목제 선박은 유프라테스강의 급류 때문에 이번 같은 여행에는 전혀 쓸모가 없었다. 처음 부딪치는 급류에서 산산조각이 날 것이기 때문이었다. 그리고 무사히 내려간다 해도 배를 상류로 다시 몰고 올 수 없기 때문에 어마어마한 시간과 재료 낭비였다. 여기서 운명적으로 부족한 자원 때문에 선박이 값싸게 만든 일회용일 것이 요구되었다. 바로 이 일을 위해 의도적으로 만들어진 뗏목인 '켈렉'이었다.

사방 15미터 크기인 이 나무 뗏목은 바구니를 짤 때 쓰는 작은 육지꽃버들 가지로 커다란 나무줄기를 묶어 뼈대를 만든 다음, 그 위에다 역시 작은 나무줄기를 엮어 만든 갑판을 덮어 만들었다. 염소 가죽 1000장 정도를 사용하여 만든 공기 주머니를 밑에다 붙였다. 공기 주머니는 주머니의 가죽이 말라 새지 않도록 물을 끼얹어가며 갈대 대롱으로 공기를 불어넣어 부풀린 다음 가느다란 가지로 목 부분을 묶어 만들었다.

유프라테스강에서 사용된 뗏목 켈렉. 커다란 나무줄기를 나뭇가지로 묶은 다음, 염소 가죽을 꿰매 만든 공기 주머니를 붙여 보호했다. 대개 사방 15미터 정도 크기의 정사각형 모양이며, 몇 톤의 짐을 나를 수 있었다.

공기 주머니는 바위투성이인 유프라테스 강바닥으로부터 뗏목을 보호했다. 강의 유속이 느린 지역에서는 뗏목 앞부분의 노잡이 두 사람이 뗏목을 움직였다. 급류에서는 뗏목 뒷부분의 키잡이가 삐걱삐걱 흔들리는 뗏목의 방향을 조절했다. 두 명의 노잡이는 뗏목이 삐죽삐죽한 돌을 긁으며 나아가는 동안 언제라도 물속에 노를 꽂아 속도를 늦출 태세를 갖춘 채 얕은 곳이 나타나지는 않는지 강을 자세히 살폈다. 삐죽삐죽한 돌에 긁혀 공기주머니에 구멍이 나면 물살이 비교적 잔잔한 곳에 이르렀을 때 공기주머니를 보강하거나 교체했다. 그러는 동안 가젤이나 사슴, 물새 고기를 구웠고, 이렇게 준비한 고기에다 빵, 케이크, 달걀, 대추야자를 곁들여 먹었다. 강의 잔물결이 퍼지는 곳에서 이처럼 조용한 한때를 보내는 가운데 간간이 당나귀 울음소리가 들렸다.

당나귀는 와인을 나를 때 목재만큼이나 필수적인 자원이었다. 뗏목이 마리의 부두에 닿으면 승무원들은 와인과 당나귀를 내리고 염소 가죽 공기주머니를 떼어낸 다음, 칼을 한 차례 가볍게 휘두르는 것만으로 뗏목의 뼈대를 묶은 가느다란 가지를 잘라냈다. 승무원들은 자원이 부족한 마리에서 귀한 목재를 팔고, 젖은 가죽 공기주머니를 말린 다음 당나귀에 실어 육로를 따라 카르케미시로 돌아갔다.

켈렉으로 와인을 수송한다는 이 해법은 앞서 공학적 방법을 정의할 때 사용한, '한정된 자원을 가지고'라는 문구를 떠올리게 한다. 얼핏 진부해 보이고 (무한한 자원을 가지고 작업하는 사람이 누가 있을까?) 자명해 보이는 문구다. 만일 어떤 공학자가 청동기시대에 활동했다면, 물론 청동을 사용했을 것이다. 그러나 이처럼 단순한 해석은 공학자가 한정된 자원을 예기치 않은 방식으로 세심하게 엮는 일이 많다는 점과, 없는 자원에 의해 어떤 물체의 최종적 모양과 느낌이 결정되곤 한다는 사실을 놓치기 쉽다.

켈렉을 통해 우리는 한정된 자원이 뗏목 설계에 어떤 영향을 주는지를 볼 수 있다. 북부에서는 목재가 풍부했지만, 남부에서는 귀했다. 가죽은 준비하는 데 시간이 많이 들지만 재사용이 가능하고 가벼워서 운반하기가 쉬웠다. 당나귀를 이용하여 빠르게 북부로 돌아와 새로 뗏목을 만들 수 있었다. 그리고 뗏목이 쉽게 해체해 팔고 그 나머지는 다시 짐으로 꾸려 운반할 수 있는 성격을 띠게 된 것도 주목해보자. 페르시아만을 향한 여행은 빠르지만 위험하고, 그 반대 방향의 여행은 아예 불가능했다. 이는 강의 자연적 흐름 때문이었다. 오늘날의 우리 눈에는 기이해 보일지 모르지만, 켈렉은 오늘날 대량 생산되는 여느 공학 프로젝트 못지않게 복잡하고 정교하다.

> '한정된 자원'이라는 조건은 공학자가 자신의 설계를 실행하고 불확실성을 극복하여 긴급한 상황에 대응하는 방식을 세밀하게 드러내왔고, 앞으로도 항상 그럴 것이다.

우리 개개인은 이제까지 살아오면서 세월이 지날 때마다 제품이 점점 더 소재가 좋아지거나 작동이 잘되는 모습을 보아왔다. 예컨대 오늘날 자동차의 내구성은 50년 전에 비하면 놀라울 정도로 뛰어나다. 그렇지만 궁극의 소재를 바탕으로 했거나 완벽한 성능이 아니라고 해서 제품의 설계가 이루어지지 않는다거나 시장에 나오지 못하는 건 아니다. 제품의 모든 요소는 시대의 요구에 공학자가 최대한 긴급하게 대처한 결과이다.

켈렉 이야기는 물질적 자원의 성격을 강조한다. 비록 공학자가 물질적 자원을 동원하는 창의력과 솜씨를 제대로 인정받는 경우는 드물지만. 사실 이러한 발상은 우리에게 익숙하다. 어떤 사물을 만지는 순간 우리는 그것이 플라스틱인지, 금속인지, 도자기인지, 목재인지 알 수 있다. 각각 질감의 기능을 즉각적으로 상상할 수 있다. 그러나 또 한 가지 자원은 종종 그 역할이 보이지 않게 감춰진 상태지만 공학 설계로부터 떼어낼 수 없을 정도로 서로 밀접하고 복잡하게 엮여 있으니, 바로 에너지다.

이슬람 공학자가 시간을 만들어내는 법

서양에서는 종종 기술의 뿌리를 산업혁명에서부터 되짚어 계몽운동으로, '암흑시대'로 거슬러 올라간다. 암흑시대 동안에는 소수의 수도사가 그리스·로마 시대에 피어오른 갖가지 과학적, 문학적 지식의 불씨를 그러모아 감춰두고 지혜의 불꽃이 꺼지지 않도록 유지했다. 그러나 유럽에서 지혜를 수도원에다 감추고 지내는 동안, 새로이 등장한 이슬람 세계의 지적 전통에서는 그것을 가지고 북쪽으로 눈 덮인 피레네산맥부터 남쪽으로 지중해 남부 해안을 돌아 계절풍이 휩쓰는 도시 칼리쿠트까지 뻗어나갔다. 칼리쿠트는 오늘날 코지코드로, 인도 남쪽 끝에서 400킬로미터밖에 떨어지지 않은 곳이다. 초기 이슬람 칼리프들은 대도시를 건설할 기술과 지리적으로 광대하고 다양한 인구를 먹일 기술을 가지고 있었다. 10세기 바그다드의 인구는 150만 명이 넘었는데, 파리 인구가 10만 명을 넘긴 때가 그로부터 400년 뒤였다. 그들은 바람과 물의 힘을 이용하여 곡물을 빻는 방앗간을 돌렸고, 벼 껍질을 벗기고 사탕수수를 찧었으며, 천을 가공하고 금속 광석을 부수는 기계 장치를 구동했다.[4]

물과 바람은 육체에 먹일 양식을 위해 방앗간을 구동했지만, 영혼에 먹일 양식을 공급하는 것 또한 이슬람 공학자의 일이었다. 이슬람의 기본 의례인 '다섯 기둥' 중 하나인 '살라트'는 충실한 무슬림에게 매일 정확한 시간 간격을 두고 다섯 번씩 기도할 것을 요구한다. 무슬림의 하루가 시작되는 일몰 때 저녁 기도를 시작할 수 있지만, 땅거미가 지기 전에 기도를 해야 한다. 밤 기도는 땅거미가 질 때부터 새벽녘 사이 아무 때나 시작할 수 있다. 아침 기도는 새

4장 · 한정된 자원으로 최선의 방법을 찾아서

벽녘부터 해가 뜰 때까지 사이에 할 수 있고, 정오 기도는 해가 정점을 지나는 때부터 오후 기도가 시작되기 전까지 한다.

이슬람 공학자가 시간을 측정한 최초 방법은 하늘에 떠 있는 태양 고도의 함수를 가지고 시간을 계산한 세밀한 표였다. 그러나 이런 표는 특정 위도를 중심으로 하는 좁은 지역에서만 통했다. 최초의 표는 카이로나 다마스쿠스 같은 대도시를 위해 개발되었다.[5] 시간표는 대중에게는 충분히 잘 통했지만, 독실한 장인과 그 후원자들은 무슬림이 기도에 전념해야 하는 시간을 정확히 파악하는 데 관심을 가졌다.

이슬람 공학자들이 개발한 시계를 보면, 그들은 에너지 방출을 조절하여 기계 장치를 구동하는 부문에서 첫째가는 거장임이 드러난다. 이들 중 가장 뛰어난 공학자는 아부 알이즈 이스마일 이븐 알라자즈 알자자리, 줄여서 '알자자리'라는 이로, 이슬람 세계의 많은 군주 중 한 사람을 위해 일한 12세기 공학자 수장이었다. 그는 65세가 되었을 때 평생의 실험을 『독창적인 기계 장치에 관한 지식의 책』에 집대성했다. 3차 십자군 때 잉글랜드 왕국의 사자심왕 리처드를 쳐부순 막강한 살라딘의 봉신인 어느 아르투크 왕조 군주의 보호 아래 살아온 평화로운 한평생의 결실을 이 책에다 정제해 넣었다.

물론 그의 평화는 한 군데에 가만히 있는 동안에만 누릴 수 있었다. 여행을 다니면 쿠르드족과 마주쳐 약탈을 당할 위험이 있었기 때문이다. 그러나 이런 안정된 환경 덕분에 자신이 가장 좋아하는 일을 할 수 있었다. 그는 『지식의 책』에서 이를 '근면한 몰두'라고 묘사했는데, 바로 발명에의 갈증으로, 열정의 힘에 사로잡힌 채

방해받지 않고 생각에 집중하는 일이었다.[6]

그가 책에서 자세히 묘사한 장치들은 당시 분열되어 전쟁 중이던 유럽에 비해 훨씬 앞섰다. 찬물과 뜨거운 물을 혼합하여 일정한 온도의 온수를 흘려 내보내는 기계 장치를 갖춘 주전자, 물을 공중으로 쏘아 올리는 분수, 숫자를 맞춰 푸는 자물쇠, 관개에 도움을 주는 기계 등이 포함된다. 오늘날의 시선으로는 시시하지만, 당시 기준으로는 놀라울 정도로 미래를 내다본 묘사도 가득하다. 그가 설명하는, 목재의 뒤틀림을 최소화하기 위한 적층 판은 오늘날의 합판에 해당하고, 휠 밸런스는 현재 모든 자동차를 대상으로 정기적으로 이루어지며, 사물 설계를 위한 나무 본과 종이 모형은 청사진이자 오늘날의 컴퓨터 제도에 해당한다.

궁정 소속 공학자였던 알자자리는 공학을 이용하여 즐거움과 경탄을 불러일으키는 예술품을 만들 기회와 권한을 모두 가지고 있었다. 최초의 '로봇'을 만든 사람이라 할 수 있는 그는 음료를 따르고 곡을 연주하며 군주의 손님들에게 수건을 제공하는 자동기계를 설계했다. 그의 설계에서는 좋은 공학자가 갖는 정밀성이 드러났다. 주둥이 크기로 물의 유속을 조절하기도 하고, 밸브의 시트와 플러그를 금강사로 연마하여 물이 새지 않도록 만들기도 했다.

이처럼 세심하고 정밀하며 창의적인 면모가 종교적 의무와 어우러져 알자자리 공학의 최고 결실을 낳았으니, 바로 시계였다. 『지식의 책』에는 10가지 종류의 시계가 자세하게 묘사되어 있다. 바라에 작은 공을 떨어뜨리는 새, 회전하는 황도 12궁, 북을 치고 나팔을 부는 음악가 등 모두 자동 기계를 사용해 모형 성과 배와 코끼리를 장식한다. 그가 만든 가장 기발한 시계인 '서기 양초시계'는 에너

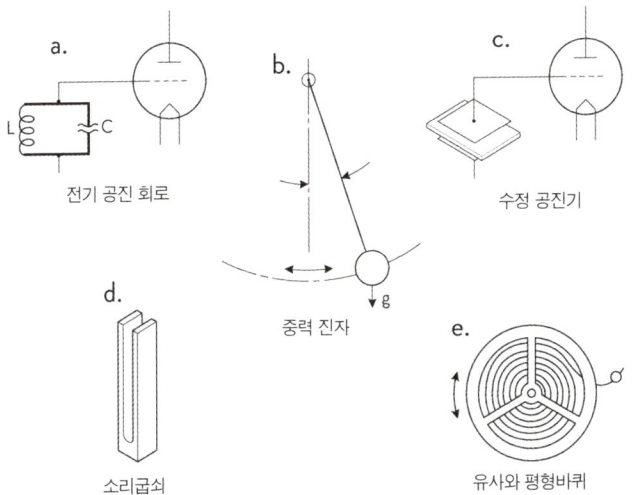

전기 공진 회로
중력 진자
수정 공진기
소리굽쇠
유사와 평형바퀴

공진(공명)은 하나의 계가 특정 진동수에서 더 큰 진폭으로 진동하는 성향을 말하며, 이때의 진동수를 공진 진동수라 부른다. 모든 공진기는 진동계에서 떨어져 나오면 그 안에 저장된 위치 에너지를 운동 에너지로 또는 운동 에너지를 위치 에너지로 변환한다. 그 비율은 스프링이나 진자의 질량과 강성 또는 그와 동등한 전기적 특성에 의해 정해진다. 한 번 진동할 때마다, 즉 위치 에너지가 운동 에너지로 바뀔 때마다 공진체는 내부 마찰 때문에 소량의 에너지를 잃으며 결국 진동을 멈춘다. 공진을 일으키는 방법은 많이 있으며, 모두 시간을 재는 데 활용할 수 있다. 이 그림에서 (a)는 유전체와 축전기를 갖춘 전기 회로, (b)는 중력으로 움직이는 진자, (c)는 수정 공진기, (d)는 강철이나 수정으로 만든 소리굽쇠, (e)는 20세기 초 회중시계에 사용된 유사와 평형바퀴이다.

지원과 맞물려 작동했다.

시간을 재는 장치의 역사는 에너지 방출을 조절해 일정한 양만큼 발산하도록 만든 기계 장치의 역사와 같다.[7] 최초의 시계는 대야로 흘러 들어가는 물의 흐름이나 모래시계 안에서 흘러 떨어지는 모래 알갱이처럼 중력으로부터 에너지를 가져왔다. 이처럼 '연속적인 흐름'을 이용하는 시대가 오랫동안 이어지다가, 14세기에 떨어지는 추의 에너지를 진동 운동으로 전환하는 탈진기라는 장치가 만들어졌다. 탈진기의 가장 흔한 형태는 추를 매단 수평 팔을 수직 축에 부착한 구조였다. 추에 매단 끈을 바퀴 축에 감은 상태에서 추가 아래로 떨어지며 바퀴를 돌릴 때 탈진기가 일시적으로 바퀴의 회전을 중지시키며 추의 운동을 멈췄다. 이렇게 멈췄다 움직이기를 반복하는 진동 속도로 시계가 움직이는 속도를 조절했다. 시계탑용 대형 시계부터 가정용 소형 시계까지, '비주기적 제어' 시대에 시계가 널리 퍼지기는 했지만, 이런 기계식 시계는 시간 정확도가 형편없었다. 시계가 가리키는 시간은 매일 두 시간까지 오차가 생겼으므로 시계에는 시 바늘만 있었다.

시간 측정 역사에서 탈진기는 여전히 핵심이었지만, 탈진기로 발산하는 에너지는 아래로 떨어지는 추보다 더 쉽게 조절할 수 있는 에너지원에서 가져왔다. 시간 측정의 마지막 단계는 '공진 제어' 시대로, 천문학자 겸 수학자 크리스티안 하위헌스Christiaan Huygens가 최초의 진자시계를 고안한 1656년에 시작되었다. 진자는 에너지를 저장해 두었다가 흔들리면서 일정한 속도로 발산했다. 떨어지는 추와 비교할 때 진자의 장점은 에너지의 많은 양이 진자 안에 계속 보존된다는 점이다. 한 번 흔들릴 때 에너지가 전부 사라지지는 않는다. 이 덕분에 진자는 자유로이 흔들리며 이전 기계 장치보다 시간을 더 정확히 잴 수 있다. 이 핵심 원리가 발전하여 태엽이 풀리는 에너지로 구동하는 시계와 회중시계가 만들어졌고, 이어 수정 소리굽쇠의 진동으로, 마침내는 양자역학을 바탕으로 한 원자시계로 진화했다. 물론 연속 흐름을 이용한 시간 측정 시대에 살았던 알자자리는 이 중 어떤 방법도 사용할 수 없었지만, 그는 물도 모래도 사용하지 않는 독창적이기 이를 데 없는 서기 양초시계를 고안했다.

당시 이 시계는 언뜻 장식된 양초로만 보였을 것이다. 밝게 광

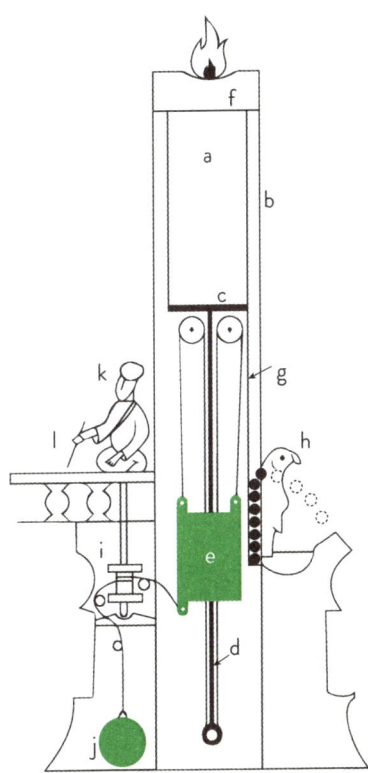

알자지리의 '서기 양초시계'는 떨어지는 추의 힘으로 구동된다. 이 추가 떨어지는 속도는 불을 붙인 양초로 조절된다. 적절한 크기의 양초(a)를 시계의 황동 관(b) 안에 놓는다. 양초 밑에는 오르내릴 수 있는 금속판(c)이 있다. 기다란 막대(d)가 속이 빈 추(e)의 중심을 지나 이 금속판에 부착된다. 긴 막대의 아래쪽 끝에 끈을 묶어 추의 중심을 지난 다음 그 위쪽에 고정된 도르래를 거쳐 추의 위쪽 끝에 묶는다. 양초를 넣으면 추가 올라간다. 그런 다음 촛불이 올라올 수 있도록 조그만 구멍을 뚫은 뚜껑(f)을 양초에 씌운다. 추의 무게 때문에 양초가 밀려 뚜껑에 붙는다. 양초가 타 짧아지면 금속판(c)이 올라가고 추가 떨어진다. 금속판 바닥에 부착된 대롱(g) 안에는 금속 공이 들어있다. 금속판이 올라가면 시계에 장식된 매의 입(h)을 통해 금속 공이 떨어진다. 추의 아래쪽 끝에 매단 끈이 당겨지며 축(i)이 회전하는데, 이 끈은 추(j)로 팽팽한 상태를 유지한다. 축(i)이 회전하면 서기(k)가 회전한다. 서기가 회전하면 서기의 펜(l)이 눈금판에다 몇 분이 지났는지를 자국으로 남긴다. 알자지리가 쓴 『지식의 책』속의 스케치를 바탕으로 그린 이 그림은 개념도일 뿐이며, 축척에 맞춰 정밀한 크기로 그린 것이 아니다. 이 시계를 만들려면 축은 서기가 15시간마다 완전히 한 바퀴를 회전할 정도의 크기로, 공은 매의 입에서 매시간 하나씩 떨어질 정도의 크기로 조정해야 한다. 이 시계에서 사용된 양초는 14시간 30분 동안 태울 수 있는 크기다.

을 낸 황동 관, 그 밑에 놓인 얕은 황동 접시, 그리고 꼭대기에는 흔들리는 불꽃이 있었다. 황동 관 옆에는 밝은색으로 칠한 조각물 두 개가 있었다. 한쪽은 황동 관에 부착한 선반 위에 놓인 매 조각물이고, 반대쪽은 터번을 쓰고 치렁치렁한 의상을 걸친 채 앉아 있는 서기 조각물이었다. 서기는 오른손에 기다란 펜을 끝이 선반 바닥을 향하도록 쥔 채 머리를 앞쪽으로 구부린 자세이며, 시선은 크게 14.5개로 나뉜 눈금판을 향하고 있었다. 눈금은 시간을 나타낸다. 서기가 느릿느릿 회전하면 그가 쥔 펜 끝이 눈금판 위를 움직인다. 시간 눈금 사이에는 4분 간격으로 세분한 눈금이 있다. 펜이 정확히 시간 눈금을 가리킬 때 지름이 6밀리미터 남짓한 크기의 황동공 하나가 매의 입에서 굴러 나와 황동 접시 안에 떨어지며 특유의 땡 소리를 낸다.

 이 모든 작용은 황동 관 안에서 떨어지는 추의 힘으로 구동한다. 추가 떨어지면 거기 매어둔 비단실이 당겨지고, 그러면 그 실이 서기 밑에 감춰진 축을 돌려 서기 조각물을 회전시킨다. 추에 매어둔 또 다른 실은 도르래 위를 지나 황동 공 14개를 넣어 둔 선반을 들어 올리는데, 한 시간에 공 한 개가 매의 목뒤에 있는 구멍을 통해 매의 입으로 굴러나온다. 이 시계를 구동하는 에너지는 중력, 즉 추의 위치 에너지에서 온다. 공학적으로 핵심이 되는 발상은 그 에너지의 방출을 조절하는 방법, 다시 말해 여기서는 추가 일정한 속도로 떨어지게 하는 방법이었다. 알자자리는 양초를 사용함으로써 추가 떨어지는 속도를 독창적으로 조절했다.

 알자자리는 "순수한 밀랍"을 가지고 "무게가 160디르함 나가는 양초"를 만들었다('디르함'은 그리스어로 '동전'에 해당하는 아라비아어이며, 1디르함은 3그램에 조금 못 미쳤다).⁸ 그런 다음 '표준자'라는 이름이 붙은 것을 가지고 이 양초가 한 시간 동안 얼마나 타는지를 측정했다. 길이를 알아낸 다음에는 한 시간 길이의 15배 되는 양초를 만들었다. 이렇게 새로 만든 양초를 황동 관 안에 숨겼다. 불꽃이 뚜껑 위로 빼꼼 올라오게 했다. 황동 관 안에서 양초는 황동 접시에 놓여 있었고, 접시는 도르래를 거쳐 아래에 있는 추에 연결되어 있었다. 이 추는 황동 관 윗부분에 놓인 양초를 불꽃 구멍이 뚫려 있는 뚜껑 쪽으로 밀었다. 양초가 타며 길이가 짧아지면 추가 천천히 정확한 속도로 아래로 떨어졌는데, 알자자리가 시간을 잴 수 있도록 양초 크기를 맞췄기 때문이다.

이 시계를 통해 공학 설계와 그것을 구동하는 에너지의 형태는 불가분의 관계임을 알 수 있다. 만일 계단식으로 떨어지는 물로 시계를 구동한다면 그 안은 물레바퀴로 채워질 것이다. 태엽이라면 내부의 톱니바퀴는 완전히 다르게 구성될 것이다. 그리고 알자자리가 오늘날 살아 있다면 이 시계 내의 모든 것을 내다 버리고 작디작은 전기 모터를 사용해 서기를 회전시키고 매를 기울일 것이다.

설계는 같으나 재료가 다른 예는 많이 있다. 잉크 펜은 플라스틱으로도 금속으로도 만들 수 있다. 자동차 차체는 강철로도 알루미늄으로도 유리 섬유로도 만들 수 있다. 그러나 소비자는 한 기술의 설계가 에너지원에 따라 어떻게 바뀔지 잘 알지 못한다. 대부분 전기나 수소로 구동하는 자동차를 만들려면 엔진을 들어내고 예산에 맞춰 몇 가지 세밀한 부분만 변경하면 해결되는 문제라고 생각한다. 그러나 에너지원은 핵심이고 기본적이며 장치의 작동과 매우 긴밀하게 결합해 있기 때문에, 에너지원이 바뀌면 대부분 완전히 새로운 설계가 요구된다. 이 연결 관계는 공학적 방법을 이해하기 전에는 보이지 않지만, 기술이 진화해 우리에게 해가 될 정도로 무시될 때 결정적으로 중요해진다. 예를 들어 수소 경제로 전환하려면 약간 개조된 자동차에다 휘발유 펌프로 연료를 채우기만 하면 된다고 생각하는 사람이 많다. 그렇지만 수소 경제로의 전환은 에너지의 공급 단계부터 사용 단계에 이르기까지 우리의 수송 기반 시설을 완전히 뜯어고치는 것을 의미한다.

머릿속 지식을 우주와 연결하는 방법 🪐

재료와 에너지라는 두 가지 유형 자원과 마찬가지로, 지식이라는 무형 자원 역시 중요하다. 이 자원에는 수십 년의 경험을 통해 얻는 암묵적 공학 지식과 수천 년에 걸친 인류 역사를 통해 전해내려온 검증된 경험칙이라는 유산, 그리고 개개인 고유의 경험으로 얻은 지식이 포함된다. 재료, 에너지, 지식이라는 자원 모두를 잘 보여주는 예는 위성을 추진하는 로켓 엔진이다.

위성을 하늘로 쏘아 올리는 로켓 특유의 찬란한 불꽃과 어마어마한 굉음이라는 극적 요소가 없어 '순한 로켓'이라는 별명이 붙은 이 엔진은 지구를 돌며 가동 중인 약 2000기에 이르는 위성의 자세를 잡고 궤도를 조절한다.[9] 이들 위성은 텔레비전, 라디오, 음성 신호를 보내고, GPS를 통해 승용차와 화물차를 인도하며, 지구를 감시하여 사이클론과 허리케인과 태풍에 대해 경고한다. 재료와 에너지원을 택할 때 우주 기술보다 더 엄격한 기준이 적용되는 기술은 없다. 오류가 발견될 때 바로잡기 어려울 뿐 아니라 대부분 파멸적이어서, 위성이 동작하지 않거나 궤도가 떨어져 위성이 붕괴하는 결과로 이어진다. 위성을 움직이는 순한 로켓이라는 우주 기술을 성공적으로 만들려면 평생의 경험을 통해 공학에 통달해야 한다. 수많은 공학자가 어린 시절부터 비행에 매료되면서 그 경험을 시작한다.

이본 클레이스 브릴Yvonne Claeys Brill은 비행사 어밀리아 에어하트와 에이미 존슨이 비행기를 몰고 대륙을 건너갈 때 그 모험 소식을 열심히 뒤쫓았다. 그들의 독립 정신에, 그들이 '하늘을 나는 자유'에 감명을 받은 브릴은 고향 위니펙에서 전차를 타고 가면서 계획을 세웠다.[10] 한적한 주택가에서 살던 브릴의 가족은 종종 전차를 타고 시내의 공회당에 나가 레슬링을 보거나 롤러스케이트를 타거나 음악제에 참가하거나 스퀘어 댄스를 추거나 자동차 전시회를 구경하곤 했지만, 전차가 공회당 가까이 가는 동안 브릴은 매니토바대학교의 장중한 석조 건물을 눈에 담았다. 훗날 브릴은 이렇게 회상했다. "열 살쯤 됐을 때 그냥 거기 가고 싶다고 마음을 먹었어요." 본받고 싶은 사람들의 모험보다 그들이 타는 기계에 더 이끌린 브릴은 자신이 크고 나면 작은 가게를 했으면 하는 벨기에 이민자 출신 부모의 바람을 저버리고 항공 공학자가 되기로 마음먹었다. 아버지는 옷 가게를 운영하라고 제안했으나 브릴은 세상을 보고 싶었다. 고등학교를 졸업하고 장학금을 받아 대학교로 진학할 때 공학대학에 지원했지만, 다시 장애물에 부딪혔다. 학장은 그녀에게 공학도는 모두 여름 캠프에 참가해야 하는데, 캠프에는 여성을 위한 숙소가 없고 따라서 참가를 허락할 수 없다고 말했다. 그 타협안으로 브릴은 과학 학위를 공부했고, 졸업 전 마지막 두 해 동안에는 수학, 화학, 물리학에 집중했다. 그러면서도 공학자가 되겠다는 열망도 잃지 않았고 항공에 대한 관심도 꺼트리지 않았다.

1945년, 졸업생이 된 브릴은 남아메리카를 방문하기로 했다. 남아메리카의 북쪽 끝을 횡단한 에어하트의 마지막 비행에 감명을 받았기 때문이었다. 때마침 캘리포니아의 더글러스에어크래프트에서 일자리 제의가 오자 '캘리포니아는 남아메리카로 가는 길목이니까'라는 생각에 얼른 받아들였다. 그리고 부모가 반대할 기회조차 주지 않은 채 얼마 되지 않는 소지품을 챙겨 곧바로 미국을 향해 떠났다. 1940년대 중반에 더글러스에어크래프트는 제트 여객기와 혁신적인 군용 항공기를 개척했고, 브릴이 팀에 합류하기 위해 대륙을 반쯤 가로질러 가던 무렵에는 우주 탐사를 위한 발판을 마련해둔 상태였다. 그들은 1960년대에 세계가 지켜보는 가운데 아폴로 우주선을 우주로 날려 올리는 새턴 부스터로 발전하게 될 로켓을 설계했다.

그렇지만 브릴이 공학자로서 처음 맡은 일은 화려하다 할 수 없었다. 그녀는 상사가 "봉투 뒷면에다" 다양한 연료로 구동되는 로켓 궤적을 계산해둔 내용을 검산했다. 세밀하게 계산하기 위해서는 마샨트라는 이름의 초기 기계식 계산기를 이용해야 했다. 하루에 몇 시간을 들여 마샨트로 일하던 브릴은 결국 자신의 계산자로 돌아갔다. 마샨트 계산기 소리가 귀에 거슬렸던 탓이다. 계산을 모두 끝내자 회사는 그녀에게 열역학 특성표를 확장하는 임무를 맡겼다. 로켓은 연료를 5000켈빈 정도 되는 초고온에서 태우는데, 가정용 오븐의 최고 온도보다 6배 이상 높은 온도다. 그러나 열역학 특성표는 일반적으로 3000켈빈까지만 만들어졌다. 특성을 계산하기 위해 브릴은 자신이 전공했던 화학과 물리학을 동원했지만, 이 일은 판에 박힌 작업이었다.

브릴의 작업은 과학과 공학 분야에서 일하는 여성 선구자들이 흔히 맡는 일이었다. 결정학 분야의 최초 여성들은 결정 안에서 원자의 위치를 찾아내는 데 필요한 계산을 세밀하게 하느라 지치고 진이 빠졌지만, 일부 사람들은 이를 "지적 뜨개질"이라는 말로 깎아내렸다.[11] 천문학 분야에서 여성은 하늘을 관찰하는 능동적인 작업을 하지 못하고 사진 건판 수천 장을 분류하는 일을 했다. 최초의 전자 컴퓨터 중 하나인 에니악을 만든 사람들은 여성 팀을 고용하여 미사일 궤적을 수작업으로 계산하게 했다. 이 팀은 역사에 기록되지 않았고, "에니악 아가씨들"이라는 말로 뭉뚱그려 무시되었다.[12]

이 모든 일에는 뛰어난 수학적·과학적 기술이 필요했지만, 남성 상사들은 그런 일을 번거롭고 단조로운 일이라며 깎아내렸다. 어쩌면 이 선각자 중 일부는 그렇게 진 빠지는 계산을 즐겼을 수도 있겠지만, 브릴에게 이 일은 "막다른 길"과 다름없었다. 그녀는 "기계식 계산기 키를 두드리는 데서는 아무런 미래도 보이지 않았다"고 말했다.

유일한 위로는 세계대전 말 나치가 계획한 로켓에 관한 극비 독일 보고서를 읽을 수 있다는 점이었다. 그녀는 그 훌륭한 설계와 영리한 공학적 해법에 감탄했고, 자신이 하고 싶은 일은 그저 다른 누군가의 공학 설계를 뒷받침하기 위해 종이에다 계산만 하는 일이 아니라 사물을 설계하는 일이라는 점을 다시금 되새겼다.

그녀는 공학자로 일하기 위해 더글러스의 안정된 일자리를 그만두고 램제트라는 새로운 엔진을 만드는 신설 기업에 들어갔다. 램제트는 미사일에 유용할 것으로 촉망되는 엔진이었다. 이 작은 회사에서 그녀는 엔진을 작동시키고 성능을 측정하고 공학의 본질인 설계를 어떻게 바꾸면 더 나은 성능을 낼지 밝히는 등의 실무를 수행하며 무럭무럭 성장했다. 그곳에서 공학자로서 첫 경험을 쌓은 다음 캘리포니아를 떠나 동부 해안지방으로 옮겨갔고, 1960년대에 알시에이가 브릴을 회사 유일의 추진 공학자로 채용했다.

알시에이는 최초의 상업용 통신 위성을 개발하고 있었다. 1980년대 초에 에이치비오가 자사의 프로그램을 지역 케이블 텔레비전 사업자들에게 전송하여 100만 명이 넘는 고객을 유치하고 유료 텔레비전 시장의 60퍼센트를 차지하는 데 사용될, 그 위성이었다.[13] 이들 위성에 탑재할 '순한' 엔진을 설계하는 일은 브릴이 오래전부터 꿈꾸어온 공학 과제였다.

순한 엔진은 발사 로켓이 위성을 일단 우주에 올려놓고 난 뒤 위성의 위치와 자세를 잡는 데 사용된다. 위성이 부스터 로켓으로부터 분리되었을 때 바로 지구 정지 궤도에 놓이는 일은 드물었다. 브릴은 "자신이 올린 우주선이 원하는 자리가 아닌 엉뚱한 방향으로 표류하는 것을 보게 될 수도 있다"고 말했다. 이는 추진 시스템을 재빨리 가동하여, 아직 지상 모니터로 볼 수 있을 때 표류를 멈추고 반대 방향으로 보내야 한다는 뜻이었다. 순한 엔진의 또다른 용도는 위성을 배치하고 난 뒤 몇 달이 지나 생겨났다. 위성 궤도는 완전한 구체가 아닌 지구의 고르지 않은 인력과 달이나 태양의 인력으로 인한 작은 힘에 흔들리는데, 그런 힘에 대응하기 위해 어느 알시에이 위성은 12주 일정에 따라 추진기를 작동하여 궤도를 수정했다.

　이 두 가지 일을 해내기 위한 빤한 설계는 두 가지 추진 시스템이다. 하나는 우주에 올라간 뒤 빠르고 큰 추력으로 위성의 위치와 자세를 잡는 용도이고, 또 하나는 궤도가 감소할 때 그것을 바로잡기 위해 계획된 일정에 따라 작은 추력을 내는 용도이다. 그러나 브릴이 볼 때 이 시스템은 비행에서 피할 수 없는 적, 즉 질량의 희생자가 될 것이었다. 위성에서 중량은 귀중하다. 질량이 클수록 연료와 궤도에 도달하기 위한 추진력이 더 많이 필요해지기 때문에 무거운 위성은 발사 비용이 더 들고 주 임무를 위해 쓸 수 있는 유효하중 비율이 줄어든다. 궤도 추진 시스템을 두 벌 갖추려면 배관, 밸브, 제어 장치 등을 두 벌씩 갖추어야 한다. 게다가 '빠른' 추진을 위해 실어둔 연료 일부는 전혀 사용되지 않을 수도 있다. 또 최초 발사가 정확할수록 자세와 궤도를 올바르게 잡는 용도로 실어둔 연료가 많이 남을 텐데, 이것이 위성 안에서 아무 일도 하지 않는다면 터무니없는 중량 낭비이다. '빠른' 엔진에 쓰이는 연료 무게가 1그램 늘어나면 12주마다 위성 궤도를 유지 또는 바로잡는 용도로 쓸 수 있는 연료 무게가 그만큼 줄어들 것이다. 알시에이 위성은 최소한 5년 동안 유지될 필요가 있었으므로(오늘날의 위성은 15년 동안 유지된다), 연료는 마지막 1그램까지 최대한 효율적으로 사용할 필요가 있었다. 최고의 해법은 두 일 모두를 수행하는 단일 시스템이었다.

　해법을 찾아내기 위해 브릴은 과거 열역학 특성표를 계산하면서 얻은 추진제에 대한 광범위한 이해와 극비 독일 보고서에서 알아낸 로켓 설계, 램제트 개발 작업에서 쌓은 지식과 경험을 동원했다. 그녀는 다시 계산 작업으로 돌아갔다. 이번에는 자신이 고안한 것을 자신이 만들기도 할 터였다. 그녀는 이 시스템을 한밤중에 부엌 탁자에서 개발했다. 한 손으로는 노란 공책에다 글을 적고, 다른 손으로는 계산자를 조작하면서였다.[14]

우선 지상에서 우주로 로켓을 쏘아 올리는 거대한 엔진에 쓰이는 것과 같은 화학적 추진으로 시작했다. 크든 작든 로켓 엔진은 화학 물질 또는 화학 물질 혼합물을 고온으로 가열함으로써 폭발적 힘을 발생시키는데, 거기서 생겨나는 기체가 팽창하여 노즐을 통해 쏟아져 나오며 로켓을 들어올린다. 온도를 고온으로 올리는 방법은 공학적으로 중요한 부분이다. 아폴로 우주선은 액체 산소와 혼합된 등유의 폭발로 구동되는 새턴 5 엔진을 타고 굉음과 함께 하늘로 날아올랐다. 이 두 요소가 서로 화학적으로 반응하면 고온과 거의 즉각적으로 동력이 발생하지만, 연료를 효율적으로 사용하지 않는다. 업계에서 '연료 돼지'라 불릴 정도였다.[15] 브릴은 연료를 더 효율적으로 사용하는 방법을 알고 있었다. 화학 반응으로 가열하는 것이 아니라 태양전지판으로 생산한 전기로 연료를 가열하는 방법이었다.

브릴은 여러 연구소에서 이처럼 연료 효율이 높은 전기 엔진을 개발하기 위해 연구 중임을 알고 있었다. 그녀 역시 그런 엔진을 "매우 매력적"이라고 생각했지만, 한 가지 단점이 있었다. 연료가 점화되는 온도로 올릴 때까지 적어도 반 시간이 걸린다는 점이었다. 이처럼 더딘 반응은 위성 궤도 유지를 위해 계획된 일정에 따라 엔진을 가동하는 데는 문제가 없었지만, 이따금 편차가 상당히 클 때는 엔진을 빠르게 가동하여 편차를 바로잡아야 했다. 그래서 태양 전지로 가동하는 전기 엔진을 두 가지 목적 모두에 사용하려면 이 엔진으로 금방 점화할 수 있는 연료를 사용할 필요가 있었다.

이중 용도의 추진제를 찾아내기 위해 브릴은 로켓 연료에 대한 광범위한 지식과, 화학 및 물리학으로 얻은 '로켓 엔진이 뜨거울수록 연료 사용 효율이 높다'는 경험칙을 동원했다. 그녀는 N_2H_4로 표현되는 간단한 분자 구조를 가진 하이드라진으로 금세 결론을 내렸다. 이것을 촉매 위로 통과시키면 즉각 저절로 분해되면서 에너지를 방출하며 빠르게 1800켈빈에 도달한다. 전기로 더 가열하면 연료를 덜 사용할 수 있었다. 추진제에 대한 백과사전 같은 과학 지식 덕분에 여러 가지 선택 가능성 사이의 관계를 알 수 있었지만, 해법을 설계해낸 것은 그녀가 새로 사용하기 시작한 공학 능력이었다.

브릴은 이런 모든 발상을 단일한 하이드라진 탱크를 사용하는 하나의 시스템 안에다 조합했다. 그리고 상황에 따라 적절하게 자체적 분해만으로 빠르게 가열되는 추진기로 보내거나, 빠른 반동 추력이 필요하지 않을 때는 더 효율적으로 사용하기 위해 전기적으로 가열하는 추진기로 보냈다. 이렇게 같은 시스템을 이용해 위성 질량을 최소화하고 연료 효율을 극대화하는 두 가지 추진 방식을 만들어낸 덕분에 이를 그 이후 한 세대의 위성에 적용할 수 있었다. 이 엔진을 설계할 때 브릴은 그것을 제작할 재료와 동력을 공급할 물질을 신중하게 고려했다.

그러나 이 연구에서 주목할 자원은 추진에 대해 그녀가 공부해 온 깊은 지식이다. 이것이야말로 궁극의 자원이다. 추진 에너지에 관한 브릴의 지식은 과학 교육과 숫자 계산이라는 실무 경험을 통해 얻은 것으로, 우주 비행이라는 새로운 산업을 위한 독보적으로 귀중한 지적 자원을 만들어 주었다. 그러나 브릴에게 그 자원을 활용하여 제트 추진 설계의 미래를 이끌어 갈 기회가 주어졌다는 사실에서 이런 생각을 해볼 수 있다. 다른 여성과 그 외 소외된 사람들이 브릴처럼 암암리에 드리운 억압의 장막에서 벗어나는 행운을 얻었더라면, 세계의 지식 덩어리에 보탬이 될 수 있었을 이가 얼마나 많았을까?

다른 사람들이 똑같거나 비슷한 해법을 고안해낼 수 있었을 것은 틀림없다. 그리고 다른 사람들이 같은 시기에 그것을 탐구하고 있었을 가능성이 높다. 그러나 공학의 모든 문제에서 시간은 가장 귀중한 자원이다.

> 지식의 폭과 깊이를 최대화하면 공학적 방법의 제일 목표,
> 즉 해법을 고안하는 데 들어가는 시간을 줄인다는 목표가 달성된다.

브릴이 자신의 해법을 그만큼 빠르게 고안해 낼 기회를 얻은 것은 운이 아니다. 다만 브릴 이전에 브릴 같은 여성들에게 기회를 주었더라면 이 해법뿐 아니라 그 밖의 수천 가지 해법에 더욱 빨리 도달했을 가능성이 크다.

어쨌든 브릴은 기회를 잡았다. 그녀는 즐거운 마음으로 자신의 설계를 바탕으로 시작품 제작과 완성품 제조 과정을 지도했다. 금으로 도금된 부품과 반짝이는 스테인리스스틸 탱크를 보았을 때는 신이 났다. 하지만 궁극적 만족은 그것이 작동하는 것을 보았을 때였다. 그녀는 이렇게 말했다. "모든 적재물이 제대로 동작하는 가운데 위성이 마침내 궤도에 올랐을 때 내가 통제실에 있었다는 사실

보다 더 만족스러운 일은 없었다."[16] 그녀의 설계는 최초 상업 위성 200기 정도에 사용되었다.

사회적 관습에 매인 브릴의 이야기는 1940년대 말과 1950년대 초라는 시대 상황 때문인 것으로 보이지만, 2012년 그녀가 사망했을 때 《뉴욕타임스》가 보도한 내용을 보면 생각이 바뀔 것이다. 브릴의 부고 기사는 "그녀는 평범한 뵈프 스트로가노프를 요리했으며, 남편 직장을 따라 이곳저곳으로 옮겨다녔고, 8년간 일을 그만두고 세 아이를 키웠다"는 문장으로 시작했다.[17] 브릴을 이렇게 묘사한 데 대한 분노가 트위터에서 폭주하자 《뉴욕타임스》는 요리를 언급한 부분을 삭제하고 "그녀는 훌륭한 로켓 과학자였으며"라는 내용을 삽입했다.[18]

물론 그녀는 공학자였지만.

5장

실패를 더 똑똑하게 시작할 지혜로 삼는 법

1774년의 어느 날, 조사이아 웨지우드Josiah Wedgwood는 자기 서재 바닥에 있는 뚜껑 문을 열고 좁다란 벽돌 계단을 따라 자신의 저택 아래에 있는 넓고 건조한 지하실로 내려갔다. 나무로 만든 그의 오른쪽 의족이 계단을 딛는 소리가 계단실에서 공허하게 울렸다. 그는 지하에 마련한 자신의 실험실에 자리를 잡았다. 주위에는 각종 점토, 유약용 납, 붕사, 석회(생석회와 석회석), 부석, 철광석을 제련하고 남은 광재, 니켈, "비소 중화"염 같은 색다른 물질을 비롯하여 거의 100가지 물질이 그를 둘러싸고 있었다.

그는 비밀 지하실 덕분에 산업 스파이를 피할 수 있다는 사실과 성가신 손님들의 방해를 받지 않는다는 사실이 마음에 들었다. 모두 왕비 전하의 도공이자 산업혁명의 개척자로서 얻은 자신의 명성 때문에 찾아오는 불청객들이었다. 그날 웨지우드는 중국 자기보다 더 멋진 도기를 만들 생각이었다. 이는 쉬운 일이 아니었다. 점토를 가지고 반투명한 재료를 만들어내야 했기 때문이다. 딱딱하고 부서지기 쉽기는 하지만, 거의 상아나 양피지처럼 부드러워 보이면서 백악질도 아니고 유리 같은 광택도 없어야 했다. 성공한다면 그는 수 세기 동안 같은 일을 시도한 유럽 과학자와 장인을 능가할 것이고, 그의 도기는 도자기 역사상 최고의 혁신으로 거듭나 중국 자기에 필적하게 될 것이었다. 그러나 그날 그의 실험은 실패했다. 자신이 구운 타원형 메달과 항아리를 유심히 지켜보던 그는 그것들이 가마의 열기에 금이 가고 부서지는 것을 보고 다시 한번 실망했다. 웨지우드는 생각했다. '지독하게 안 되네. 그래도 매일 열 번씩 찍으면 어떻게 되는지 한번 보자.'[1]

그의 굳은 결의는 맹목적이고 나아가 닥치는 대로 탐구하는 무차별적 접근법을 암시한다. 이 때문에 기술 사학자들은 웨지우드가 과학자였는가를 두고 논쟁을 벌여왔다. 한 학자는 "웨지우드를 정당하게 그 시대의 진정한 과학자로 볼 수 있는 충분한 증거가 있다"고 말했다.[2] 다른 학자는 "웨지우드의 지적 과정과 산업 공정은 문제 해결을 위한 고도로 경험적인 접근법에 기초를 두었다"는 이유로 과학자라는 호칭을 부정하면서, 그의 연구는 과학 이론을 기술적 문제에다 성공적으로 적용한 결과물이 아니라고 평했다.[3] 또 다른 학자는 웨지우드의 생각에다 "원시 과학적 사고"라는 설명을 붙임으로써 그 차이를 세밀하게 가른다.[4] 이들 모두 과학자가 된다는 것이 무엇을 의미하는가 하는 발상을 두고 논의하고 있다는 점은 흥미롭지만, 모두 요점을 놓치고 있다. 그것은 웨지우드는 공학자였으며, 오늘날이라면 '재료 공학자'라 불릴 것이라는 사실이다. 그리고 그 증거는 그가 공학적 방법의 세 가지 핵심 전략을 통달했다는 데 있다. 즉 시행착오를 적용하고, 과거 지식을 바탕으로 삼으며, 절충했다.

재료 공학자의 실패하기 연습

1730년에 태어난 웨지우드는 13명의 자녀 중 막내였고, 웨지우드 도공 집안의 4대째에 속했다. 아버지는 처치야드하우스와 포트웍스를 소유했고, 그럭저럭 생활을 꾸려나갈 만큼을 벌어들였다. 교구 교회에다 7파운드(오늘날 가치로 1800달러 정도)를 지급하고 가족석을 사들이기에는 충분했다. 1739년 아버지가 죽고 나서 웨지우드의 맏형이 사업을 이어받았고, 웨지우드는 열네 살이 되었을 때 형의 도제가 되어 "물레질과 다루기 기술"을 배웠다.[5] 어릴 때 천연두를 앓아 오른쪽 무릎이 약해져 통증마저 얻은 탓에 물레를 돌리는 발판을 조작할 수 없었음에도 그 기술에 통달했다.

웨지우드가 성장하는 동안 업계도 성장했다. 그가 태어났을 때 스태퍼드셔의 일반적 도기 제조소 소유자는 헛간 한 채, 점토를 물로 반죽하는 통 하나, 증발 건조대 하나, 도기를 구울 가마 하나로 이루어진 공방에서 일꾼 한두 명을 데리고 있었다. 어머니와 딸이 도기를 굉주리에 담아 노새에 실어 근처 시장으로 나르는 일이 많았고, 도공이 떠돌이 장사꾼에게 팔기도 했다. 떠돌이 행상인은 당나귀 등에 얹은 짐 바구니에 도기를 실어 시장을 다니며 팔았다. 도기가 런던까지 닿는 일은 드물었고, 영국 밖에서 팔리는 일은 아예 없었다. 그러나 17세기 내내 차와 커피, 초콜릿을 즐기는 취향이 퍼지면서 도기 수요가 증가했다. 따끈한 음료는 금속 맛이 나는 백랍 잔보다 음료에 반응하지 않는 도자기 잔으로 마시는 것이 제일이기 때문이었다. 부유층은 백랍 식기 대신 동양의 값비싼 자기나 콘티넨털 파이앙스, 또는 네덜란드산 델프트 도자기를 사용했다. 중산

층을 위한 도기로는 18세기 영국에서 개발한 크림웨어가 있었다.

크림웨어는 점토로 몸체를 만든 도기로, 극동에서 걸작품을 만들 때의 가마 온도보다 훨씬 낮은 섭씨 600도에서 1100도 정도에서 구워 만든다. 두들길 때 밝은 소리가 나는 자기와 달리 툭 소리가 나는데, 다공질이기 때문이다. 스태퍼드셔 지역 도공들은 색과 질감을 위해 웨스트카운티에서 나는 밝은색 점토를 사용하고, 납 광석으로 만든 투명한 유약을 입혀 연한 갈색 또는 담황색을 띠는 크림웨어를 만들었다. 웨지우드는 "외관이 매우 새로운 식기로, 찬란한 유약을 풍부하게 입혔고 갑작스러운 열기와 냉기 변화를 견딘다. 또 제조가 쉽고 빠르며 그 결과 의도한 목적에 맞는 요건을 모두 갖춘 저렴한 도기"라며 이 도기의 매력을 설명했다.[6]

웨지우드는 1759년 29세 나이로 자신의 도기 업체를 만들 때 크림웨어의 이와 같은 장점을 바탕으로 삼았다. 훗날 그는 당시의 일을 농사꾼에 비유하며 다음과 같이 썼다. "내가 볼 때 밭이 넓고 토양이 좋아 부지런히 일군다면 누구에게라도 충분한 보상이 보장되어 있었다."[7] 그는 15파운드(오늘날 가치로 약 3500달러)를 내고 작은 도기 제작소를 임대받고 자기 사촌을 연봉 22파운드(오늘날 약 5000달러)에 고용하여 크림웨어를 다듬는 작업에 착수했다. 구체적으로 말하자면 "크림웨어 식기의 몸체뿐 아니라 유약과 색과 형태의 확실한 개선을 시도하는" 일이었다.[8]

웨지우드는 제조상의 변동성을 모두 제거하고 크림웨어를 완벽하게 만들기 위해 10년이 넘도록 일련의 꼼꼼한 실험을 수행했다. 변동성 중 하나는 소성 후의 색을 예측할 수 없다는 문제였다. 그가 초기에 내놓은 크림웨어는 연노란색에서 밀짚 색과 진노랑까지 다양한 색을 냈다. 신제품을 연구할 때 그는 이렇게 스스로 타일렀다. "사냥감을 쫓아가는 여우 사냥꾼일지라도, 내가 실험을 하면서 느끼는 것보다 더 큰 즐거움을 누리지 못할 것이다."[9] 그는 커다란 공책 한 권에다 모든 실험 과정을 기록했다. 항목마다 번호를 붙여가며 대담하고 뚜렷한 필기체로 다음처럼 모든 결과를 묘사해 넣었다. "일부분은 물처럼 맑어 색이 좋고, 또는 색이 전혀 없고, 나머지 진한 부분은 녹색이 비친다."[10] 실험 결과가 좋으면 대문자로 쓰고 종종 마지막에 느낌표를 달았다.

1765년, 국왕 조지 3세의 왕비 샤를로테가 12인용 티 세트를 주문하면서 웨지우드는 일약 스타로 떠올랐다. 그는 기민하게도 이내 자신이 만드는 크림웨어의 이름을 '퀸즈웨어'로 바꿔 붙였다. 그 뒤로 평생 광고에 '조사이아 웨지우드, 왕비 전하의 도공'이라는 구절을 달았다. 웨지우드의 크림웨어는 매출이 급상승했다. 이제 스태퍼드셔 도기 제조사에서는 몇몇 떠돌이 장사꾼이 아니라 짐말 수백 마리가 줄지어 나왔다. 각기 90킬로그램까지 실을 수 있었던 짐 바구니 안에서는 접시, 컵, 사발, 받침접시, 찻주전자, 주전자, 문진, 막자사발과 공이, 영국 전역의 욕실과 하수구에 붙은 퀸즈웨어 타일 등이 달그락거렸다. 이런 '항아리 마차'가 100킬로미터 정도 떨어진 항구도시 리버풀까지 가는 데는 이틀이 걸렸고, 일단 그곳에 도착하면 웨지우드의 크림웨어는 북아메리카, 서인도 식민지, 그리고 유럽의 모든 항구로 수출되었다.

비록 웨지우드의 첫 성공은 그가 '실용품'이라 부른 이런 제품이었지만, 그는 자신의 도자기를 팔 수 있는 또 다른 시장을 보았다. 바로 카메오 세공품, 메달, 꽃병 등 장식물이었다. 담황색 크림웨어는 이 용도에 맞지 않았으므로 흰색 도기가 필요했다. 크림웨어의 거친 도기 마감도 적절하지 않았으므로 매끈한 도자기가 필요했다.

여느 도공과 마찬가지로 웨지우드는 업계의 성배처럼 취급되는 자기에 관심을 쏟았다. 자기는 눈처럼 하얀 표면이 반투명하고 매끄러우며 만질 때 시원한 느낌을 주고, 소리굽쇠로 두들기면 종을 울린 듯한 소리가 나는 특징이 있었다. 이런 특징 때문에 기원후 1000년부터 높은 평가를 받았다.

웨지우드는 자기 제조의 비결을 알고 있었다. 그는 드 밀리가 쓴 『자기 논고Treatise on Porcelain』를 한 권 가지고 있었는데, 이 책에는 중국의 부드러운 흰색 고령토를 사용하는 '진짜' 자기에서부터 백토와 유릿가루를 사용하여 만드는 인조 내지 '연질' 자기에 이르기까지 자기를 만드는 모든 방법이 자세히 적혀 있었다. 웨지우드는 또 근처 첼시와 바우 도자기 작업장들에서 사용하는 공정을 이해하고 있었다. 그중 후자는 진짜 자기를 만드는 데 알맞은 콘월 점토에 대한 특허를 소유하고 있었다. 그러나 웨지우드는 첼시와 바우의 방법을 모두 "최악의 공정"이라며 경멸했다.[11]

그는 자신이 쓸 목적으로 1767년 615파운드라는 막대한 비용을 들여(오늘날 가치로 12만 달러 정도) 탐사원을 북아메리카로 보내 '체로키 흙' 5톤을 가지고 오게 했다. 이 점토는 가마 안에서 중국 고령토와 비슷하게 작용했다. 진짜에 필적하는 자기를 만들겠다는 웨지우드의 계획은 자기를 만드는 유서 깊은 방법을 바탕으로 시행착오를 가미하는 것이었다.

일상 대화에서 쓰이는 '시행착오'라는 말은 영감이나 감동을 주지 않는다. 우리는 그것을 더 효과적이고 효율적인 수단이 모두 배제되었을 때 동원하는 일종의 최후 수단으로 생각한다. 그저 무엇이 통하는지 보기 위해 실험을 반복하지만, 대부분은 통하지 않는다는 결과만 나오는 지루한 해법으로 간주한다. 그러나 꼼꼼하게 기록으로 남기고 확인된 지식을 다시 적용하는 웨지우드의 방법은 문제 해결을 위한 강력한 도구로, 시행착오 전략의 핵심이다. 이것은 맹목적 탐색이 아니라, 웨지우드 경우에서 보는 것처럼, 설계 영역 내에 있는 변숫값을 다양하게 바꿔가며 존재하는 유용한 변수를 모두 기록해 그 설계 영역을 체계적으로 탐구하는 방법이다.

시행착오를 수행할 때 처음에는 결과를 알지 못한다. 그러나 이는 필사적으로 마구 두서없이 탐색하는 무차별적 방법으로 해법을 향해 돌진하는 것이 아니다. 여기서 쓰는 방법은 무작위가 아니다. 직관의 인도를 받는다.

'직관'이라는 말이 매우 안이하게 들릴 수 있지만, 이는 공학자에게 필요한 실체적인 기술이다. 문제를 해결하는 경험과 기록으로 남긴 데이터가 쌓여서도 만들어지지만, 과거의 지식이라는 샘을 바탕으로도 만들어진다. 언제나 그렇듯 경험칙은 시대와 세대를 이어오며 핵심으로 자리 잡은 지식이다.

덧붙여 자기를 만들고자 할 때 소용이 없는 것은 무엇인지에 대한 지식과 더 도움이 될 법한 재료, 공정, 기술에 대한 힌트 역시 웨지우드에게 유용했다.

과거의 지식은 해법이 될 가능성이 있는 시도가 도로를 벗어나려할 때 문제를 해결하려는 사람에게 그 사실을 알려주는 가드레일이 되어준다. 또 그럼으로써 실패와 마주칠 때 유의미한 피드백을 제공하여 새로운 시도에 반영할 수 있게 한다.

웨지우드는 이전 시대와 동시대 사람들을 염두에 두면서 자신의 길에 가드레일을 세우고 있었다. 따라서 숙련된 공학자는 일종의 '보수주의자'라 부를 수 있다. 정치적 의미로서가 아니라, 더 넓은 정의로 볼 때 그렇다. 현재와 과거에 효과를 발휘한 해법을 보존하려 하고, 해법을 시도할 때 당면한 특정 문제를 해결할 만큼씩만 조심스레 조금씩 조정을 가하기 때문이다. 또 그럼으로써 실수가 현실 세계에서 현실적 여파를 낳을 수 있는 미지의 영역으로 방향을 바꾸지 않도록 주의한다. 그들은 최고의 결과는 최고의 해법에다 자그마한 변화를 가하는 데에서 온다는 것을 안다. 반면 급진적 공학자는 다리가 무너질 위험에도 건설을 강행한다. 기록과 경험, 그리고 경험칙 같은 확립된 지식을 바탕으로 구성된 직관은 결코 성공을 보장하지 않는다. 그러나 유용한 결과를 내고 집단적 지식의 샘이 더 깊어지게 만들어줄 가능성이 가장 높은 시행착오가 어느 쪽인지를 공학자에게 가르쳐준다.

웨지우드는 제조상의 화학적 측면을 넘어서서, 자기를 제조하고 판매할 때 반드시 따라다니는 금융 문제도 이해했다. 첼시와 바우의 공장들은 지불 능력을 갖추기 위해 안간힘을 썼고, 웨지우드가 내다본 대로 몇 년 만에 파산했다. 프랑스에서 유럽의 연질 자기 제조를 주도하던 공장은 너무나 복잡한 공정을 사용했기 때문에 왕실 재정을 고갈시켰다. 웨지우드는 당시 동료 도공인 니컬러스 크리스프에 대한 연민을 대놓고 드러냈다. 그는 이렇게 말했다. "불쌍한 크리스프가 내 머릿속을 떠나지 않는다. 가장 좋아하는 것을 계속, 끊임없이 쫓아가고, 금방이라도 따라잡을 것 같지만 절대 손에 넣지 못하는 모습이다."[12]

안타깝게도, 웨지우드는 자기 실험에서 만족스러운 결과를 얻지 못했다. 그러나 사고와 우연한 만남 때문에 장식용 도자기 개발이 갑자기 속도를 내게 되었다.

잘되지 않는 법을 알아야 잘되는 법을 알게 된다

1762년 봄, 웨지우드는 허약해진 무릎을 부여잡은 채 말을 타고 리버풀로 향했다. 웨링턴에서 좁다란 길을 가는 도중, 다가오는 마차 바퀴를 피하느라 길옆으로 비키다가 다리가 벽에 부딪쳐 짓눌렸다. 그는 30킬로미터 남짓한 거리를 마저 달려 리버풀에 도착했지만, 부상 때문에 돌아올 수 없었다. 결국 회복을 위해 데일 스트리트 여관에 머무르면서 매튜 터너의 치료를 받았다. 터너는 그곳의 외과의사로, 화학, 고전, 예술 등 폭넓은 관심사 덕분에 마음이 맞는 친구가 많은 이였다. 상류층에 속하는 그의 친구 중 토머스 벤틀리라는 사람이 있었는데, 웨지우드는 리버풀의 상인인 그와 쉽게 가까워졌다. 서로 자신에게 없는 것을 가지고 있다는 사실에 호감을 품은 까닭이었다.

벤틀리는 도시 출신이었다. 조용하고 교양 넘치는 상인이자 멋쟁이 신사였다. 반면 시골에서 자라나 자수성가한 웨지우드는 무뚝

뚝하고 억센 도공이었다. 자신의 도공 일에 대해 스스로 한 말을 빌리자면 "황량한 땅뙈기"[13]에 매인 사람이었다. 벤틀리는 세련된 외모에다 우아하고 편안한 존재감을 지녔다. 턱에 군살이 있는 웨지우드는 덩치가 컸고, 가만히 있지 못하는 성격이었다. 거장 조슈아 레이놀즈가 그린 그의 초상화를 보면, 얼른 일어나 그림 밖으로 성큼성큼 걸어 나가고 싶은 것처럼 보인다.

리버풀에서 오도 가도 못 하게 되어 지루하던 웨지우드에게 벤틀리의 잦은 방문은 매우 반가운 일이었다. 두 사람은 함께 파이프 담배를 피우면서 과학, 종교, 시, 논리, 정치, 도자기, 도로와 운하의 개선 방안에 관해 이야기를 나누었다. 웨지우드가 스태퍼드셔에 있는 자신의 도기 공장으로 돌아온 뒤에도 두 사람은 인연을 계속 이어가기 위해 자주 편지를 주고받았다. 웨지우드의 아내는 벤틀리에게 말을 타고 공장을 들르도록 권하기도 했다. 후에 전해진 바에 따르면, 웨지우드의 아내가 볼 때 벤틀리의 "뚱뚱한 옆구리는 한번 잘 흔들어줄 필요가 있었다."[14] 벤틀리는 공장을 들렀으나, 물론 타고 온 것은 마차였다.

1768년 5월, 웨지우드는 약한 오른쪽 다리를 절단하기로 했다. 이 수술을 참관한 것은 유일한 친구 벤틀리였다. 외과의사가 다리를 절단했고, 그 과정에서 웨지우드의 통증을 줄여줄 수 있었던 것은 아편뿐이었다. 수술 과정은 이래즈머스 다윈(찰스 다윈의 할아버지)이 거들었을 것으로 추정된다. 수술 이후 웨지우드는 평생 나무 의족을 착용했다. 의족은 금세 닳았기 때문에 교체용 의족을 벽장 한가득 쟁여두고 지냈다.

웨지우드는 벤틀리를 만난 뒤 오래되지 않았을 무렵부터 사업

파트너가 되기를 권유했다. 벤틀리는 사양했다. 자신의 전문 분야는 양모와 면화 무역이며 도기가 아니라는 게 이유였다. 그러나 웨지우드는 단념하지 않았다. 1766년 11월에 쓴 장문의 편지에서 그는 두 사람이 함께 만들어낼 미래에 대한 광대한 전망을 자세히 풀었다. 그는 "다양한 종류의 장식 화분과 장식 없는 화분, 뿔 장식물, 다양한 크기와 색과 형태를 조합한 끝없이 다양한 화병과 장식물"로 시작할 것이라고 썼다. 그런 다음에는 "물고기, 새, 짐승, 다양한 자세를 한 두발짐승 모양의 조각상, 그리고 지금으로서는 당신도 나도 다른 누구도 전혀 알지 못하는 만 가지 다른 형태로 넓혀 나갈 것"이라고 했다.[15] 1766년 5월에 이르러 벤틀리는 생각을 바꿨고, 두 사람은 파트너 관계를 맺었다.

두 사람의 사업을 위해 벤틀리는 새로운 제품 판매와 시장 지식 습득에 필요한 상업적 인맥을 쌓았다. 웨지우드는 기술 혁신을 추진하고 잉글랜드 북부에서, 그의 말처럼 "점토 작업에 만족한 채 멀찍이 거리를 둔 곳에서"[16] 두 사람의 공장을 경영했다. 벤틀리는 제품을 팔기 위해 리버풀에서 런던으로 이사를 갔고, 그곳에서 클럽 회원으로 활동하며 왕족과 그 시녀들과 교제했다. 이윽고 산소를 발견한 화학자 조지프 프리스틀리, 증기기관을 개척한 제임스 와트와 그 파트너 매튜 볼턴, 궁정 천문학자 네빌 매스컬린, 화가 조슈아 레이놀즈 경, 열성적인 골동품 수집가인 윌리엄 해밀턴 경, 벤저민 프랭클린 등과 친구가 되었다.

런던에서 벤틀리가 보낸 편지는 북부 잉글랜드에 있는 웨지우드의 집과 도자기 작업장에 매주 세 번씩 도착했다. 13년 동안 쌓인 편지가 무려 2000통이었다. 벤틀리는 편지에 아직 지역 신문에 나지도 않은 세계의 근황을 가득 적었다. 나폴리 왕이 서재에 침입한 어떤 악당들에게 회중시계와 다이아몬드 반지 등 4000두카트어치의 금품을 도둑맞았다거나, 설탕과 커피, 면화, 코코아를 가득 실은 암스테르담의 수산나호가 데번셔의 반스터플 근처에서 좌초했다는 소식이었다.[17] 무엇보다도, 벤틀리의 편지에는 런던 패션계에 대한 혜안이 담겨 있었다.

1760년대 말 폼페이와 헤르쿨라네움이 발견되면서 새로운 열풍이 촉발되었다. 발굴된 것은 그보다 30년 정도 전이었지만, 발견 내용을 그림으로 자세히 소개하는 책이 이때 발간되면서 영국 대중의 상상력에 불을 지폈다. 인기를 끈 어떤 책에는 윌리엄 해밀턴 경이 나폴리 주재 영국 대사로서 35년이 넘도록 수집한 골동품의 화려한 컬러 판화가 실렸다.[18] 18세기 유한계급은 이런 책을 뒤적거리면서 거기 실린 꽃병과 명판에서 유럽 문화의 탄생을 보았다. 영국이 산업화하며 급속히 변화하고 아메리카 식민지와의 긴장이 고조되는 것과는 대조적으로, 그들에게는 안정된 황금기로 보였다.

웨지우드는 다음 도자기 제품군을 만들 영감을 얻기 위해 해밀턴의 책을 한 권 빌렸다. 그리고 광택을 내 청동처럼 보이게 할 수 있는 검은색 도기나 테라코타로 주조하여 마노나 잡색으로 마감하여 자연석 느낌이 나는 조각상, 명판, 카메오 세공품, 인장, 초상화 메달, 장식용 촛대 등을 만들었다. 웨지우드는 두 가지 도자기 모두 '소작화' 양식으로 장식하여(회화에서는 밀랍을 사용하기 때문에 흔히 '납화'라 부른다. 웨지우드가 도자기에 그린 소작화는 밀랍을 사용하지 않았다. 그는 점토를 물에 푼 화장토와 유약을 섞어 만든 물감을 사용하여 도자기 몸체에다 그림을 그린 다음, 가볍게 구워 물감을 고착시켰다. 웨지우드는 주로 검은색 도자기 몸체에다 붉은색으로 그렸다-옮긴이) 그리스 역사와 신화의 장면을 생생하고 풍부한 그림으로 표현하는 고대 그리스의 그릇을 모방했다. 이런 양식의 그림은 사업에 너무나 중요했고, 웨지우드는 그것을 1769년 특허로 등록했다. 그러나 몇 년밖에 지나지 않아 이 양식은 쇠퇴하기 시작했다.

벤틀리는 런던의 귀족층과 교제하면서 또 한 가지 추세를 알아차렸다. 세상이 밝아지고 있다는 것이었다. 그는 부유한 고객들의 방을 다시 디자인하여 큰돈을 번 건축가 겸 인테리어 디자이너 로버트 애덤의 작업물을 보곤, 그가 색을 대담하게 사용한다는 것을 알아차렸다. 애덤은 노섬벌랜드 하우스에서 18세기 전형적으로 쓰이던 흰색 천장 대신 풍부한 진홍색으로 처리하여 놀라움을 안겨주었다. 그리고 웨스트 런던의 사이언 하우스에서는 흰색과 초록색 굴뚝, 파란색과 초록색 배경에 금박으로 앉힌 장식, 파란색, 초록색, 빨간색, 금색 바닥 등 다양한 색으로 장식했다. 그러면서도 결과물은 절대로 상스러워 보이지 않았다. 애덤의 장식에서 색은 항상 섬세하게 소질되었디.

이처럼 밝은 실내와 비교할 때 웨지우드의 검은색 메달이나 카메오, 번쩍번쩍한 그림을 넣은 꽃병은 애덤의 다채로운 디자인과 어울리지 않았다. 이 때문에 벤틀리는 1772년 12월 말 웨지우드에게 일품을 위한 더 고상한 몸체를, 다시 말해 고급 카메오와 메달을 위한 매끈하고 단단한 흰색 도기를 요청했다.[19]

며칠 뒤 답장에서 웨지우드는 자신으로서는 아직 완전히 숙달하지 못한 자기를 생산하도록 벤틀리가 요청한 것으로 받아들였다. 웨지우드는 그것을 '차이나 몸체'라 부르면서 이렇게 썼다. "그걸로는 해결되지 않을 거야. 그 목적으로 여러 차례 몸체를 배합해 보았는데, 일부는 실패했고, 일부는 실험을 진행하는 동안 내가 제대로 살피지 못해 잃어버리거나 망가졌어."[20] 그러면서 새로운 도기 개발은 망설였다. "현재로서는 새로운 방향으로 실험을 시작하겠다는 약속을 할 수가 없어. 빠듯한 일정은 나로서는 어려워. 봄에 기운을 차리면 뭔가 해볼 수 있겠지만, 현재로서는 건강이 너무 허약한 상황이고 내 목숨도 어쩌면 적어도 '이중 위험'에 빠져 있는지도 몰라."[21]

웨지우드는 여름 동안 몸무게가 너무 줄어 옷을 몇 센티미터씩 줄여야만 입을 수 있었다. 시력도 종종 그를 괴롭혔다. 그는 벤틀리에게 이렇게 하소연했다. "지난 2, 3일 동안 신문을 볼 엄두가 나지 않을 정도로 눈이 좋지 않았어. 눈앞에서 흔들리는 물체도 어른거리고."[22] 이것은 오늘날 '유리체 부유물'이라 부르는 증상일 가능성이 높다. 성가시기는 하지만 해롭지는 않은 증상이다. 이에 대해 웨지우드의 주치의인 이래즈머스 다윈은 어떤 약도 처방하지 않고, 어쩌면 건강염려증일지도 모르는 자신의 환자에게 적당히 운동하고 근심과 불안을 버릴 것을 권했다.[23]

웨지우드는 방이 34개인 자신의 저택 에트루리아 홀[24]에서 여유로이 지낼 수 있었다. 그의 서재에는 책이 바닥부터 천장까지 쌓여 있었는데, 책이 너무나 많아 그의 아내는 집을 한 채 더 지을 때까지 책을 더 사지 말라고 못 박았다. 그는 화학자 조지프 프리스틀리의 연구, 장 자크 루소의 인류와 사회에 관한 이론, 그리고 자신과 마찬가지로 노예제를 반대하고 아메리카의 독립을 지지하는 리처드 프라이스의 도덕 철학 연구를 계속했다. 웨지우드가 만든 가장 유명한 도기 메달에는 쇠사슬에 묶인 채 무릎을 꿇은 노예가 있고

"저는 사람이자 형제가 아닙니까?"라고 호소하는 글귀가 가장자리를 따라 돋을새김으로 새겨져 있다.

웨지우드는 또 저택의 널따란 응접실에서 휴식을 취할 수 있었다. 어린 시절부터 열정을 쏟아 수집한 화석을 정리할 수도 있었다. 심지어 성인이 된 뒤에는 화석을 찾기 위해 근처 사암을 화약으로 폭파하는 일에 몰두했다. 그는 다윈이 물감을 가는 용도로 직접 설계한 기발한 풍차를 설명하는 것을 들으며 좋아했고, 두 사람 모두 '전기 인력'에 관한 책을 읽고 그에 관해 대화를 나누며 즐거워했다. 웨지우드는 이따금 조지프 프리스틀리를 만나 실험이라는 공동의 관심사를 논의했다. 웨지우드는 프리스틀리가 말하는 '배터리'라는 장치가 무엇을 말하는지 몰라 묻기도 했다.[25]

몇 주 뒤 웨지우드는 체중이 더 이상 줄지 않으며 기분도 좋아졌다고 알렸다. "근심을 될 수 있는 대로 뒤로 내던져 버리고" 다시 일을 할 수 있었다.[26] 웨지우드는 작업대로 돌아가 더 고상한 몸체의 도기를 만들겠다는 의욕을 불태웠다. 그는 벤틀리에게 "최근 일품과 그 밖의 것들을 위한 몸체를 만드는 실험에서 얼마간 유망한 결과를 얻었다"고 썼다.[27] 그렇지만 1773년 2월 이후로 웨지우드는 또다시 실험을 중단해야 했다. 벤틀리가 영업에 성공하면서 북부의 큰 후원자[28]로부터 주문을 받았기 때문에 거기 시간을 빼앗긴 것이다. 세계 각국 인사들과 두루 사귀며 인맥을 넓힌 벤틀리는 런던 주재 러시아 영사와의 우정을 통해 예카테리나 대제로부터 944점의 맞춤 크림웨어 주문을 따냈다. 680점은 식사용이고 264점은 디저트용이었다. 예카테리나의 요청에 따라 접시 하나하나를 영국의 풍경, 유적, 또는 정원 그림으로 장식했다. 예카테리나는 볼테르에게

보낸 편지에서 "저는 남들이 어리석다 할 정도로 영국 정원을 좋아한답니다"라고 적었다.[29]

러시아 식탁을 장식하기 위한 웨지우드의 도기는 담황색이었으며, 풍경과 유적과 정원 그림은 영국의 혁신적 도자기 기술을 사용해 검은색 물감으로 인쇄하고 진홍색으로 색을 넣었다. 작업자는 동판에 조각된 그림을 유연한 젤라틴 시트를 이용하여 도기에 전사했다. 식기 세트에는 접시 중앙에 인쇄한 그림 둘레로 참나무 잎과 도토리를, 디저트 세트에는 아이비를 그린 테두리를 넣었다. 꼭대기 부분에는 방패 문양 안에다 연두색 개구리 그림을 넣었다. 웨지우드는 개구리 문장을 좋아하지 않았지만, 예카테리나는 접시마다 개구리를 넣도록 요구했다. 이 도기 세트를 체스미 궁에서 쓸 생각이었기 때문이다. 이 궁전은 개구리 늪에 자리 잡고 있어 한때 개구리 연못이라는 뜻의 '라 그르누예르' 또는 '케케레켁시넨'이라 불린 곳이었다. 개구리 문장 때문에 이 도기 세트에는 '개구리 세트'라는 별명이 붙었고, 지금도 여전히 그렇게 불린다.

개구리 세트는 1767년 새로 지었지만 이제야 제대로 가동되기 시작한 공장에서 제조되었다. 웨지우드는 이 새 공장에다 '에트루리아 공장'이라는 이름을 붙였다. 해밀턴이 발견한 고대 그리스와 이탈리아 도기가 에트루리아 도기라고 잘못 알려졌기 때문이었다. 2만 8000제곱미터 남짓한 공장 단지 내에 여러 동의 건물을 갖추었고, 단지의 3면에는 담을 둘렀으며, 1777년 무렵에는 나머지 한쪽 면에 운하가 자리 잡았다.

단지 중앙에 자리 잡은 공장 건물 종루에서 오전 5시 45분에 종이 울리면 흰색 앞치마를 두른 노동자 300명이 인접 마을로부터 공장으로 쏟아져 들어왔다. 마을은 공장 인력을 수용하기 위해 지어진 곳이었다. 집마다 철제 계단이 붙어 있는 깨끗한 주택이 들어서 있었다. 단 너비가 15센티미터인 현관 계단은 언제나 반짝반짝 광택을 유지하도록 관리했다. 이윽고 공장 풍차와 수차가 돌아가기 시작하면 튼튼한 참나무 보에 고정된 무거운 각암을 들어 올리고 돌릴 준비가 완료됐다. 이 각암은 1년 가까이 묵혀둔 점토 원료 덩어리를 뭉개고 가는 용도였다. 고령토는 콘월에서, 볼 클레이는 도싯에서, 규석은 프랑스에서 가져왔다. 공장은 이내 병 모양 가마에서 석탄을 태우는 매캐한 냄새로 가득 찼다. 일과가 진행되는 동안 점토는 효율적인 반원형 동선을 따라 작업장 밖의 점토 더미로부터 작업장으로, 다시 적재장과 포장장으로 이동했다.

웨지우드는 작업장이 계속 돌아가게 하고 노동자들을 관리하는 일에 시간을 많이 빼앗겼다. 다른 도기 공장에서는 축제 등을 이유로 3일간 술잔치 등을 벌이는 행위를 허용했으나, 웨지우드는 이런 주취로 인한 조업 중단에 맞서 끊임없이 싸웠다. 고용주가 보기에 에트루리아에서 일하는 노동자는 더럽고 제멋대로이며 물건 아낄 줄 모르는 무지렁이와 다름없었고, 그래서 그들의 자기 관리 능력을 의심했다. 이 문제를 해결하기 위해 웨지우드는 공장에서 군림했다. 그의 저택 에트루리아 홀은 공장 바로 위로 400미터밖에 떨어지지 않은 산등성이에 있었다. 웨지우드는 매일 짧은 곱슬머리 가발, 레이스 프릴, 칼라 없는 푸른색 코트, 금박 레이스에다 금단추가 달린 진홍색 조끼, 그리고 쌍각모자를 착용한 차림으로 공장으로 출근했다. 정장 행사가 있을 때는 검도 찼다. 공장에서 그는 음주 금지, 관리 및 청결 기준, 낭비를 막기 위한 규율 등 엄격한 규칙을 적용했다. 창이 깨지는 일을 막기 위해서는 "창이 있는 벽을 등지고 파이브즈를 하는 사람은 누구든 벌금 2실링을 몰수한다"고 지시했는데, 노동자에게는 상당히 큰 액수였다.[30] 파이브즈는 영국에서 많이 하는 공놀이 경기로, 일종의 핸드볼이다. 웨지우드가 근태 관리에 얼마나 신경 썼는지 알려주는 또 다른 사례는 노동자들이 공장 정문에 도착하면 공장 서기가 칠판에다 그들의 출근을 각각 색깔로 구분된 분필로 기록했다는 점이다. 지각자로 기록되지 않기 위해 벽을 타다가 잡히는 사람에게는 벌금을 물렸다.

웨지우드와 벤틀리는 개구리 세트를 만들면서 런던에 새 전시장을 열고, 세트를 러시아로 보내기 전에 그곳에서 선보이는 방법으로 마케팅을 강화하기로 했다. 새 전시장은 귀족의 관심을 끌기 위해 그들이 모이는 소호 지구의 그릭 스트리트에다 열었다. 근처에는 런던 상류층의 부를 가장 확실하게 쓸어 담을 수 있는 곳이 많았다. 전시장으로부터 800미터도 되지 않는 곳에는 새로 지은 판테온이 있었는데, 18세기에 지을 수 있는 가장 로마풍에 가까운 건물이었다. 그 거대한 돔은 허술한 나무 뼈대에다 회반죽을 발라 만든 것이긴 했지만 로마 판테온의 돔을 모방한 아름다운 모습이었고, 그 아래에서는 예약자만 들어갈 수 있는 음악회와 우아한 가면무도회가 열렸다. 그렇지만 가장 사치스러운 가면무도회는 소호의 칼라일 하우스에서 열리는 무도회였다. 그곳에서 카사노바의 연인이자 카사노바와의 사이에 딸을 낳은 코넬리스 여사라 불리는 사람이 글로스터 공작이나 덴마크 왕 같은 귀족을 끌어들였다.

1774년 6월 1일 전시장 문을 열었을 때 놀라울 만큼 사람이 모였다. 샤를로테 왕비가 방문했고, 그 오빠인 메클렌부르크의 에르

네스트 전하, 스웨덴 왕과 왕비도 방문했다. 몇 달 동안 런던 상류층이 전시장에 몰려들었고, 마차 때문에 길이 막혔다. 그들 중 누구라도 도자기를 원하면 웨지우드와 벤틀리는 기꺼이 팔았다. 물론 개구리 문양이 없는 제품이었다.

1774년 중반, 예카테리나 대제의 주문이 마무리되고 전시장이 성공을 거둔 뒤 웨지우드는 2년 전 벤틀리가 요청한 "일품을 위한 더 고상한 몸체"를 연구하기 위해 서재로 물러났다. 그는 1773년 벤틀리에게 언급한, 얼마간 유망한 실험 결과를 되살펴 보았다. 노련한 농사꾼인 웨지우드는 초기의 이런 시도를 자신의 뿌리이자 씨앗이라 불렀고, 싹을 틔워 훌륭하게 가지를 뻗을 것으로 기대했다.[31] 공책을 다 살펴본 다음에는 서재의 문을 열고 나무 의족을 찬 채 주의를 기울이며 지하실로 향하는 좁다란 벽돌 계단 아래로 내려갔다.

그는 커다란 방 안으로 들어섰다. 무거운 철제 돌쩌귀가 달린 아치 모양의 커다란 나무문으로 칸이 나뉜 수많은 방 중 하나였다. 한쪽 구석에는 실험을 위한 작업대가 있었고, 물을 길어 쓰기 위한 우물, 매우 다양한 원재료가 담긴 통과 그릇이 있었다. 그는 100가지에 가까운 종류의 물질을 저장해 두었다. 모두 도자기에 들어갈 재료였는데, 특별히 다른 재료가 필요하면 에트루리아 홀과 공장을 잇는 지름 180센티미터 남짓한 크기의 비밀 터널을 이용할 수 있었다. 그가 내려온 계단 근처에는 바깥으로 나가는 문이 있었지만, 통로를 이중벽 구조로 구불구불하게 만들어 두었으므로 겉으로 드러나지 않았다. 그래서 각종 통과 상자를 가지고 들어와도 안을 들여다볼 수 없었다. 웨지우드가 산업 스파이를 거의 병적으로 두려워한 데 따른 조처였다. 그는 그의 표현을 빌리자면 "적대자들"[32]에 대해 걱정했고 "비법 보유자들"[33]을 두려워했다. 후자는 도자기 제조업계, 특히 자기에 관한 비법을 보유한 노동자를 가리키는 용어이지만, 나중에는 자신이 알고 있는 도자기 비법을 팔아 일자리를 얻은 다음 새 고용주의 비법을 훔치는 사람들을 가리키는 용도로 쓰였다.

웨지우드는 몸체를 퍼벡 섬에서 나는 백토로 빚기로 했다. 이는 규소가 풍부한 광물인 장석 덕분에 만들어진 점토로, 데본과 콘월의 화강암에 포함되어 있다가 수백만 년 전 강물에 침식되어 하류로 씻겨 내려가 쌓인 것이었다. 다음에는 탄산바륨이라는 눈부시게 하얀 가루를 골랐다. 웨지우드는 곱게 간 탄산바륨과 백토, 그리고 소량의 구운 규석을 조심스레 혼합했다. 도자기에 흔히 사용되는 재료인 규석은 몸체를 더욱 희게 만들어주고 섭씨 1200도 이상에서 구울 수 있게 해주었는데, 이는 탄산바륨 일부가 유리 같은 물질로 변화하는 온도였다.

웨지우드는 이렇게 만든 혼합물을 손바닥에 올릴 수 있도록 얇은 판 모양으로 빚은 다음, 나중에 구별하기 위해 금속 활자를 이용하여 각기 세 자리 혹은 네 자리 숫자를 찍었다. 그중 일부에는 'TTBO'라는 글자를 찍었는데, '비스킷 오븐의 꼭대기 끝'을 뜻했다. 가마에서 가장 뜨거운 부위를 가리키는 표시였다. 빚은 점토 중 많은 것에다 35 대 1, 30 대 1, 20 대 1 등 탄산바륨과 점토의 비율을 새겨 넣었다. 그는 이 작업에 대해 이렇게 설명했다. "점토 준비는 가장 먼저 할 일이며, 제품의 아름다움과 가치가 재료 혼합과 몸체 준비에 크게 좌우되기 때문에 매우 각별하게 주의를 기울여야 한다."[34]

그 뒤 4개월 내내 수백 번을 구우며 시험했다. 그러나 결과는 실망스러웠다. 그는 이렇게 보고했다. "한번은 몸체가 제대로 하얗고 고왔으나, 그다음 시험에서는 황갈색이 나왔다."[35] "일부 샘플은 녹아 유리질로 마감된 반면, 다른 것들은 담배 파이프처럼 건조했다."[36] 그는 벤틀리에게 보낸 편지에서 실망을 드러내며 "거의 미칠 지경이야, 더 많은 시간이, 더 많은 손이, 더 많은 머리가 있었더라면"이라고 한탄했다.[37] 그리고 방문객도 덜 찾아오기를 바랐다. "한창 실험 중인 사람은 어떤 일, 어떤 사람의 방해도 받아서는 안 돼."[38]

유명한 도공이자 기업가인 그는 온갖 종류 사람에게 시달렸다. 어느 날엔 요크셔에 산다는 어떤 이가 카메오를 가지고 들렀는데, 그것이 로마의 주요 유물 수집가이자 예술 후원자로서 최근 작고한 알바니 추기경의 컬렉션에 포함된 것이라고 주장했다. 웨지우드가 볼 때 그런 샘플은 대부분 너무나 보잘것없는 상태였다. 금이 가고 빠진 부분이 있기 때문이었다.[39] 맨체스터의 닥터 퍼시벌이라는 사람은 친히 웨지우드를 방문해 「납 중독에 관한 갖가지 관찰과 실험」이라는, 4절판 크기에 빽빽하게 인쇄된 8페이지짜리 논문을 건네주었다.[40]

1774년 8월에 이르러 웨지우드는 벤틀리에게 다음처럼 전했다. "이제 물량도 쉽게 충분히 구할 수 있고 품질도 항상 일정한 재료를 가지고 일련의 실험을 시작했어."[41] 그가 말한 것은 '코크'라는 물질로, 웨지우드에는 최근 더비셔 근처 광산에 들렀다가 손에 얻은 새로운 재료였다. 코크는 눈부시게 하얀 황산바륨 광물로, 이제 그는 재료를 혼합할 때 코크도 포함했다. 웨지우드는 이 흰색 백악질 물질이 탄산바륨을 부분적으로 대체하는 역할을 할 수 있을지도 모른다고 생각했다. 원료 상태의 코크에는 납이 작은 덩어리 형태로 포함되어 있으므로 웨지우드는 그것을 조심스레 제거했다.

여기서 우리는 시행착오가 무작위 탐색이 아닌 이유를 볼 수 있다. 계량할 특성은 무엇인지, 여러 변수가 어떤 영향을 줄 수 있는지, 어떤 변수에 변화를 주어야 하는지에 대한 창의적인 이론적 발상이 진화를 거듭하며 각 단계를 안내한다.

이 경우에는 코크의 중요성에 관한 가설이 그러했다. 카메오를 만들기 위해 그는 국왕 조지 3세와 샤를로테 왕비의 자식들을 가르친 궁정 교사의 딸 마틸다 필딩 부인의 형판을 골랐다. 그것으로 흰색 초상 부조의 형을 뜬 다음, 같은 재료로 만들어 진홍색 유약을 입힌 타원형 몸체에 얹혀 구움으로써 초상 부조와 몸체를 고정했다. 4.4센티미터 정도밖에 되지 않는 이 카메오는 부분적 승리에 해당했다. 그러나 결과는 여전히 들쭉날쭉했다. 그는 다음과 같이 적기도 했다. "나로서는 이처럼 미묘하고 복잡한 재료의 특성을 바꾸는 기적을 일으킬 수 없다."[42]

그럼에도 웨지우드는 우선 성공했다는 사실에 고무되어 더 큰 부조를 구워보았다. 가마 안에서 메달 표면에 기포가 생기면서 보기 흉한 모양이 되었다. 그 원인으로 탄산바륨을 의심한 그는 탄산바륨을 완전히 코크로 대체하기로 했다. 그 결과 무겁고 강하며 물이 스며들지 않는 강한 흰색 도자기가 만들어졌다. 그 표면은 반투명하면서 균일한 밀랍 빛을 띠었다. 기포가 생기고 쪼그라들어 표면이 균일하지 않던 현상은 자취를 감추었다. 가마 안의 열기에서 코크의 절반은 점토와 반응하여 바륨, 알루미늄, 규소, 산소로 이루어진 망상 조직을 형성했고, 나머지 절반은 구워져 유리질을 띠는 황산바륨 입자가 되었다. 승리가 이만큼이나 가까워지자 웨지우드는 이 배합에다 화룡점정에 해당하는 마지막 요소를 더했다. 그가 새로 만든 도자기 몸체와 조합했을 때 도자기 세계에 혁명을 가져온 물질로, 바로 화감청이었다.

화감청은 17세기 초 화가들이 종종 군청색 대신 값싸게 사용한 물질이다. 렘브란트의 후기 작품에서 그림에 볼륨감과 질감을 높이고 색의 깊이를 더하는 한편 물감이 더 빨리 마르게 하는 용도로 쓰이기도 했다.[43] 화감청의 핵심 성분은 작센에서 채굴하는 산화코발트였다. 작센은 이 화합물을 함유한 광석의 유일한 공급지이자, 이 귀중한 광석을 밀수하는 자를 사형으로 다스리는 지역이었다. 웨지우드는 함부르크 근처에서 창고를 운영하는 어떤 사람으로부터 화감청을 손에 넣었다.

웨지우드는 그 사람에 대해 이렇게 말했다. "그는 일찍이 몇몇 유대인을 통해 그것을 조달할 방법을 알아냈다. 그들 말로는 그 유대인 중 한 명이 발각되어 그 죄로 교수형을 받았다고 한다."[44] 광석을 구운 다음 석영, 포타슘과 함께 녹이면 암청색 유리가 만들어지는데, 그것을 곱게 갈아 안료를 만들었다. 도공이 이것을 작품 겉면에 색을 입히는 용도로 사용하는 일이 많기는 했지만, 웨지우드는 그렇게 하지 않고 안료를 자신의 혁명적인 점토 혼합물에 첨가할 생각이었다. 새로 개발하는 도기의 돌 같은 몸체와 섞이자 엷은 파란색을 띠는 장엄한 분위기가 연출됐다.

1774년 12월 웨지우드는 벤틀리에게 보낸 편지에서 자신의 발견을 열정적으로 설명하면서, 이 새 도자기로 "유럽에서 가장 훌륭한 물건을 만들 수 있을 것이며 우리 카메오의 궁극적 완성이 될 것"이라고 말했다.[45] 그는 "작디작은 반지용 보석부터 38×30센티미터 크기 타원형인 헤르쿨라네움 규격 명판까지 어떤 크기로도 만들 수 있다"고 확신했다.[46] 그는 이 새 도기의 배합에 대해 너무나 확신하고 있었던 만큼, 1775년 1월 초에 이르러 새 원재료의 공급처를 숨기는 일에 벤틀리의 도움을 청했다. 웨지우드는 "우리의 적대자들"이 달려들지도 모른다고 우려했고, 그래서 "놈들을 뒤로 떨쳐 버릴 필요가 있다"고 느꼈다.[47] 그가 발명에 사용하는 새 재료는 모두 그의 스태퍼드셔 공장 가까이에 있는 공급처에서 가져왔고, 또 이 외의 대부분은 더비셔에서 가져왔으므로 그의 두려움에는 그럴 만한 이유가 있었을지도 모른다. 그는 스파이가 추적할 경우 혼란을 주기 위해 벤틀리로 하여금 원재료를 런던으로 배송되도록 주문한 다음 그곳에서 위장하여 상자나 통에다 넣어 이곳으로 보내기를 제안했다.[48] 나흘 뒤 그는 계획을 바꾸었다. 원재료를 은밀하게 조달, 운반하는 일에 신경이 쏠린 그는 벤틀리에게 그것을 서인도제도로 운송했다가 다시 런던으로 운송하라고 했다.[49] 웨지우드는 이렇게 썼다. "너무나 많은 장애물을 헤쳐야 할 정도로 먼 곳에 놈들을 떨어뜨려 두면 우리 쪽에서는 우려할 일이 별로 없을 거야."[50]

그러나 그의 실험은 또다시 실패했다. 1775년 5월부터 1777년 11월까지 거의 3년 동안 웨지우드는 안간힘을 썼다. 메달과 카메오는 가마 안에서 금이 갔고 꽃병은 부서져 내려앉았다. 그동안 그는 희한한 현상을 눈치챘다. 곱게 갈아 배합하여 매끈하고 광택 없는 밀랍 같은 표면을 만드는 새 점토는 가마 안에서 부서져 내려앉지만, 거친 입자로 만든 꽃병은 소성 과정을 견뎌냈다. 그가 돌파구를 찾아낸 것은 당시 누구도 사용하지 않는 기법을 동원했을 때였다. 그는 거친 재료를 사용하여 튼튼한 꽃병을 만든 다음, 가마에서 구웠다. 꽃병이 식으면 거칠게 마무리된 몸체를 똑같은 화감청 색을 띠는 곱게 간 혼합물 도기 용액에 담가 얇게 한 꺼풀 입혔다. 이 꽃병을 다시 굽자 바깥층이 굳어 매끈한 돌 같은 광택을 띠었고 꽃병은 형태를 그대로 유지했다. 안쪽 몸체는 황산바륨의 단단한 무게를 지녔고, 두들길 때 듣기 좋은 소리가 났다. 바깥쪽은 고운 장석 규토의 기분 좋은 질감을 띠었다. 웨지우드는 전 세계 왕족과 귀족의 집안과 액세서리를 장식할 재스퍼웨어, 줄여서 재스퍼라는 새로운 도기를 만들어낸 것이다. 가장 노련한 수집가조차도 웨지우드의 손재주를 알아차리지 못해 그의 기술은 이후 200년이 넘도록 영업 비밀로 남아 있었다. 그의 가족조차도 그 비밀을 알지 못했다.

그의 혁신, 즉 얇은 바깥층을 만들어 내기 위한 이 '담그기'는 공학자가 사용하는 세 가지 전략 중 마지막인 '절충'을 설명해준다.

<u>공학 설계에는 항상 한계가 있고, 그래서 제품을 설계힐 때 공학자는 사물의 특정 특성의 균형을 얼마나 맞출지를 결정해야 한다. 이는 '최고' 관념과 밀접하게 연결된 균형이다. 절충할 때 공학자는 사물의 두 가지 양보할 수 없는 측면 사이의 균형을 이루어야 한다. 둘 모두를 완전히 다 갖출 수는 없다.</u>

고전적 예 하나는 원통형 알루미늄 소다 캔이다. 소비자와 소매점은 육면체 캔을 선호하는데, 쌓기 쉬운 데다 공간 낭비 없이 보관

할 수 있기 때문이다. 그러나 뾰족한 모서리는 약하다. 주어진 부피를 위해 재료가 가장 적게 들면서 가장 튼튼한 캔은 구체다. 표면에 모서리도 없고 곡면뿐이기 때문이다. 물론 구체 캔은 탁자에서 굴러떨어지기 때문에 소비자에게는 악몽이다. 공학자는 바람직한 특성 모두를 조금씩 절충하여 균형을 잡는다. 캔은 원통 모양이어서 육면체처럼 쌓아 보관할 수 있으면서도, 구체처럼 옆면이 곡면이어서 모서리의 취약점을 갖지 않는다. 웨지우드는 똑같은 유형의 선택에 직면했다. 그는 튼튼한 도자기 몸체를 원했지만, 널리 받아들여지는 유약 기법을 고수하면 금이 가지 않은 이상적인 외양을 얻을 수 없었다. 그래서 그 타협안으로 자신에게 주어진 변수에서 최고의 방법을 찾아냈다. 바깥층을 입힌다는 해법으로 그는 두 가지 모두를 조금씩 갖출 수 있었다. 그 때문에 구매 의욕이 떨어질 가능성이 있는 데다 비밀을 지켜야 할 부담도 있지만, 결국 몸체도 견고하고 외양도 매끈한 도기를 얻은 것이다.

꼼꼼한 기록을 동반한 5000번의 실험 끝에 재스퍼가 세련미를 갖추자 웨지우드는 걸작품 도기를 만들기 시작했다. 그의 가장 놀라운 작품은 40센티미터 남짓한 높이에 연푸른빛을 띠는 꽃병으로, 현재 런던의 빅토리아앤드앨버트 미술관에 전시되어 있다. 표면은 자기처럼 매끈하지만 유약으로 처리되지 않았다. 푸른색 무광택으로 마감된 표면은 도료나 그 밖의 안료를 한 방울도 입히지 않고서도 색이 놀라울 정도로 고르다. 꽃병에는 장식이 넘쳐난다. 아홉 명의 뮤즈에게 둘러싸인 하얀 아폴로 상이 있고, 뚜껑에는 앞발을 들고 일어선 하얀 페가수스 상이 있다. 이 장식은 거의 상아나 양피지처럼 부드러워 보이며, 백악질 같지도 않고 유리질 같은 광택도 전혀 없다. 장식물의 얇은 가장자리는 반투명하여 푸른색이 비쳐나와 마치 꽃병에 옷감처럼 걸쳐 있는 듯한 인상을 준다. 뮤즈가 입은 의상의 주름은 눈앞에서 굽이치는 옷감 같고 페가수스의 날개는 언제라도 퍼덕거릴 듯 생동감이 넘친다.

그런 걸작을 시장에 내놓기 전, 웨지우드는 자신의 새 도자기에 사용된 재료를 다시 한번 숨기고자 했다. 그는 벤틀리에게 "리버풀에서 코크를 구해 런던으로 배송하게 하고, 공급자에게는 그것의 수출 길을 열 수 있기를 바라고 있다"고 설명하도록 했다. 북쪽에 있는 웨지우드의 공장으로 보낼 것이 아니라 수출할 의향임을 암시하게 한 것이다.[51] 끝으로 벤틀리에게 재스퍼의 비결은 5년 전인 1767년 5톤을 주문했던 것과 똑같은 체로키 점토라는 소문을 퍼트리게 했다. 적대자들을 혼란에 빠트리자는 생각에서였다.

재스퍼를 제작하면서 웨지우드는 세계적 유통망을 갖추었다. 그는 제품의 80퍼센트를 더블린, 됭케르크, 니스, 파리, 암스테르담, 브런즈윅, 드레스덴, 라이프치히, 나폴리, 베네치아, 말라가, 모스크바, 상트페테르부르크 등지로 수출했다. 1795년에 이르렀을 때 유럽에서 웨지우드의 도자기를 구입하지 않은 왕가는 하나도 없었디. 벤틀리는 중국 시장은 어떨지 하는 의견을 냈지만, 웨지우드는 중국이 자신의 디자인을 모방하여 자기를 만들지 않을까 우려했다. 다만 1793년 꽃병 일곱 점을 건륭 황제에게 보낸 일은 있었다.

오늘날에도 재스퍼를 구입할 수 있는데, 1780년 이후 잠깐 중단된 때 말고는 계속 제조되고 있기 때문이다. 체로키 점토는 모든 재스퍼 제품을 통틀어 1그램도 사용되지 않았다. 다만 재스퍼를 처음 선보이고 나서 50년쯤 뒤 웨지우드의 손자가 에트루리아 홀에 두

상자 가득 남아 있음을 알렸다.[52]

　에트루리아 홀 지하실에서 한 웨지우드의 연구는 시행착오를 활용하고, 과거 지식을 바탕으로 삼고, 절충을 받아들인다는 공학적 마음가짐의 세 가지 핵심 전략을 훌륭하게 보여준다. 이런 전략은 오늘날에도 여전히 필수적이다. 21세기 공학자의 작업에서도 분명하게 볼 수 있다. 이 책 3장에서 소개한 프랜시스 아널드는 시행착오를 활용했고, 과거 지식을 바탕으로 삼아 자연의 안내를 받았으며, 완벽과 비용 사이의 절충을 포용함으로써 산업에 응용할 수 있는 맞춤형 효소를 만들었다. 효소의 활동을 끝없이 다듬어나갈 수도 있었겠지만, 충분한 선에서 만족했다. 226년이라는 시간 차이를 넘어 웨지우드와 아널드는 모두 과학이라는 렌즈의 검토 대상이 되었다. 아널드는 노벨 화학상을 받았고, 웨지우드를 두고 과학자인가 아닌가 하는 긴 논쟁이 있었다. 그러나 그에게 공학자라는 호칭을 붙인 기술 사학자는 없었다. 모두 웨지우드가 썼던 화학 물질과 가마와 그가 실행했던 실험을 한번 쳐다보고는 곧장 "과학자다!" 하고 소리쳤다. 이 혼란은 다음과 같은 질문을 부각한다. 과학과 공학의 관계는 무엇일까?

　지금까지 우리는 공학자는 과학적 이해보다 앞서 나가는 때가 많다는 것을 살펴보았다. 이렇게 보면 공학은 응용과학이라는 관념이 무너진다. 공학을 응용과학으로 보자면, 정리된 최전선으로서 전선을 확장하며 모든 불확실성을 정복하고 경이로운 기술을 가능하게 한다는 이미지가 떠오른다. 이런 관점은 과학 지식의 놀라운 성장은 항상 급속한 기술 발전과 동시에 일어난다는 점을 볼 때 더 강화된다.

그렇지만 더 정확한 그림은 공학이 게릴라 전쟁을 벌이면서 세계를 바꾸는 모습이며, 통하기만 한다면 도구와 기술을 가리지 않고 경험칙을 활용하여 과학적 불확실성에 맞서 싸우는 모습이다.

과학 이해는 공학의 존재와 무관하다. 그러나 다음 장에서 과학 지식은 공학에 막강한 힘을 실어줄 능력이 있음을 살펴볼 것이다. 과학과 공학의 관계는 우리 시대에 여전히 핵심적 위치를 차지하고 있는 19세기 발명품으로 잘 설명된다. 바로 빅토리아시대의 최고 유산인 증기 터빈이다. 이 엔진은 세계를 바꿔놓았고 지금도 우리 가정의 조명등을 밝혀주고 있다.

6장

지식의 학문과 해결의 학문

신호포 소리가 울리자, 찰스 파슨스Charles Parsons는 터비니아호의 갑판을 벗어나 기관실로 내려갔다. 잠시 뒤면 빅토리아 여왕의 왕세자를 태운 왕실 요트가 그의 작은 배를 지나 영국 함대를 검열하러 나아갈 것이었다. 파슨스가 배의 혼잡한 기관실에 들어갈 때, 여섯 명의 화부가 배의 보일러에 느릿느릿 석탄을 공급하고 있었다.[1] 파슨스는 방수포 외투를 벗고 계기와 밸브가 붙은 제어반 앞에 자리를 잡았다. 이 제어반에서는 보일러의 압력을 조절하여 복잡하게 얽힌 파이프를 통해 증기의 유속을 제어할 수 있었다. 파이프는 그가 만든 혁명적인 증기 구동 기관과 연결되어 있었다. 그는 화로에서 맹렬하게 불이 솟아오르는 소리, 펌프 소리, 송풍기 소리 등 기관실에서 나는 온갖 소음을 부시한 채 '선속', '정지', '후진'이라 표시된 기관 지령 표시기 바늘에 시선을 고정했다. 위층 갑판에서는 조타수가 조타륜 살 사이에 팔꿈치를 걸치고 있었고, 브리지의 정장은 배를 갑자기 멈춰야 하는 경우 언제라도 위험 신호를 보낼 수 있도록 경적 줄을 거머쥐고 있었다. 모든 선원은 빅토리아 여왕 즉위 60주년 축제 중 가장 큰 행사에서 파슨스의 발명품을 선보이고 정당한 인정을 받을 준비가 되어 있었다.

파슨스와 울창한 숲속의 어린나무 🌳

　파슨스의 기관은 터빈으로, 날개 달린 바퀴에다 고압 증기를 분출하여 바퀴 축을 돌리는 장치다. 파슨스는 이를 선박 추진에 응용했다. 터빈은 개념은 간단하지만, 빅토리아시대의 정점에 다다른 그때까지도 작동에 성공한 터빈은 만들어진 적이 없었다. 특허를 받은 증기 터빈 설계가 200건이 넘었지만 제대로 동작하는 것은 하나도 없었다. 사람들은 터빈 증기기관이라는 발상은 재미있는 몽상일 뿐이라고 인식했다. 제임스 와트와 매슈 볼턴의 혁신적인 증기기관 덕분에 영국의 첫 산업혁명에 속도가 붙었고, 그 이후로 120년 동안 기술이 매우 정교해졌다. 따라서 공학자나 과학자 중 증기기관을 개선할 수 있다거나 개선할 가치가 있다고 생각하는 사람은 거의 없었다. 몇몇 사람은 내연기관이 증기기관을 박물관에서 감상할 호기심거리로 전락시킬 것으로 생각했다.[2]

　그렇지만 증기 구동 터빈의 우아함에 반한 한 세대의 공학자들은 이 기술이 활기를 되찾을 수 있을 것이라 믿었다. 터빈 기관이 증기력을 사용한다는 것은 팽창하는 증기 에너지의 힘을 끌어 쓰되 움직이는 부분이 더 적고, 따라서 유지 관리도 덜 필요하다는 뜻이었다. 그뿐 아니라 마력당 기계 중량이 더 낮고, 기존 증기기관보다 석탄 소비도 적으며, 진동도 거의 없다는 의미기도 했다. 당시 민간 여객선에 사용되는 증기기관은 피스톤이 왕복하며 발생하는 진동 때문에 승객에게 지속해서 불편을 초래했다. 이제 제대로 작동하는 새 터빈을 만든 파슨스는 현재 대양을 오가는 여객선에 사용되는 엔진보다 자신의 엔진이 우수하다고 주장할 준비가 되어 있었다.

1897년 4월, 파슨스는 왕립조선학회에서 자신의 기관에 대해 자세히 발표했다. 이 학회는 선박 설계 및 건조 전문가만 회원으로 가입할 수 있었고, 해군 제독, 벨파스트의 조선업체인 할랜드앤드울프의 공학자, 화이트스타라인과 큐나드라인의 조선 기사가 회원으로 활동하고 있었다. 간단히 말해 파슨스로서는 깊은 감명을 선사해야만 하는 전문가 집단이었다. 파슨스는 이전에 여러 사람이 한 시도와는 달리 자신이 만든 터빈은 주로 물리학자의 데이터를 기반으로 하여 성공을 거두었다고 설명했다.[3] 그는 엔진 시험을 위해 직접 특별히 건조한 터비니아호에 장착한 자신의 엔진이 얼마나 뛰어난 성능을 발휘했는지를 설명했다. 그러나 사람들은 파슨스의 주장에 감명받지 못했고, 그저 어깨만 으쓱일 뿐이었다.[4]

전 세계로 화물을 운반하는 선단인 스타라인을 경영하는 존 코리는 파슨스의 발표에 대해 "구조와 세부 사항에서 너무 빈약하다"고 말하면서 발표에서 주장한 내용은 "지나친 시기상조이다"라고 덧붙였다. 그는 터비니아호 같은 작은 배에 터빈을 달아 얻어낸 결과가 자신이나 동료들의 관심사인 대형 선박에도 적용될지 의심했다. 그는 결국 파슨스가 발표힌 결괴는 "주장하는 장점이 대단하기는 하지만, 그것을 뒷받침하기에는 불충분하다"고 결론지었다. 그리고 어느 해군 선박 설계 전문가는 터비니아호의 엔진을 들어내고 왕복기관을 때려넣은 다음, 전통적인 조선 업체를 시켜 파슨스보다 나은 결과를 만들어낼 수 있는지 보자고 제안했다.《타임스》에 요약된 그들의 통일된 의견은 "파슨스의 터빈은 순전히 실험적인 단계, 어쩌면 거의 태동 단계에 있다"는 것이었다.[5] 영국 해군과 대형 조선회사들이 자신의 엔진을 채택하기를 바란 파슨스의 희망에 찬물을 끼얹는 반응이었다. 그들이 수백만 파운드씩 쏟아부어 파슨스의 새 엔진을 중심으로 선박을 설계하는 모험에 나설 리는 없었다. 그들은 수십 년 동안 영국 함대와 상선을 높은 효율로 잘 움직여준 왕복 증기기관에 계속 만족할 것이었다.

파슨스는 이렇게 말한 적이 있다. "새 발명품은 울창한 숲속의 어린나무와 같다. 자라나려고 안간힘을 쓰지만, 더 오래 더 높이 자란 나무들이 성장에 필요한 빛을 가로막는다."[6]

계속해서 그는 "새 발명품이 기존 나무만큼 자랄 수만 있다면 모든 일은 쉬워질 것이며, 그러고 나면 햇빛을 공평하게 받을 수 있을 것"이라고 여겼다. 파슨스는 자신의 발명품이 빛을 받게 하리라 굳게 마음을 먹었다. 그래서 수줍다고 할 정도로 점잖은, 자기 회사의 이름을 회사 정문에 새겨넣는 것조차 거부할 정도로 홍보에 소극적이던 이 사람은 자신의 증기 터빈이 기동하는 모습을 세상이 강제로 보게 할 계획을 세웠다.

증기력의 작용을 이해하려면 찻주전자를 생각하면 된다. 주전자 안에 물 한 컵을 넣고 가열하면 끓으면서 증기가 되어 증발하고, 증기가 주전자를 가득 채우면 끓는 물이 막대한 양의 에너지를 생성한다. 증기가 된 물은 액체 상태의 물보다 부피가 훨씬 더 크다. 물 한 컵이 증발하면 1600컵 분량의 증기가 된다. 물이 끓으면 찻주전자 안의 증기압이 점점 더 커지고 마침내는 뚜껑에 있는 작은 구멍으로 증기가 밀려 나오는데, 그 힘 때문에 다들 잘 아는 바와 같이 휘파람 소리가 나면서 주전자 안의 물이 차를 우려낼 수 있을 만큼 충분히 끓었음을 알린다. 찻주전자 경우 증기는 부산물이며 그것을 영리하게 이용하여 편리한 소리 신호로 바꾸지만, 산업화가 진행 중인 세계에서는 왕복기관에 의존하여 증기에서 에너지를 뽑아 기차 바퀴나 배의 프로펠러를 구동했다. 파슨스를 회의적으로 바라본 사람들이 그렇게나 믿고 사랑한 기관이었다. 왕복 증기기관은 두 가지 주요 부분으로 구성된다. 첫째는 속이 빈 금속 실린더로, 그 안에서 팽창하는 증기에 의해 둥근 피스톤이 좌우로 밀린다. 찻주전자와 비슷하게 보일러로부터 증기가 쏟아져 나오면 증기가 피스톤을 실린더의 한쪽 끝까지 민다. 압축된 증기는 부분적으로 다시 액체로 응축되면서 배출되고, 다시 증기가 쏟아져 들어와 피스톤을 원래 위치인 실린더 반대쪽 끝까지 민다. 그러나 이처럼 왔다 갔다 하는 왕복운동은 그 자체로는 그다지 쓸모가 없다. 왕복운동을 원 운동으로 바꿔 축이나 바퀴를 돌릴 수 있게 해주는 것은 두 번째 주요 구성 부분인 일련의 회전 팔이다. 이런 방식이 보여주는 가장 고전적 이미지는 칙칙폭폭 움직이는 증기기관차의 바퀴로, 엔진 피스톤의 왕복운동을 변환하여 철로를 따라 기차를 움직인다.

왕복 증기기관은 당시로서는 최고였고 세계적으로 잘 쓰이고 있었지만, 증기 에너지의 많은 부분을 낭비했다. 우선 부분적으로 증기가 일단 원래 부피의 16배 정도로 팽창하고 나면 실린더 벽 안에 있는 무거운 피스톤의 마찰을 극복할 '활력', 즉 힘을 잃기 때문이었다. 또 엔진 설계에서 왕복운동을 원운동으로 바꿔주는 회전 팔 부분이 움직이는 부분에 추가됨으로써, 유용한 일에 쓰여야 할 증기 에너지가 그만큼 더 마찰 극복에 쓰이기 때문이다. 이런 유형의 엔진은 궁극적으로 증기에 들어 있는 에너지의 70퍼센트 정도밖에 끌어내지 못한다. 어느 19세기 공학자는 이렇게 말했다. "우리는 그릇에서 크림만 떠내고 우유를 내다버리고 있다."[7]

❶ 작은 밸브를 통해 고압 증기가 유입된다.

❷ 증기가 팽창하여 압력이 떨어지는 동안 피스톤을 왼쪽으로 움직이고, 이에 따라 바퀴가 시계 반대 방향으로 회전한다.

❸ 피스톤이 실린더 반대쪽 끝에 다다르면 피스톤 반대쪽에서 증기가 분사되며 피스톤을 오른쪽으로 민다.

❹ 실린더 왼쪽에 증기가 가득 차며 피스톤이 오른쪽으로 움직이면 반대쪽에서 힘이 다한 증기가 작은 밸브를 통해 실린더 밖으로 배출된다.

❺ 피스톤이 실린더 오른쪽으로 다가가면 과정은 다시 1번으로 돌아가, 증기가 다시 피스톤을 오른쪽에서 민다.

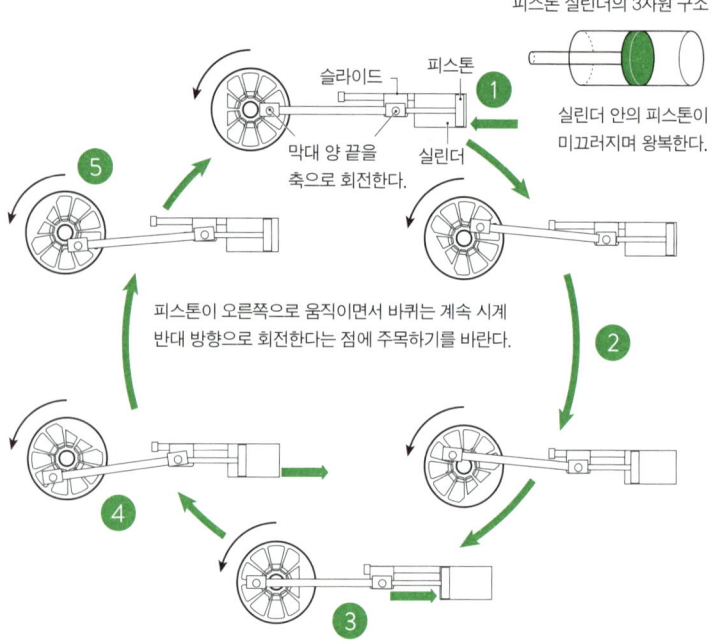

그러나 파슨스는 한 그릇 전부를 원했다. 그는 제대로 작동하는 터빈을 만들기 위해 두 지식 분야를 결합했다. 어느 한쪽만으로는 충분하지 않고 둘 모두가 필요했다. 첫째는 증기의 특성에 대한 포괄적인 지식과 작용에 대한 이론적 이해로, 19세기에 꽃피운 과학 발전의 한 가지 결과물이었다. 둘째는 증기 동력 운동에 정통한 공학적 마음가짐이었다.

과학의 도움과 해법의 냄새

찰스 파슨스는 어린 시절을 기계 사이에서 보내며 증기 동력에 관한 실용적 지식을 깊이 새겼다.[8] 1854년 버 캐슬에서 앵글로아일랜드인 귀족의 아들로 태어난 그는 특권을 누리며 자라났다. 버 캐슬은 브리튼 제도에 있는 다른 성과는 달리 주물 공장으로 명성이 높았다. 밤이면 공장에서 철을 녹이고 갓 주조한 주괴를 성의 해자 물에서 식히는 노란 불꽃이 으스스한 빛으로 경내를 밝혔다. 공장 주변에는 선반과 기중기, 유리를 부는 도구 등이 가득한 갖가지 작업장이 있었고, 상주 대장장이들이 팀을 이루어 작업장의 도구를 작동했다.

산업화한 브리튼 제도에서는 비슷한 제조 시설을 이용해 기술적, 경제적, 정치적 혁명으로 요동치는 세계에 원재료를 공급하고 있었지만, 버 캐슬에 있는 모든 기구와 인력은 파슨스의 아버지를 위해 세계에서 가장 큰 망원경을 건설하는 데에 동원되었다. 그 지역 사람들은 180센티미터 남짓한 크기의 반사경을 갖춘 이 망원경을 '리바이어던'이라 불렀다. 성안은 과학 기구, 망원경을 위한 받침대와 도르래 장치, 펌프, 해자를 건너는 선개교, 성문, 성안 경지 경작을 위한 농기구 등을 만드는 작업자들로 항상 활기를 띠었다. 파슨스는 이런 혁신적 환경을 배경으로 자연스레 발명가로 자라났다.

파슨스는 끈, 핀, 철사, 나무, 봉랍, 고무 밴드를 동력으로 사용하는 작은 자동차, 장난감 배, 잠수함을 만들던 어린 시절을 떠올렸다.[9] 그러나 그에게 증기 동력 장치보다 더 매력적인 것은 없었다. 1869년 파슨스는 형과 함께 아버지의 지도를 받으며 시속 11킬로미터 속도로 달리는 증기 마차를 만들었다. 말이 최고의 지위를 유지한 시대였던 만큼, 당시로서는 놀라운 장치였다. 케임브리지 대학교 학생 시절 가장 열심히 파고든 것은 종이, 봉랍, 강철선으로 만든 '에피사이클로이드 기관'이라 불리는 기발한 왕복 증기기관 시작품이었다. 네 개의 피스톤을 원형으로 배치하여 진동을 줄이고 표준 증기기관보다 빠르게 축을 돌리도록 설계한 증기기관이었다.

이는 단순한 장난감이 아니었다. 그는 이 엔진의 최종판을 원심 펌프 구동용으로 40대 팔았고, 작은 공학 회사에 파트너로 합류했다. 이 권한을 위해 1만 4000파운드를 지불했는데, 오늘날 가치로는 100만이나 200만 파운드 정도 될 것이다. 파슨스는 자신의 엔진을 이용하여 선박에 설치된 기계와 전구에 공급할 전기를 생산했다.

그는 집에서 가족들과 함께 있을 때조차 증기 동력을 활용할 새로운 방법을 생각했다. 아이들을 위해 '거미'라고 부르는 기계를 설계했는데, 소독용 알코올을 태워 얻는 동력으로 구동하는 바퀴 셋 달린 작은 자동차였다. 기계는 집 잔디밭에서 아이들과 가족의 개를 쫓아다녔다. 이 장치에서 불붙은 알코올이 뿜어 나와 서재 카펫에 불탄 자국을 남긴 뒤로 그의 아내는 집 안에서 이를 사용하는 행위를 금지했다. 아내는 또 그가 직접 설계한 증기 구동 유아차에 아이들을 태우고 다니는 것을 금지했다. 유아차의 보일러 역할을 하는 쿠키 통이 폭발할지도 모른다는 두려움 때문이었다.

파슨스는 이 작은 공학 회사에서 왕복 증기기관의 주요 단점 중 하나를 해결하며 발명가로서 처음으로 커다란 상업적 성공을 거두었다. 왕복기관은 특유의 진동으로 인해 전기 계통의 전압에 변동이 생기는데, 그 때문에 새로 발명된 값비싼 전구 수명이 줄어든다는 단점이었다. 파슨스의 발명에 감명받은 파트너들은 그에게 설계를 조금씩 개선하여 기차, 선박, 발전기에 사용되는 증기기관에서 수십 년 동안 거의 해결하지 못한 효율 문제를 해결하도록 격려했다. 그러나 장치를 가지고 만지작거리는 파슨스의 타고 난 습관은 단순히 부유한 초보자가 심심풀이로 건드리는 수준이 아니었다. 그는 완전히 새로 생각한 터빈을 가지고 제임스 와트의 독창적 설계를 뛰어넘고 싶었다.

이전에 증기 터빈 설계 이론을 생각한 사람들과 마찬가지로, 파슨스 역시 압축된 증기 동력을 왕복운동이라는 중간 단계를 거치지 않고 직접 원 운동으로 바꾸는 방법에 크게 두 가지가 있음을 알고 있었다. 증기가 로켓의 배기가스처럼 폭발적으로 분사되는 힘을 이용하거나, 증기 구동 풍차처럼 일련의 날개 달린 바퀴들을 증기가 빠른 속도로 통과하게 하는 방법이었다.

첫 번째 방법은 기원후 1세기에 알렉산드리아의 헤론 Ἥρων이 만들고 '아이올루스의 공'이라는 이름을 붙인 작은 기계에서 살펴볼 수 있다. 이는 증기 동력으로 회전하는 찻주전자와 비슷하나. 헤론은 속이 빈 이 공에 물을 채운 다음 회전할 수 있도록 축에 걸쳐 놓았다. 공에는 세 개의 관이 달려 있었다. 공 아래에서 불을 지펴 그 안의 물을 가열했고, 증기로 변한 물이 공에 달린 관을 통해 분출하면서 공이 회전했다. 대기압을 극복하고 쏟아져 나와 공을 회전시키는 데 필요한 정도의 저압 증기를 사용했으므로, 유용하게 쓰일 만큼 충분한 동력은 내지 못했다. 아마도 고기를 굽는 쇠꼬챙이 정도는 돌릴 수 있었을 것이다.

헤론이 만든 아이올루스의 공. 기원후 1세기에 만들어진 이 장치는 증기를 이용하여 직접 회전 운동을 만들어낸 최초 사례로 알려져 있다.

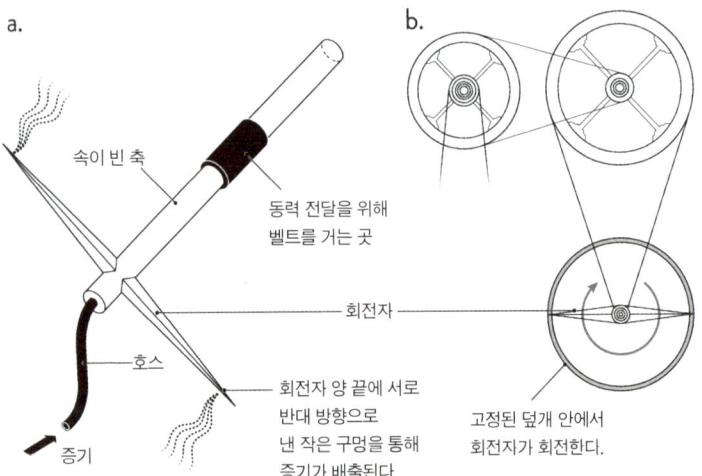

19세기 초 윌리엄 에이버리는 증기로 구동하는 둥근톱을 설계했다. 톱날은 이 그림에는 없지만 속이 빈 축에 부착되어 있었다. 축 끝에는 회전자를 붙였다. (a) 속이 빈 축을 통해 증기를 공급하면 회전자에 있는 작은 구멍으로 증기가 분출되었고, (b) 그러면 아이올루스의 공처럼 축이 회전했다.

엔진 축을 구동할 정도의 회전력을 얻으려면 증기압이 몇 배는 더 높아야 하며, 관을 막아 두었다가 필요한 크기의 압력에 다다랐을 때 고압으로 분출해야 한다. 아이올루스의 공이 대영제국의 실업가들이 원하는 바를 조금이라도 충족해 주려면 대기압의 일곱 배에 해당하는 압력의 증기를 분출할 필요가 있었다. 그러자면 최고로 강력한 태풍보다 몇 배는 더 빠른 시속 2000킬로미터에 가까운 속도로 증기를 분출해야 하는데, 그러면 공은 파열될 것이다. 이 문제는 19세기 초 윌리엄 에이버리William Avery가 설계한 동력톱에서 잘 드러난다.[10] 그는 뉴욕시의 어느 제재소에서 쓸 둥근톱을 만들기 위해 속이 빈 긴 축에다 원형 톱날을 붙였고, 이 축을 증기 동력으로 돌리기 위해 축 반대쪽 끝에 1.5미터 길이의 관을 달고 관 양끝에 작은 구멍을 뚫었다. 속이 빈 축을 통해 증기를 공급하면 축에 직각으로 달린 관 끝 구멍으로부터 증기가 흘러나오면서 마치 아이올루스의 공처럼 축을 회전시켰다. 그러나 회전 속도가 너무나 빨라 축을 받치는 베어링 안의 윤활유가 탔고, 톱날이 산산조각 나면서 파편이 산탄총 총알처럼 3개 층을 뚫고 날아갔다. 다행히도 다친 사람은 아무도 없었다.

증기로 물레바퀴를 구동하는 두 번째 방법은 역사적으로 더 나은 결과를 얻지 못했다. 이 장치 중 기록으로 남은 최초는 1629년 이탈리아의 공학자 조반니 브랑카Giovanni Branca가 구상한 것이다. 그는 물레바퀴 날개에 증기를 분출하는 인간 머리 모양의 거대한 보일러를 제안했다. 공학자들이 브랑카의 구상대로 장치를 만들었는데, 물레바퀴가 너무나 빨리 회전하며 망가졌을 뿐 아니라 뿜어내는 증기가 금속제 날개를 뚫기도 했다. 증기력을 직접 원 운동으

1629년 조반니 브랑카가 구상한 증기 구동 장치. 주전자 안에서 생성된 증기가 인물상의 입을 통해 분출되었다. 이 증기가 물레바퀴를 돌리면 물레바퀴 축에 달린 톱니바퀴가 회전하며 절굿공이를 움직였다.

로 전환하는 데는 애초부터 하나의 문제가 따르는 것처럼 보였다. 바로 유용한 작업을 할 만큼 증기의 힘이 강해야 하지만, 기계 장치의 재료가 그 힘의 끊임없는 압력을 견뎌야 한다는 점이었다.

어느 쪽 손도 들어줄 수 없는 이 시나리오를 타개하기 위해 파슨스는 다음과 같은 해법을 도출해냈다. 그는 회전을 다스리고 또 고속에서 증기가 금속을 절단하는 작용을 피할 수 있으려면 증기의 유속을 늦춰야 한다는 것을 알았다.[11] 이 문제에 대해 파슨스는 자신의 뛰어난 특징인 집중력을 활용했다.[12] 그의 아내는 이렇게 말했다. "파슨스가 문제에 몰두하면 그 무엇도 그를 방해하지 못했다. 소음도, 불편함도, 시간도, 식사도. 그는 그 모든 것을 전혀 인식하지 못했다."

 실제로 파슨스는 해법의 냄새를 맡으면 24시간이나 심지어 36시간까지 쉬지 않고 내리 연구했다. 그렇게 밤늦게 서재에 앉아 있다가 이따금 멍하니 곁에 있는 자신의 코카투에게 설탕 덩어리를 먹였다. 낮이면 자신의 기계 작업장 주위를 흐리멍덩한 눈빛으로 돌아다녔다. 한번은 정신이 팔린 나머지 윤활유가 든 통 안에 발을 디뎠고, 또 한번은 90센티미터 높이의 플랫폼에서 뒤로 물러나다가 떨어지며 기계 모서리에 부딪혀 갈비뼈가 부러질 뻔했다. 그렇지만 이렇게 깊게 몰입한 덕분에 획기적인 설계를 해낼 수 있었다. 파슨스는 이전에 기계를 망가뜨린 높은 속도는 고압 증기를 공기 중으로 직접 배출했기 때문에 발생했다는 것을 깨달았다. 그 때문에 증기가 태풍 같은 속도로 쏟아나간 것이었다. 그는 여러 단계에 걸쳐 압력을 떨어뜨리되, 압력이 한 번에 너무 크게 떨어지는 단계가 없도록 하면 증기 유속을 줄이면서도 최종적으로 그 에너지를 모두 끌어낼 수 있다고 판단했다.

 원리는 간단했지만 그 실현은 쉽지 않았다. 파슨스는 증기 압력을 천천히 떨어뜨리려면 몇 단계를 거쳐야 하는지, 증기압에 의힌 회전 속도는 얼마나 되는지, 강철이 절단되지 않을 만큼 증기 유속이 충분히 느린지 등 자신의 설계를 구현할 때의 실제적 문제점을 "거의 무한히 복잡하다"는 말로 묘사했다.[13] 그리고 이처럼 무한히 복잡한 문제를 헤쳐나가기 위해 스스로 "물리학자들의 데이터"라 부른 것으로 눈길을 돌렸다.[14] 그의 공학적 해법을 재현하기란 과학의 도움 없이는 불가능할 것이었다.

 파슨스의 연구 이전 30년 동안, 에너지와 그 변환에 관한 연구인 열역학 분야는 두 명의 과학자 덕분에 꽃을 피웠다. 모두 남달리 깊이 파고들어 연구하는 과학사학자 말고는 누구도 기억하지 않는 인물인데, 재미있는 특징은 연구에서도 성격에서도 서로 매우 대조적이라는 점이다.

그 첫째는 프랑스의 과학자 앙리빅토르 레뇨Henri-Victor Regnault인데, 그 시대에서는 너무나 유명한 인물이었다. 구스타브 에펠이 에펠탑에서 기념할 프랑스인 과학자 72인 중 한 사람으로 선정할 정도였다. 참을성 있고 주의 깊은 레뇨는 증기의 성질을 기록하는 데 거의 30년을 보냈고, 그 내용을 총 3200페이지에 달하는 세 권의 책에 담았다. 그는 독창적인 장치와 계기를 고안하여 섭씨 -34도부터 230도까지의 온도에서 증기에 포함된 에너지, 부피, 그리고 그 온도에서 증기를 액체 상태로 또 액체 상태의 물을 증기로 바꾸는 데 필요한 에너지를 측정했다. 그가 사망하자 과학계는 "갖가지 상수 모음을 현대 물리학자와 화학자에게 남기겠다는 일념"을 확고하게 실행에 옮긴 레뇨를 기리면서, 그의 자료는 "연구 실험실뿐 아니라 매우 다양한 산업에서 일상적으로 사용된다"고 밝혔다.[15] 증기에 대한 레뇨의 데이터는 파슨스가 증기 터빈을 설계하는 데 필수적이었지만, 그의 데이터를 완전히 활용하자면 증기 부문에서 과학이 이룬 이론적 발전을 활용할 필요가 있었다.

파슨스가 눈을 돌린 두 번째 과학 자원은 윌리엄 존 매퀸 랭킨William Jhon Macquorn Rankine이라는 스코틀랜드 과학자로, 열역학의 창시자 중 한 명이었다. 레뇨와는 달리 랭킨은 주의 깊고 성실한 쪽과는 완전히 담을 쌓은 사람이었다. 그는 타고난 공연자로, 영국에서 가장 중요한 과학 모임인 영국과학협회에 그가 나타나면 논문을 발표할 가능성과 노래를 부를 가능성이 반반일 정도였다. 레뇨가 연구를 시작하고 10년 정도 뒤 랭킨의 책상에서 과학 논문이 쏟아져 나오기 시작했는데, 어느 과학사학자는 이를 두고 "진정한 쓰나미"라고 말했다.[16] 이 논문들은 열역학의 기초를 놓았다. 지금은 잊힌, 오늘날 우리라면 초기 원자 이론이라고 받아들일 만한 특유의 "분자 소용돌이 가설"을 바탕으로 전개되는 때가 많았다. 하지만 그의 연구는 공학자에게 열역학적 특성을 이용하여 계산하는 방법을 보여주었다. 그가 쓴 교재는 19세기 후반부뿐 아니라 20세기 초까지도 대학 공학 수업의 표준 교재였다.

파슨스에게 필요한 것은 랭킨이 복잡한 소용돌이 이론보다 훨씬 더 간단한 현상에 관해 1870년 발표한 논문으로, 레뇨의 데이터를 활용하여 노즐에서 분출되는 증기의 속도를 계산하는 법이었다. 파슨스는 이것을 레뇨의 증기표와 조합하면 성공적인 증기 터빈을 만들어 낼 수 있을 것임을 알았다.[17]

파슨스는 이와 같은 데이터를 활용하여, 증기가 축을 따라 일련의 날개바퀴를 통과하면서 속도와 회전을 늦추는 장치를 설계하기로 했다.[18] 파슨스는 레뇨의 증기 데이터와 랭키의 계산법을 길잡이 삼아(확실한 경험칙!) 모든 단계에서 증기의 속도를 추정할 수 있었다. 그는 터빈을 통해 압력을 적당히 떨어뜨리려면 날개를 단 바퀴 30개가 필요하며, 실린더 안에 기다란 축을 따라 일렬로 배치해야 한다는 것을 알아냈다. 파슨스는 대기압의 3배 정도 되는 증기를 실린더 한쪽으로 분사해 넣었다. 증기는 실린더 안에서 첫 번째 날개바퀴를 때려 회전시킴으로써 축을 돌렸다. 날개를 통과할 때 증기의 압력은 조금밖에 떨어지지 않았고, 따라서 속도는 시속 440킬

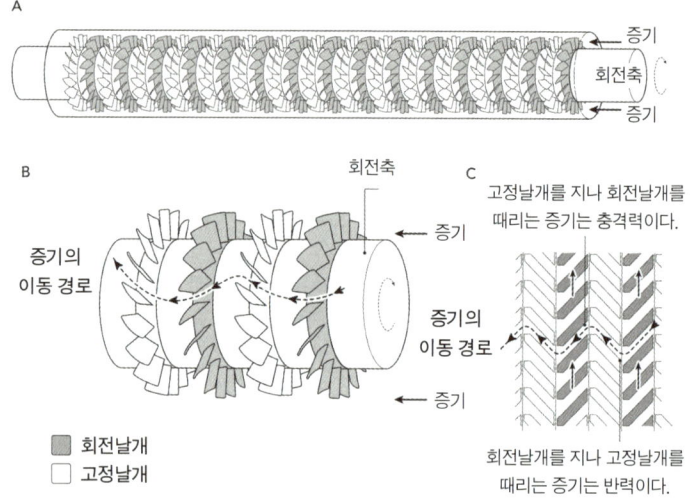

제대로 동작하는 최초의 증기 터빈을 만들기 위해 찰스 파슨스는 날개를 단 바퀴 30개를 하나의 축을 따라 배치했다(그림 A). 바퀴마다 증기가 팽창하며 터빈의 축을 돌린다. 30개의 날개바퀴에서 증기가 단계적으로 팽창하면서 아이올루스의 공이나 브랑카의 물레바퀴 같은 장치를 망가뜨린 엄청난 속도를 피했다. 파슨스의 터빈에 들어 있는 30개의 날개바퀴 중 15개는 축에 부착되어 축과 함께 회전했다. 나머지 15개는 고정되어 있었는데, 이 그림에서는 보이지 않는 터빈 덮개에 부착되었다. 증기는 회전날개에 부딪쳐 축을 돌린 다음 고정날개를 통과했고, 고정날개는 증기의 흐름을 바꾸어 그다음에 있는 회전날개를 때리게 했다(그림 B). 증기는 그림 C처럼 회전날개에 충돌할 때는 (증기로 구동하는 브랑카의 물레바퀴처럼) 충격력을 가했고, 회전날개를 지난 증기가 고정날개를 때릴 때는 (아이올루스의 공처럼) 반력이 가해지며 회전날개를 돌렸다.

로미터 정도였다.

이어 증기는 실린더 덮개에 고정되어 회전하지 않는 날개바퀴를 통과했다. 이 두 번째 날개바퀴는 날개 각도를 첫째 날개바퀴의 날개와는 반대 방향으로 맞춘 것이었다. 증기압은 두 번째 날개바퀴를 통과하며 다시 5퍼센트 정도 떨어졌다. 이 고정 날개바퀴는 증기를 다시 세 번째 날개바퀴로 향하도록 유도했다. 세 번째 날개바퀴는 날개 방향은 첫 번째 날개바퀴와 같지만, 증기가 팽창했으므로 날개 사이의 공간이 커지도록 각도를 바꾸었다. 날개 사이의 공간 크기는 레뇨와 랭키의 연구를 바탕으로 계산했다. 나머지 회전 날개바퀴와 고정 날개바퀴 역시 제각기 앞 단계에서 팽창한 증기를 받아들이며 다른 바퀴와 똑같은 속도로 축을 돌리도록 설계되었다. 증기는 이렇게 모든 바퀴를 계속 통과한 다음 방출됐다. 만일 그 이전 몇 세기 동안 다른 사람들이 시도한 것처럼 터빈 안의 증기가 개방된 대기로 직접 분출되었다면 분당 30만 회라는 무시무시한 속도로 회전하면서 스스로 망가졌을 것이다. 그러나 파슨스가 주의 깊게 과학적으로 계산한 일련의 단계를 통과하면서 그 힘이 통제되었다. 그의 시작품에서는 분당 1만 8000회전이라는, 다룰 수 있을 만한 속도가 되었다. 그 결과 제대로 동작하는 세계 최초의 터빈이 탄생했다.

파슨스가 과학 지식을 활용한 부분을 조명한 이유는 그저 과학 지식을 적용한 것만으로 모든 일이 해결되었다는 뜻에서가 아니다. 애초에 터빈을 만드는 방법을 밝혀내는 특별한 과학 데이터나 이론은 없었다. 대리석 덩어리 안에 들어 있었던 미켈란젤로의 〈다비드〉를 생각하면 이해하기 쉽다. 과학적 방법을 적용하여 수집한 증기 특성 자료 자체의 숫자 사이에는 터빈 설계가 될 만한 것이 남겨져 있지 않았다. 증기 동력을 직접 원 운동으로 바꾸려 시도한 200명 남짓한 공학자가 레뇨의 데이터와 랭키의 계산법을 활용하지 않았다고 해서 공학자로서 수준이 떨어지는 것은 아니다. 다만 그들은 공학자로서 과학을 강력한 도구로 활용할 수많은 기회 중 하나를 인식하는 데 실패했다. 파슨스는 대학 교육을 통해 과학과 수학이 몸에 밴 일류 공학자였기 때문에 자신의 공학에서 과학을 활용하는 법을 알았다. 우리는 지금 공학자를 바로 그런 방식으로 양성한다.

터빈에서 회전자와 날개의 크기나 구성을 비롯해 그 나머지 모든 설계 변수의 가짓수는 천문학적으로 방대하다. 따라서 가능성의 범위를 좁힐 방법이 없었으므로 파슨스 이전 사람들은 갈피를 잡지 못했다. 파슨스는 과학 지식의 도움을 받아, 성공하지 못할 것들은 배제하고 가능성이 있는 것들로 좁히면서 해법으로 나아가는 길을 단축했다. 이를 두고 파슨스는 방대한 선택 범위를 "정확한 관측과 표로 정리한 사실들"로 길들였다고 말했다.[19] 그는 자신의 터빈 내 증기 속도를 계산하여 자신의 기계가 제대로 동작할 가능성이 있다는 확신을 얻었고, 그것을 바탕으로 회전자 개수와 지름과 날개 크기를 정했다. 파슨스는 다음과 같이 의미심장하게 말했다. "이 엔진의 실제적 개발은 이처럼 주로 물리학자들의 데이터를 기반으로 시작되었다."[20] 과학 지식에서 가져온 믿을 만한 발견법을 통해 무익한 경로를 배제하고, 시행착오를 통해 제대로 동작하는 선박용 터빈으로 이어질 경로에 올라섰다.

이것이 과학과 공학의 관계이다. 과학적 방식과 지식이 금으로 도금된 A등급 최상급 경험칙을 안겨준다. 그저 관찰이나 장기간의 시행착오로만 얻어내는 경험칙보다 더 잘 통하면서 해법을 찾아내는 시간을 줄여주는 경험칙이다.

10년을 들여 꼼꼼하게 개발을 마쳤을 때, 파슨스는 자신의 터빈에 관심이 있는 사람이 거의 없다는 사실에 충격을 받았다. 그가 왕립조선학회에서 한 발표가 실패하고 3개월이 지난 뒤, 영국 정부는 빅토리아 여왕 즉위 60주년을 기념하는 해상 볼거리를 준비했다. 정부는 전함과 구축함, 순양함, 포함, 어뢰함 165척을 영국 본토와 와이트섬 사이에 있는 길이 8킬로미터, 너비 3.2킬로미터 크기의 솔런트 해협에 빽빽하게 모아 넣었다. 3만 8000명의 장교와 수병이 가동하는 이 전함들은 대영제국의 무력을 가시적으로 보여주었다. 한 신문은 영국 해군을 두고 "제국의 심장을 보호하는, 우리 섬들의 살아 있는 방파제"라고 선언했다.[21] 이 화려한 관함식 행사에 부유층과 권력층은 특별히 마련된 큐나드의 거대한 왕립 우편 증기선 캄파니아호, 그리고 타이태닉호의 전신인 화이트스타의 튜터닉호를 타고 참관했다. 승객들은 파란색 정복 재킷 차림의 수병들과 진홍빛 코트 차림의 해병들이 전함 위에서 벌이는 무술 시범을 갑판에서 구경했다. 그러는 동안 취주악단의 선율이 함선에서 흘러나왔고, 간간이 집합 나팔 소리도 들려왔다. 신호포 소리가 웨일스 공의 등장을 알리자 군함에 탄 민간인 손님들은 자신의 선실로 급히 달려가고, 수병과 장교들은 브리지와 포탑, 뱃전 등 자신의 위치로 재빠르게 움직였다.

웨일스 공이 탄 빅토리아앤앨버트호가 40킬로미터에 이르는 함대 사열을 시작하자, 파슨스의 터비니아호가 부드럽게 가속하여 행렬에 가담했다. 이때 튜터닉호에 잠깐 들러 화이트스타의 창업자 토머스 이즈메이와 그의 아들 브루스 이즈메이를 태웠다. 참고로 브루스는 나중에 침몰하는 타이태닉호의 생존자가 된다. 두 사람 모두 파슨스의 새 "선풍"을 타보고 싶었다. 선풍은 비교적 열성적인 소문에서 터비니아호를 묘사한 이름이었다.[22] 화려한 튜터닉호를 벗어나 장식이라고는 찾아볼 수 없는 터비니아호에 오른 이즈메이 부자는 중산모와 벨벳 옷깃이 달린 외투를 벗고 방수 모자와 작업복으로 갈아입었다. 터비니아호의 휑한 갑판은 검은색 철판으로 되어 있고, 파도와 바람을 피할 만한 곳은 빙 둘러 창이 배치된 곡선형 칸막이뿐이었다. 그러나 그곳은 조종사를 위한 자리였다. 갑판 의자가 보이지 않자 이즈메이 부자는 이 칸막이 앞쪽으로 나와서 가느다란 난간을 붙잡았다. 터비니아호는 해군 함정 파워풀호의 고물 뒤에 숨었다. 파워풀호는 세계 최대의 순양함으로, 터비니아호보다 300배 정도 더 컸다.

웨일스 공의 요트가 파워풀호를 지날 때, 터비니아호는 행동을 개시했다. 파슨스는 터빈 엔진 회전 속도를 높이고 전함 대열을 가로질러 왕실 요트의 뒤를 따랐다. 경비정들이 터비니아호에 달려들어 솔런트 해협 내 관람선들을 위해 마련된 구역으로 밀어붙이려 했으나, 터비니아호의 경계원이 선장에게 경계 신호를 보냈고 선장은 기관 지령기 손잡이를 '전속'으로 꺾었다. 파슨스는 기관실에서 터빈을 가속했다. 급박하게 움직이는 듯한 나지막한 소리가 배의 굴뚝에서 강력하게 울려나와 솔런트 해협 전체에 메아리쳤고, 배의 굴뚝이 기다란 불꽃을 내뿜었다. 굴뚝에 칠한 페인트에 기포가 생기고 뜨거운 잿가루가 승무원들의 머리 위로 비처럼 쏟아졌다. 배의 터빈은 28초만에 최대 출력인 2100마력에 다다랐고, 이로써 터비니아호는 같은 크기의 다른 어떤 선박보다도 4배 더 강력하게 구동하는 배가 되었다. 배의 이물이 들려 올라가며 녹빛이 감도는 푸른 바닷물이 갑판 위로 질펀하게 떨어져, 이제 바람을 견디려고 몸을 수그린 이즈메이 부자를 향해 쓸려갔다. 배 뒤를 따라 생기던 매끈한 항적은 작디작은 배가 35노트라는 놀라운 속도로 급가속하자 소용돌이치는 하얀 거품 덩어리로 변했다. 이것을 지켜본 어떤 이는 배가 "마법에 걸린 괴물처럼 바다를 가르고 지나갔다"고 회상했다.[23] 경비정 한 척이 터비니아호의 진로를 바꾸기 위해 돌진했지만, 터비니아호가 화살 같은 속도로 너무나 가까이 다가왔다. 경비정의 부정장은 충돌을 피할 수 없다고 생각했고, 배가 부서지면 헤엄을 칠 수 있도록 자신의 검 버클을 풀었다. 나머지 경비정들도 뒤를 쫓았지만 모두 터비니아호보다 적어도 15노트는 느렸다. 결국 어느 경비정이 그들의 앞을 어찌어찌 막았고, 터비니아호는 속도를 줄인 다음 튜터닉호로 돌아가, 깊은 감명에 사로잡힌 이즈메이 부자를 내려주었다.

파슨스의 배는 이 기행으로 막대한 홍보 효과를 누렸다. 《타임스》는 이를 두고 "대담하고 무법적이자 효과적인 광고"라 불렀다. 그러나 사실 해군부로부터 사전에 승인받았기 때문에 그의 기행은 그다지 무법적이라 할 수 없었다. 터비니아호가 나들이를 시작하기 직전 경비정 한 척이 다가와 터비니아호가 그 대단한 속력을 시연하는 것을 허락한다는 전언을 남긴 것이다.[24] 해군 관함식 행사에서 터비니아호가 무모한 시범을 선보인 지 10년 뒤, 파슨스의 터빈은 선박 추진 분야를 지배했다. 영국 해군이 구축함과 3000톤 규모 함선인 순양함 애머시스트호를 이용하여 실시한 터빈 시험이 너무나 순조로웠던 나머지 그들은 1만 8410톤 규모의 위용을 자랑하는 드레드노트호와 그 이후의 모든 함선에 그의 엔진을 채택했다. 또 화이트스타와 큐나드가 파슨스의 터빈을 채택하면서 쾌속 여객 서비스에서 왕복 증기기관을 밀어냈다. 화이트스타는 대체로 그의 터빈을 타이태닉호에서처럼 왕복 엔진을 보강하는 용도로 여러 대 사용했지만, 당시 크기와 힘에서 전례가 없던 루시타니아호와 마우레타니아호 등 큐나드의 배 두 척은 전적으로 파슨스의 엔진에만 의존했다.

파슨스의 터빈은 지금도 우리 삶에 영향을 주고 있다. 선박 추진에서 그의 터빈은 핵 잠수함 안에서 계속 살아 있다. 핵 잠수함에서는 화석 연료 연소가스 배출 없이 조용히 작동하며, 핵 반응로로 물을 가열하기만 하면 되기 때문에 사실상 무제한 연료를 사용할 수 있다. 더욱 근본적으로, 파슨스의 터빈은 후대에서 증기 동력으로 전 세계의 전기를 계속 생산하면서 지구상 거의 모든 인간의 일상생활을 뒷받침하고 있다. 천연가스와 석탄 등 화석 연료나 핵반응을 통해 물을 끓여 만든 증기는 폭발적으로 터빈을 통과하며 우리 가정에서 쓰는 전기를 만든다. 파슨스의 증기기관은 과학이 공학과 무슨 관계에 있는지를 완벽하게 보여준다.

<u>과학은 최고의 경험칙을 만들고,
공학은 그것을 적용하여 세계를 바꾼다.</u>

그의 연구는 또 공학을 '응용과학'이라 부르면 공학의 창의성이 가려진다는 것을 보여준다. 과학자가 일단 증기의 특성을 묘사하고 나면 가장 힘든 부분은 끝났다고 암시함으로써, 파슨스의 혁신적 연구를 무색하게 만들어 버리는 것이다. 그리고 도구와 방법을 구분하지 못하는 것은 불명료하기 그지없는 사고이다. 목공은 '응용 망치질'이며 작곡은 '응용 음높이'라거나, 책 쓰는 일을 '응용 글자

쓰기'라고 말하는 것과 비슷하다.

다음 장에서는 공학의 본질에 관한 또 다른 통념을 다루고자 한다. 그것은 공학의 본질은 수학이라는, 그것도 물론 응용 수학이라는 통념이다.

7장

공학자가 미래를 내다보는 방법

시카고의 유명한 스카이라인은 수많은 초고층 건물로 감탄을 자아낸다. 가장 두드러지는 건물은 세계에서 손꼽히게 높은 건물 중 하나인 윌리스 타워다. 땅에서 올려다보면 어지럽지만 근처 오헤어 공항에 착륙하는 제트 여객기에서 바라보면 장관을 이루며, 전망대로서도 매우 즐거운 곳이다. 하지만 대부분의 사람은 이 건물이 그냥 더 높기만 할 뿐 여느 건물과 똑같다고 생각한다. 그러나 공학자가 볼 때 윌리스 타워 같은 초고층 건물은 뭔가 완전히 다른 건물이다. 바로 비용과 바람의 균형을 절묘하게 잡은 결과물이라는 것.[1]

건물은 높아질수록 바람에 더 잘 휜다. 이 원리를 쉽게 이해하려면 초고층 건물을 다이빙대라고 생각하면 된다. 다이빙대 끝에 서면 다이빙대가 몸무게 때문에 휜다. 다이빙대를 더 길게 만들면 같은 몸무게일 때 더 두껍게 만들지 않는 이상 더 많이 휜다. 초고층 건물도 이와 똑같다. 높을수록 바람에 견디려면 더 강해야 하는 것이다. 그리고 여기서부터 돈이 개입되기 시작한다. 건물이 높아지면 필요한 자재 양은 높이가 높아지는 비율보다 더 큰 비율로 많아지고, 따라서 비용도 단계적으로 올라간다. 적어도 전통적인 방법에서는 그렇다. 그래서 초고층 건물을 설계하기 위해 공학자는 필요한 최소한의 자재 양을 알아야 한다. 또는 그 역으로, 건물에 불어닥칠 가장 강한 바람을 알아야 한다. 이를 위해 공학자는 경험칙을 활용한다. 50년에 한 번 확률로 부는 가장 강한 바람에는 손상을 입지 않고 100년에 한 번 확률의 가장 강한 바람에는 사소한 손상만 입을 건물을 설계하는 것이다.

이 지침의 결과물은 직접 관찰할 수 있다. 바람이 많은 날 윌리스 타워 꼭대기 층에 서서 눈을 감으면 건물이 흔들리는 것을 느낄 수 있다. 여느 초고층 건물과 마찬가지로 윌리스 타워는 바람에 버틸 딱 그만큼의, 예측할 수 없는 자연의 힘이 닿아도 이겨낼 딱 그만큼의 강철을 사용하여 지었다. 공학자는 이런 바람의 속도를 알아내기 위해 미국토목학회가 펴낸 『건물과 그 밖의 구조물을 위한 최소 설계 하중 및 관련 기준Minimum Design Loads and Associated Criteria for Buildings and Other Structures』이라는 소책자를 들춰, 지역별로 '50년'과 '100년 바람'을 표시한 지도를 살핀다. 최고 풍속을 공학적으로 간략하게 표시한 책이다. 이 규칙이 간단하다 못해 단순하다는 점, 그리고 그저 지도를 읽기만 하면 되므로 사용하기 쉽다는 점 때문에 그 핵심에 있는 비밀 한 가지가 눈에 잘 띄지 않는다. 그렇게 간과하고 지나치는 것은 바로 어구 하나로, '가능성이 높은 바람'을 표시하고 있다는 사실이다. 다시 말해 공학자는 건물을 지을 때 미래를 예측하기만 하면 된다는 뜻이다.

가능성이 높은 최고 풍속을 표시한 이런 지도는 얼핏 간단하게 만들 수 있을 것처럼 보인다. 우선 지난 100년 동안의 풍속 자료 기록을 연구한다. 아마도 일일 최고 풍속 측정치를 찾아내고, 다음에는 그중 최고 풍속을 100년 최고 풍속으로 삼고, 지난 50년 동안의 최고 풍속을 50년 최고 풍속으로 삼으면 될 것이다. 그렇지만 공학

문제가 모두 그렇듯이 불완전한 정보와 불확실성이 끼어든다. 윌리스 타워는 총 40년 치 데이터만을 바탕으로 설계되었다. 오늘날 초고층 건물을 지을 때 일반적으로 사용되는 데이터 양이며, 시카고 시내 지상 9미터 높이에서 측정한 풍속으로서 그 위쪽 대기의 측정치는 고려에 들어가지 않았다. 공학자로서 100년 데이터가 있으면 얼마나 좋으랴만, 제한적인 풍속 자료밖에 없는 것이 현실이다. 이 제약 조건을 극복하고, 예컨대 30년이나 40년 치밖에 없는 빈약한 데이터를 활용해 어떻게 50년과 100년 바람을 예측할 것인가? 공학자는 이 질문에 대한 답을 얻기 위해 '자신의 경험칙에 대한 경험칙'을 개발했다.

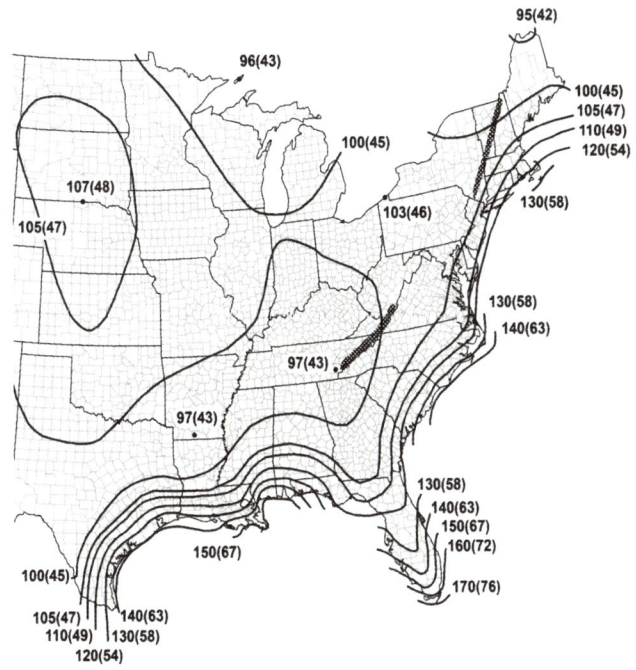

지도의 등풍속선에 표시된 숫자는 50년 풍속을 시속 마일(초속 미터)로 표시한 것이다.

미래를 예측하는 경험칙은 '위험 평가'로 분류된다. 위험 평가는 재앙급 사건을 예측하는 방법론을 가리키는 따분한 용어로, 대홍수, 기록적 강설, 강풍 등이 일어날 가능성을 추정하고 특정 고속도로 설계로 인한 사망자 수를 평가하거나 사용 후 핵 물질이 저장소 용기에서 누출될 가능성을 산정하는 학문을 말한다. 위험 평가 규칙은 수학과 공학의 관계를 잘 보여준다.

<u>수학은 과학처럼 공학자에게 뛰어난 경험칙을 가져다 주지만, 거기에는 반전이 있다. 바로 공학자는 수학으로 미래를 예측할 수 있다는 것이다. 수학의 확률과 통계를 동원하여 대담하기 그지없는 공학 경험칙을 만든다.</u>

위험 평가에 사용되는 방법은 강화된 경험칙이다. 공학자가 한정된 정보를 가지고 안전한 댐, 건물, 고속도로, 핵 저장 시설을 설계하기 위해 활용하는 경험칙 안에는 수 세기 동안에 걸쳐 개발된 끝에 세련된 형태를 갖춘 수학적 얼개가 간결하게 갈무리되어 있다. 50년과 100년 사이에 일어날 '가능성이 높은' 바람을 예측하기 위한 경험칙은 점이나 징조나 점성술로 미래를 예측하는 방식에서 벗어난다. 이는 관측과 데이터를 종합해 위험을 평가하여 최고의 짐작을 끌어내려는 노력에서 비롯된 1000년 동안의 생각 끝에 등장한다.

불확실한 미래에 수치를 매기려면 ◉

최초로 위험 평가를 실행한 인물들은 기원전 3200년 티그리스-유프라테스 계곡에서 살았다. 이들은 '아시푸'라 불린 비밀주의 컬트로, 때때로 '사제'나 '퇴마사', '의사'라는 의미가 함축된 '마술사'로 번역되곤 한다. 그러나 실제로는 정확한 번역이 불가능하다. 이들의 또 다른 역할은 '점쟁이'로 칭할 수 있을 것이다. 아시푸는 누군가의 미래를 예언하고자 할 때 세밀한 조사를 실시했다. 대상자의 피부를 만져 온도를 재고, 피부 가까이의 혈관 배열과 색을 살펴보았다. 임신부인 경우 이런 혈관을 보면 산통 정도와 아이의 성별을, 환자인 경우 병을 앓는 기간과 나아가 그 병으로 사망할지 여부도 미리 알 수 있었다.

여러 세기를 지나는 동안 아시푸의 활동은 위험 관리의 초기 형태로 진화했는데, 원칙적으로 공학자가 미래의 바람 세기를 예측하는 방식과 다르지 않았다. 단순히 점을 치는 데서 벗어나 일어날 수 있는 갖가지 미래에 관한 자료를 수집한 다음, 각각의 미래가 실현될 가능성을 평가해 그 결과에 유불리를 매기는 방식이었다. 이들은 신중한 계획자로서 왕을 뒷받침하는 귀중한 신하가 되었다. 신아시리아 제국의 기세 높은 왕 에사르하돈은 이집트를 침공할 때 전투 계획과 일어날 수 있는 결과를 평가하기 위해 9명의 아시푸를 데리고 갔다. 또 에사르하돈은 신들이 우주를 창조했으니 현자는 그 징조를 읽을 수 있다고 믿으며 점성술사 7명, 점술사 5명, 만가 주술사 6명, 조류 점술사 3명도 대동했다. 그렇지만 위험 산정을 위한 합리적 방법의 씨앗은 뿌려졌다. 바로 관측을 통해 자료를 수집한다는, 결정적으로 중요한 생각이다. 이는 오늘날 풍속을 예측하기 위해 30년이나 40년 치 바람 자료에서 실마리를 찾는 공학자에게서 보게 되는 발상이다. 이런 식의 꼼꼼한 자료 수집에 강력하게 힘을 실어주고 점성술이나 점술, 찻잎 점을 점차 변방으로 밀어낸 획기적인 계기는 바로 어떤 사건이 일어날 가능성에 수치를 매기는 것, 즉 수학적 확률의 발달이었다.

확률에 관한 세련된 발상은 17세기 프랑스 최고의 철학자와 루이 14세의 궁정에 속한 어느 신하의 우연한 만남에서 비롯되었다. 왕의 신하이며 '메레의 기사'라고도 불린 앙투안 공보는 특유의 매력으로 파리의 사교계 인사들을 너무나 매료시킨 까닭에 파리의 모든 살롱으로부터 왕림을 요구받아 지칠 지경까지 이른 인물이었다. 공보는 조용한 명상으로 기운을 되찾기 위해 두 달에 한 번씩 자신의 고향인 푸아투를 찾아가 대서양의 그림 같은 해안선 옆에 앉았다. 한번은 친구인 로아네즈 공작이 동행했다. 재능 있는 아마추어 수학자인 공작은 손님 한 사람을 더 초대했고, 다 함께 마차에 탔다. 공보는 후기에 이렇게 썼다. "공작은 지루함을 달래기 위해 중년 남자 한 사람을 데리고 왔는데, 당시는 거의 알려지지 않았지만 훗날 확실하게 사람들 입에 오르내리게 된 인물이었다. 그는 뛰어난 수학자로서 수학밖에 몰랐다. 이런 학문 이야기는 즐거운 사교적 분위기를 거의 만들지 않는데, 이 사람은 예외였다. 세련된 취향도 정취도 없는 이 사람은 우리가 하는 모든 말에 끼어들었는데, 거의 언제나 우리를 놀라게 했고 종종 웃게까지 만들었다."[2]

이 수학자는 바로 블레즈 파스칼이다. 공보는 그의 희한한 행동에서도 흥미를 느꼈다. 파스칼은 호주머니에서 종이쪽지 다발을 꺼내 다음, 거기서 한 장을 끄집어내 자신의 관찰이나 생각을 적은 뒤 모아두곤 했다. 수학 이야기는 "즐거운 사교적 분위기"를 만들지 못할 거라는 걱정에도, 평소 관심 있던 운에 관한 질문을 파스칼에게 퍼부을 기회가 생긴 공보는 파스칼이 적곤 하는 생각에 관심이 끌렸다.

'인간에게는 자유 의지가 있다'는 명제와 '신은 모든 사건을 예지한다'는 명제를 놓고 씨름하는 이 계몽운동 시대에 운, 운명, 운수라는 주제는 모든 사색가를 매료시켰다. 사색가들은 보이티우스가 쓴 『철학의 위안』을 열렬히 읽곤 했다. 6세기에 출간된 뒤로 베스트셀러가 된 이 책은 당시로는 너무나 대단한 책이라 16세기 말 국왕 엘리자베스 1세가 번역한 것으로 유명하다. 보이티우스가 동로마 제국에 대해 동정적이라는 의심을 받고 동고트족 감옥에 갇혀 있을 때 쓴 이 자전적 책은 운을 설명하기 위해 운명의 바퀴라는 관념을 도입한다. 이 책에서 보이티우스는 감방에서 철학의 여신을 만나는데, 여신은 운명은 아래에 있는 것이 높이 올라가고 위에 있는 것이 아래로 내려오도록 돌아가는 바퀴와 같다고 설명하면서 이렇게 말한다. "올라가고 있어? 좋아! 그렇지만 네가 다시 내려와야 한다 해도 잘못된 건 아니라는 점은 인정해야 해."[3]

삶은 갑작스레 바뀔 수 있고, 기세가 막강하기 그지없는 왕도 하루 만에 곤궁에 빠질 수 있다. 그렇게 운에 대해 논의하던 공보는 15세기 말부터 전해온 수수께끼를 파스칼에게 던졌다. '중단된 운 게임'에 관한 수수께끼였다. '점수'라 불리는 이 게임의 규칙을 살펴보면 다음과 같다. 두 명의 참가자는 각기 판돈을 걸어두고 점수를 따기 위해 경쟁한다. 예컨대 4점을 먼저 따는 사람이 이기는 게임이다. 경쟁은 단순히 동전을 던지는 방식이며, 나오는 면이 앞면인지 뒷면인지에 따라 참가자가 점수를 얻거나 잃었다. 이미 통계와 확률 지식이 흠뻑 스며든 시대를 사는 우리는 이 게임을 아마 따분하게 여기겠지만, 과거 보이티우스가 그런 것처럼 운명의 의미를 두고 씨름하던 시대에는 상당히 매혹적이었다. 한창 게임이 진행되다 갑자기 중단되는 경우라면 특히 더 그랬다. 참가자 중 누군가가 4점을 얻기 전에 게임이 중단되면 판돈을 어떻게 지급해야 할까? 대부분은 16세기 이탈리아 수학자 니콜로 폰타나 타르탈리아가 내놓은 답을 받아들였다. "그런 문제의 해답은 수학적이라기보다 사법적이며, 그래서 어떤 방식으로 나누든 간에 소송의 원인이 남을 것이다."[4] 공보는 파스칼로부터 곧바로 대답을 듣지는 못했지만, 이제 우리가 확률을 현대적으로 활용하는 방식의 초석이 될 씨앗은 뿌려졌다.

이 문제에 매료된 파스칼은 '마지막 정리'로 유명한 수학자 피에르 드 페르마에게 편지를 썼다. 페르마는 수학에 관한 책 한쪽 여백에다 설명을 달고 "나는 이에 대해 진정으로 놀라운 증명을 발견했는데, 이 여백이 너무 좁아 다 적을 수 없다"고 적었다. 그러나 그 정리는 그 뒤로도 358년 동안이나 증명이 이루어지지 못한 것으로 유명하다.[5]

1654년 파스칼은 페르마에게 이렇게 썼다. 유명한 "메레의 기사는 매우 총명하지만 수학자가 아니죠. 아시다시피 그건 매우 중대한 흠입니다."[6] 그 뒤로 주고받은 편지에서 파스칼과 페르마는 점수 게임에서 한 사람은 2점이고 다른 사람은 1점을 딴 상황을 생각했다. 이 상황에서 승리하기 위해서는 참가자 A는 2점을, 참가자 B

는 3점을 더 따야 한다. 파스칼과 페르마는 먼저 파스칼이 유도한 공식의 도움을 받아, 일어날 수 있는 결과를 열거했다. 파스칼은 이렇게 썼다. "조합을 찾아내려면 수고가 너무 많이 듭니다. 확실히 다른 방법을 제가 찾아냈는데, 훨씬 더 빠르고 깔끔한 지름길입니다."[7] 이 중단된 게임에서 참가자 A가 앞이 나올 때 2점을 땄고 참가자 B가 뒤가 나올 때 1점을 땄다고 하자. 게임을 끝내려면 최대 네 번을 더 던져야 하는데 '앞 뒤 뒤 뒤'가 되는 경우였다. 두 사람은 파스칼의 공식(과 상식)을 동원하여 동전을 네 번 더 던지는 경우의 모든 결과를 나열했다.

이렇게 나열된 16가지 미래 중 참가자 A가 이기는 경우는 11차례지만, 참가자 B가 이기는 경우는 다섯 차례였다. 파스칼은 중단

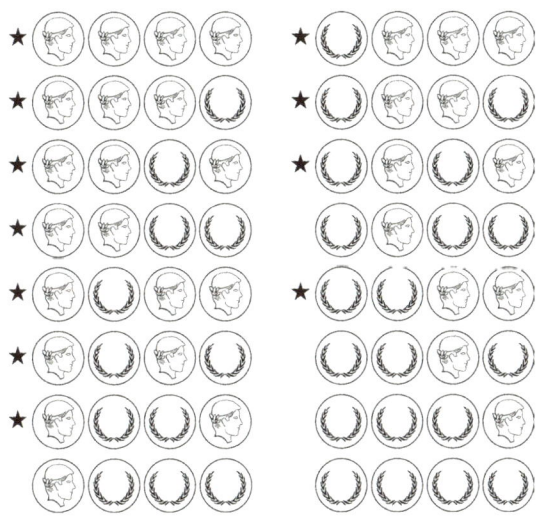

참가자 A가 이미 앞면 두 개로 2점을 따고 참가자 B가 뒷면 하나로 1점을 딴 상태인 점수 게임에서 파스칼과 페르마는 최종 네 차례의 동전 던지기에서 일어날 수 있는 모든 결과를 나열했다. 승자는 4점을 따는 사람이다. 이 그림에서 별 표시는 참가자 A가 이기는 경우를 나타낸다.

된 게임의 판돈을 어떻게 나눌 것인가 하는 핵심 질문에 답하기 위해 이 분석을 적용했고, 그래서 참가자 A는 16분의 11(68.75퍼센트)을, 참가자 B는 16분의 5(31.25퍼센트)를 가져야 한다는 결론을 얻었다.

단순한 동전 던지기 게임을 살펴보기에 조금 과하게 철저한 해법처럼 보이지만, 역시 오늘날을 사는 우리 눈에는 단순해 보인다. 우리는 악천후, 질병, 시장 투기, 선거 결과까지 평가하는 위험 예측 분석을 바탕으로 운영되는 세상에서 살고 있다. 미래에 나쁜 일이 일어날지, 어떤 나쁜 일이 일어날지에 대해 우리가 만들어낼 수 있는 가장 정확한 (우리 마음에 들 수준의 정확도에는 절대 미치지 못하지만) 지식으로 뒷받침되는 경험칙으로 유지되는 완전히 현대적인 사회이다. 파스칼은 그 세계를 만들어내는 데 일조했다. 그는 이처럼 일어날 수 있는 결과 범위에다 확률을 활용해 수치를 매긴다는 혁명적 발상을 떠올림으로써 위험 분석의 초석을 놓았다. 아시푸가 여러 가지 미래를 유불리로 평가한 것을 정교하게 다듬은 것이다. 그러나 아직 파스칼의 연구는 그저 계산 문제일 뿐이었다. 중단된 점수 게임을 다룬 그의 해법에는 문제를 해결한다거나 결정을 내린다거나 물리 세계에다 뭔가를 만드는 등 공학자가 활용할 경험칙으로 발전할 만한 부분은 없었다. 훗날 파스칼은 푸아투로 가는 길에 공보를 즐겁게 해준 그 작은 종이쪽지 다발을 가지고 이 발상을 확장해, 운 게임과 관련된 수수께끼를 넘어 계몽운동의 또 다른 핵심 질문과 관련된 유명한 경험칙을 만들어냈다.

파스칼은 자신의 종이쪽지 메모를 모아『팡세』(생각)라는 대작을 만들었는데, 이 책에서 그는 오늘날에도 유명한 '내기'를 제안했다.[8] 그는 이렇게 썼다. "신은 존재하거나 존재하지 않는다. 우리는 어느 쪽 관점으로 기울어져야 하는가?" 그는 신의 존재 또는 부존재에다 확률을 배정했다. "동전을 던지고 있고 앞면이나 뒷면이 나올 것이다." 그는 확률이 50 대 50일 것이라고 암시했으나, 훗날 신이 존재할 확률은 그보다 적을지도 모른다고 인정했다. 그는 신의 존재를 믿거나 믿지 않을 때 일어날 수 있는 결과에다 실익과 가치를 부여했는데, 이 역시 아시푸의 유불리 평가보다 더 정교한 평가이다.

17세기에 프랑스에 널리 퍼진 그리스도교의 믿음에 따르면, 존재하는 신을 믿으면 죽은 뒤 낙원에서 영원히 살게 되고 믿지 않으면 지옥으로 떨어졌다. 그렇지만 존재하지 않는 신을 믿으면 영원한 보상은 없고 오해에 근거한 종교적 기준에 따라 살도록 강요받을 뿐이었다. 존재하지 않는 신을 믿지 않으면 살면서 한 가지 자유를 더 누리지만, 사후에는 신자와 똑같은 운명을 맞이했다. 아시푸 모델을 따라, 존재하는 신을 믿으면 본질적으로 무한한 궁극의 이익이 주어졌고, 신을 믿지 않으면 무한한 손해가 주어졌다. 신이 존재하지 않는다면 믿음은 한정된 손해를 끼치지만 불신은 한정된 이익을 주었다.

통계로 볼 때 믿음으로부터 얻을 수 있는 최선은 영원한 행복이지만, 불신의 최선은 지상에서 약간 더 나은 삶이었다. 한편 믿음으로부터 겪는 최악은 종교 때문에 불편하게 산다는 것이지만, 불신에는 영원한 천벌의 가능성이 뒤따른다. 그래서 파스칼은 위험 분석에 따르면 신을 믿는 게 낫다는 결론을 내렸다. 파스칼의 내기는 거기 담긴 신학이나 심지어 논리까지도 수 세기 동안 논쟁의 대상이 되었다. 그러나 무엇보다 그의 분석은 우리에게 확률 이론의 전환점을 보여준다. 바로 운 게임의 수학을 삶의 넓은 영역에 적용할 수 있다는 생각, 즉 확률을 하나의 추측 기술로 발전시킬 수 있다는 발상이다. 확률은 미래에 일어날 수 있는 여러 가지 사건 하나하나에 얼마간의 신뢰도를 부여함으로써 미래를 생각하는 방편으로, 우리는 이를 활용하여 자세한 정보에 근거한 결정을 내림으로써 위험을 완화하고 문제를 해결할 수 있다.

파스칼의 확률 분석은 그 뒤 이어진 몇 세기 동안 심오한 신학적 질문에 답하는 용도에서 세속적이기 그지없는 것들에 적용되는 방향으로 옮겨갔다. 공공기관이 빈곤, 보건, 사망률, 범죄 관련 통계를 수집했고, 19세기 중반에 이르자 통계학자는 안정적 범죄율이나 연도별 사망률 변화 같은 패턴을 찾아내기 위해 그 통계를 샅샅이 뒤졌다. 해가 가면서 이들은 이런 통계 평균을 활용해 전형적 패턴과의 편차를 추적했고, 범죄나 빈곤, 사망 등의 원인에 대한 실마리를 얻었다. 통계 분석을 통해 1854년 런던에서 콜레라가 창궐한 원인을 정확하게 짚어냈고, 크림전쟁에서는 사망 원인에 대한 나이팅게일의 세밀한 통계 덕분에 병원 위생이 개선되었다.

간단히 말해, 계몽운동과 뒤이은 산업혁명을 거치면서 전능에 가까운 암묵적인 새로운 경험칙과 아울러 수학의 힘으로 온갖 종류의 공학이 강화되었다. 새로운 경험칙은 바로 '모든 변수를 숫자로 정량화하거나 표현한다'는 것이었다. 이 역시도 오늘날 우리 눈에는 자명해 보인다. 중세 석공들의 비례 법칙조차 수와 수학을 활용하여 지지벽 두께를 알아냈는데, 그것도 파스칼의 『팡세』보다 수백 년이나 전이었다. 물론 언제나 수학은 공학에서 빼놓을 수 없는 부분이었지만, 이 시대에 이르러서는 직접 관측이 가능하든 확률적일 뿐이든 기술적 문제의 모든 측면에 숫자를 적용하는 관습이 생겨났다. 그리고 과학이 비슷한 약진을 경험하면서 공학은 과학 지식도 적용하는 동시에 수학에서 불확실성도 우회할 도구를 얻었다.

그러나 평균 관념은 30년이나 40년 동안의 일별 풍속 데이터로부터 50년 또는 100년마다 한 번 일어날 가능성이 높은 최고 풍속을 도출해야 하는 공학자의 문제를 해결해주지 않는다. 50년 동안의 평균 풍속은 공학자가 높은 건물을 설계하는 데 전혀 쓸모가 없다. 다시 말해 극단적인 이상치가 필요하다. 공학자는 대홍수, 기록적 강설, 강풍 등 일어날 가능성이 가장 낮은 극단적 사건에 대해 알아야 한다. 그러나 극단적 사건을 예측하는 원리는 치명적 질병이나 건물 붕괴처럼 목숨이 달린 중대한 문제에서 탄생하지 않았다. 그와는 무관하게, 어떤 산업 물리학자가 천을 짜는 동안 실 가닥이 끊어질 가능성을 알고자 했던 데서 시작되었다.

극단적 비정상이 발생할 확률

1920년대 초 영국 면화산업 연구협회는 스물세 살 난 레너드 티페트Leonard Tippett에게 장학금을 주어 런던에 있는 유니버시티 칼리지에서 통계학을 공부하게 했다. 협회가 런던의 로열 칼리지에서 물리학 학위를 받고 갓 졸업한 티페트에게 품은 바람은 천을 짜는 기술을 개선하는 일이었다. 이는 눈이 어지러울 정도로 복잡한 공정이었다. 천을 짜려면 두 개의 롤러 사이로 수백 가닥의 실을 당겨야 한다. 실 가닥 사이로 씨실 한 가닥을 걸치고 북이 오갔다. 북에 걸친 씨실은 길이가 3~5킬로미터 정도였다. 공정에서 천을 1야드 (약 91센티미터) 짜는 동안 1회 비율로 실이 끊어지면, 천을 짜는 공정은 티페트의 말을 빌리면 "불가능할 정도로 복잡해진다."[9]

당시 통계학으로 어떤 실이든 평균 강도를 계산할 수 있었지만, 티페트는 천으로 짤 실 꾸러미 안에서 가장 약한 섬유가 어느 정도로 약한지를 알아야 했다. 그는 이렇게 추론했다. "일상 경험의 많은 부분에서 다수의 작은 비정상보다 간혹 나타나는 극단적 비정상이 훨씬 더 눈에 띈다." 예를 들면, 승객 입장에서 운행 동안 5퍼센트 비율로 30분 연착하는 기차 편은 30퍼센트 비율로 5분 늦는 기차 편보다 훨씬 더 나쁜 평판을 받는다. 기차가 연착하는 평균 시간에 신경을 쓰는 사람은 거의 없다. 승객이 관심을 갖는 것은 연착 시간의 분포이다. 티페트는 실 샘플의 강도를 측정할 방법이 필요했고, 다음에는 그 정보를 이용하여 실 꾸러미 안에 약한 가닥이 있을 가능성을 예측할 필요가 있었다. 이 문제를 해결하기 위해 그는 당시 통계학의 가장 뛰어난 천재였던 로널드 피셔Ronald Fisher와 협력했다.

뛰어난 과학 작가 스티븐 제이 굴드는 피셔가 20세기의 첫 4분기에 새로 개발한 통계학 방법으로 너무나 많은 홈런을 날렸기 때문에 그를 '통계학의 베이브 루스'라 불러야 한다고 말했다.[10] 이 별명은 널리 퍼지지 못했지만, 피셔의 혁신적 통계학 기법은 오늘날 모든 통계학자가 하는 작업의 근간이 되었다. 그는 처음에 농업 유전학을 공부했고, 런던으로부터 북쪽으로 40킬로미터 정도 떨어진 하펀던의 로삼스테드 실험연구소에서 15년 넘게 일하면서 통계학에 대한 통찰력을 더할 나위 없이 깊이 키웠다. 로삼스테드에서 피셔는 주전 통계학자로 자리를 잡았고, 이내 전 세계 연구소와 단체에서 그에게 조언을 구하는 편지를 보내고 연구자들을 파견하여 그와 함께 연구하게 했다. 로삼스테드에서 '자원봉사자'라 일컫던 그들은 피셔의 통계학 방법과 실험 설계를 가지고 자기 나라와 자기 연구소로 돌아갔다. 티페트는 그런 자원봉사자 물결 중 최초 무리에 속했다.

티페트가 피셔에게 던진 질문은 정확히 다음과 같았다. 직기에 거는 날실 수백 가닥 중 하나가 특정한 무게에 끊어질 가능성은 얼마나 되는가? 날실 롤러를 두른 실을 풀어 각 부분의 강도를 시험할 수는 없었다. 그러고 나면 천을 짤 실이 남지 않을 테니까! 그는 날줄 롤러를 두른 실 꾸러미 몇 개를 샘플로 삼아 그 강도를 측정하고, 그런 다음에 실 모두가 충분히 강할 가능성이 얼마나 되는지 예측할 필요가 있었다.

예컨대 롤러를 두른 실 꾸러미에서 13개를 샘플로 삼아 각각을 여러 가닥으로 잘라 실이 끊어질 때까지 추의 무게를 늘려가며 강도를 시험한다. 그다음 꾸러미 중에서 가장 약한 가닥의 강도만, 다시 말해 실이 끊어지는 가장 작은 무게만 기록한다. 천을 짜기에 적합해지려면 적어도 실 꾸러미의 99퍼센트가 7그램의 무게에 끊어지지 않고 견딜 가능성이 높아야 한다는 기준을 적용하면, 다음과 같은 결과가 나온다.

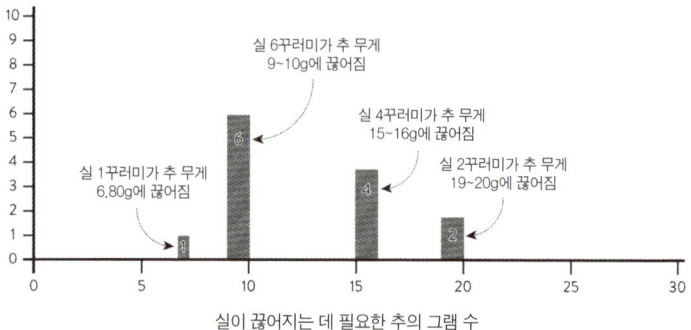

날실 롤러를 두른 꾸러미 속의 실이 충분히 강한지 예측하기 위해 직기에서 사용되는 100개 남짓한 실 꾸러미 중 13개를 샘플로 고를 수 있다. 각 꾸러미를 짧은 가닥으로 자르고 거기에 추를 매다는 방법으로 파괴 강도를 알아낸다. 위 도표는 실 가닥 하나가 끊어지는 데 필요한 최소 무게를 나타낸다. 꾸러미 중 하나는 가장 약한 가닥이 7그램에 조금 못 미치는 무게에 끊어졌다. 꾸러미 중 여섯 개는 가장 약한 가닥이 9~10그램에 끊어졌다. 꾸러미 중 넷은 15~16그램, 꾸러미 중 둘은 19~20그램이었다. 이 결과는 모든 꾸러미의 미래를 예측하는 데 활용할 수 있다.

꾸러미 중 하나는 추 무게가 7그램 미만에서 끊어졌다. 여섯 꾸러미는 9~10그램의 추에서 끊어졌다. 네 꾸러미는 15~16그램, 강한 두 꾸러미는 19~20그램의 추를 달았을 때 끊어졌다. 이 13개의 꾸러미 샘플을 사용하여 꾸러미 전체의 행동을 예측하려면 피셔의 천재적 통계학이 필요했다.

피셔는 꾸러미 사이의 강도 분포는 다음과 같은 모양을 따른다는 것을 수학적으로 증명했다.

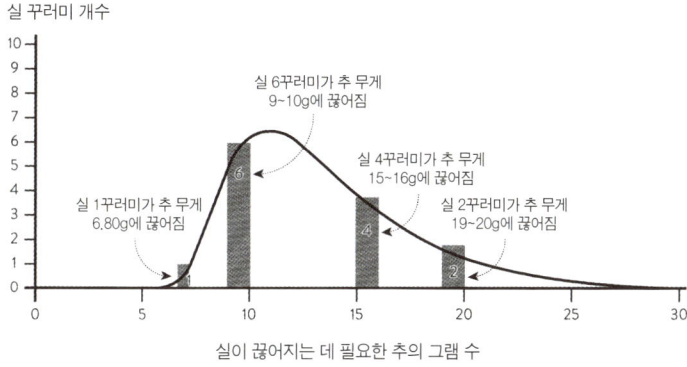

13개의 꾸러미 하나하나에서 가장 약한 부분의 파괴 강도 위에 겹친 선은 확률 밀도 함수이다. 이 함수로 다양한 파괴 강도를 추정할 수 있다. 면적이 확률과 같기 때문이다.

이 곡선은 확률 밀도 함수라 부른다. 어려운 말이지만 간단히 이해할 수 있다. 실 한 가닥이 두 값 사이의 파괴 강도를 지닐 확률은 그 두 점 사이의 곡선 면적에 비례한다. 곡선 전체 영역 면적은 1인데, 실은 언젠가는 끊어지기 때문이다. 따라서 전체 면적의 99퍼센트에 해당하는 영역을 살펴보면 실 전체의 99퍼센트가 끊어지는 데 필요한 무게가 7그램보다 큰지 알 수 있다.

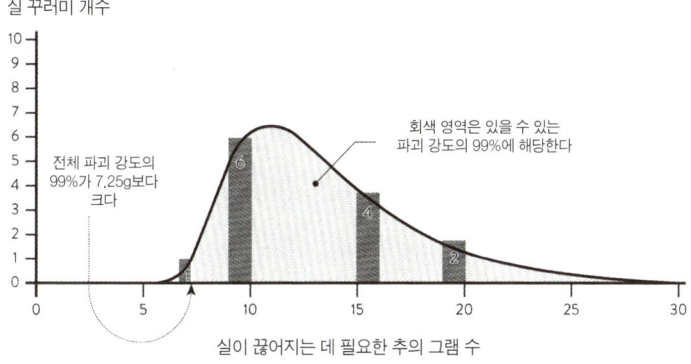

회색 영역은 곡선 아래 영역의 99%에 해당한다. 이것은 꾸러미의 99%가 7.25그램보다 큰 파괴 강도를 지닌다는 뜻이다.

이 그림에서 우리는 꾸러미의 99퍼센트가 7.25그램보다 큰 파괴 강도를 지닌다는 것을 알 수 있다. 따라서 롤러를 두른 실은 충분히 강할 가능성이 높다.

이제 다른 실 더미에서 실 꾸러미 18개를 샘플로 골랐다고 생각하자. 그러면 다음과 같은 결과가 드러난다.

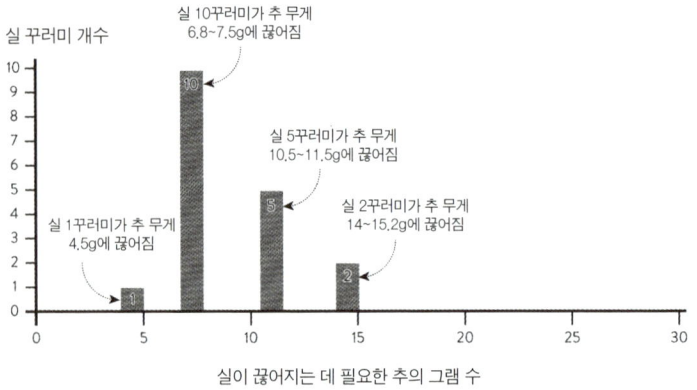

다른 날실 롤러로부터 18개의 꾸러미를 샘플로 골라 파괴 강도의 다른 분포를 얻을 수 있다. 꾸러미 1개의 가장 약한 부분은 4.5그램이었다. 10개는 6.8~7.5그램, 5개는 10.5~11.5그램, 꾸러미 2개는 14~15.2그램이었다.

피셔의 곡선은 다음처럼 맞출 수 있다(모양은 같지만 좌우로 조금 압축된다).

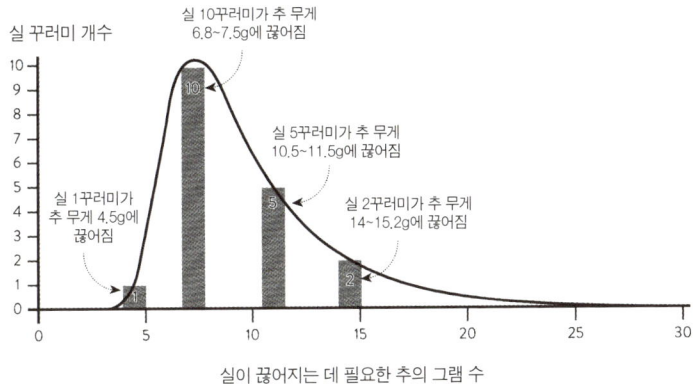

이 18개 꾸러미의 결과는 모양이 앞서 고른 꾸러미와 같으나, 좌우로 조금 압축된 곡선에 맞출 수 있다.

이 샘플에서 파괴 강도가 7그램을 넘는 섬유는 전체의 99퍼센트에 미치지 않는 것으로 나타난다.

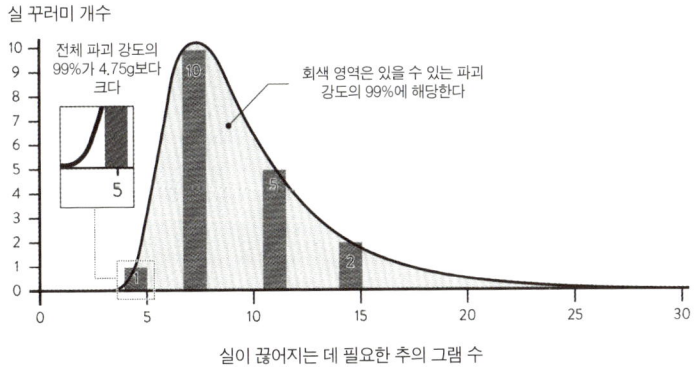

이 꾸러미 샘플에서는 전체의 99%가 파괴 강도가 4.75그램보다 큰 것으로 나타난다. 이 그래프로는 쉽게 판단할 수 없지만, 충분히 강할 가능성이 높은 꾸러미는 전체의 4분의 3 정도뿐이다. 이 샘플이 속한 실로 천을 짜기에는 위험이 너무 크다.

티페트라면 이 실로는 천을 짜는 위험을 감수할 가치가 없다는 결론을 내릴 것이다. 이 그래프로는 구분하기가 쉽지 않지만, 충분히 강할 가능성이 높은 실은 전체의 4분의 3 정도밖에 되지 않는다.

　실 가닥의 강도는 강풍이 일어날 가능성이라든가 일별 풍속 관측 자료 30년 치를 가지고 50년이나 100년 최고 풍속을 알아내는 것과는 너무나 동떨어진 분야 같아 보이지만, 사실은 밀접하게 연관되어 있다. 피셔와 티페트가 개발한 수학 기법은 극단적인 어떠한 사건에도 활용할 수 있다.

　이런 종류의 분석이 갖는 힘은 1900년대 초 이후로 모든 공학에서 귀중한 도구가 되었다. 그러나 이것이 등장한 시대 때문에 문제가 발생했다. 과학을 더없이 악의적으로 오용한 학문을 위한 편리한 도구가 되었으니, 그것은 바로 인종 우생학이었다.[11] 피셔가 개인적으로 통계학에 관심을 두게 된 것은 유전학적 선택으로 세계를 개선하겠다는 욕망 때문이었다. 그는 자신과 동료들이 유전학적으로 최고 혈통이라 생각하는 사람들의 출산은 장려하고, 그 기준에 미치지 못하는 사람들의 출산은 막으려 했다.[12] 피셔는 "우생학적 불임 정책은 인류가 처한 가장 슬픈 고통 몇 가지를 실질적으로 방지할 유일한 방법"이라고 말했다.[13] 애석하게도 당시 H. G. 웰스, 조지 버나드 쇼, 존 메이너드 케인스, 윈스턴 처칠 등 영향력 있는 인물들도 우생학을 지지했다. 또 20세기 초 영국의 우생학 운동과 아울러 흔하게 퍼져 있었다. 그러나 어떠한 합리적 의미에서든 우생학의 필요성이나 효율을 '증명'하려는 목적으로 통계학을 이용한다는 것은 근본적으로 잘못된 생각이다. 다시 말해 편리한 데이터는 선택하고 부정적 정보나 역사적 힘은 무조건 배제함으로써 서유럽 유산이 없는 사람들에 대한 편견과 적의를 확증하는 데 이용한다는 것은 통계 분석을 타락시키는 행동이었다. 그럼에도 당시 통계학은 여전히 이러한 추세와 사실을 드러내는 힘이었다. 한편 이 힘을 새로 등장하는 나치당에 맞서 사용한 통계학자가 있었다.

지금 내놓을 수 있는 최선의 경험칙

에밀 굼벨Emil Gumbel은 피셔와 같은 시대 사람이자 독일계 유대인으로, 평생 극단적 사건에 대한 통계학을 연구한 학자이면서 평생 그러한 극단적 사건 속을 살아간 사람이기도 했다. 티페트와 피셔가 극단값을 계산하는 이론을 개발하던 바이마르 공화국 시대에 굼벨은 바바리아에서 히틀러의 나치가 부상해 독일의 미래에 명백하게 위협이 되어가는 상황에 공포심을 느꼈다. 그들은 정치적 살인을 도구로 삼아 권력을 강화하고 있었다. 또 빈곤해진 독일에서 사회주의 정서가 고조되는 상황이 두려운 나머지 자신의 정적에게 테러를 가하는 파시스트 흉악범들을 기꺼이 눈감아줄 용의가 있는 정치계, 사법계 대다수에 의해 보호를 받았다.

굼벨은 이런 암묵적 정치적 동맹과 독일 판사들의 위선을 폭로하기 위해 재판의 평결과 형량에다 통계학을 적용해 나치 살인자들이 가볍게 방면되었음을 증명했다. 베르사유 조약의 금지 조항을 어기고 결성된 준군사 집단인 '검은 국가방위군'의 공개된 예산을 통계적으로 분석해 불법 재무장과 테러 조직 지원을 위한 숨겨진 할당액이 있다는 것을 밝혀낸 것이다. 그는 제1차 세계대전 때 독일군 병사의 사망률을 바탕으로 기아 상태를 겨우 면하는 배급이 어떤 영향을 미쳤는지를 집중 조명했고, 이로써 사회주의자와 독일계 유대인의 내부 배신 때문에 독일이 전쟁에서 패했다고 선전한 나치의 주장이 약화했다. 굼벨은 영웅은 병사나 장군이 아니라 전쟁에 반대한 사람들이라는 결론을 내리게 되었다. 그는 대전쟁 동안 독일의 용맹함을 찬양하는 기념물을 세울 게 아니라, 전쟁이라는 이름으로 독일 민중이 겪은 기아와 고통을 되새긴다는 뜻에서 순무를 전쟁을 기념하는 상징물로 삼아야 한다는 의견을 내놓았다. 그의 신랄한 비판에 분노한 나치는 그를 반역자로 지목하며 시민권을 박탈하고 체포영장을 발부했다. 체포되면 처형될 것이 확실했다. 그는 미국으로 탈출해 끔찍한 나치 정권에서 벗어나 추상적 의미의 극단적 사건을 연구했다.

굼벨은 생애의 마지막 26년 동안 티페트와 피셔의 극단적 사건 통계학을 물리학, 공학, 산업, 사회과학의 수많은 문제에 적용했다. 그는 독일에 있던 때와 마찬가지로 자신의 통계학을 인류에게 유익하게 활용하겠다는 욕망에 따라 움직였다. 통계학이라는 객관적 세계는 원칙적으로 이에 관심이 없지만, 그의 수학 연구가 적용되는 곳에는 언제나 인간을 위하는 측면이 있었다. 그는 론강과 미시시피강의 데이터를 활용해 홍수가 돌아오는 일반적인 기간을 계산하는 방법을 공학자에게 보여주어 댐과 제방, 저수지의 규모를 정할 수 있게 했다. 또 실의 파괴 강도와 비슷한 문제로 되돌아가, 공학자에게 콘덴서 같은 전자 부품의 샘플을 뽑아 고장 빈도를 예측하는 방법을 보여주었다. 소수의 전구를 샘플로 뽑아 수명이 다하는 때를 측정한 다음, 그 데이터를 이용하여 전구의 수명 변동 폭을 추정하는 방법을 보여주었다.

그는 극단값 이론을 이용하여 소독제로 박테리아를 죽이는 데 필요한 시간을 찾아내기도 했다. 이는 티페트의 실 강도와 마찬가지로 필요한 평균 시간을 알아내는 것으로는 소용이 없었다. 박테리아가 모두 제거되어야 하기 때문이다. 심지어 그것을 주식 시장에 적용했는데, 미래를 예측하기 위해서가 아니라(그는 "특정 일자의 특정 주식 가치를 예측할 수 있는 통계적 방법은 없다"고 말했다) 다우존스 산업평균지수가 지난 몇 년간의 추세를 벗어나는지 여부를 판별하기 위해서였다.[14]

그가 정치적 살인 협박을 받는 일 때문에 수명이 불확실한 때가 많았던 사람임을 생각할 때, 흥미로운 연구가 하나 있다. 그가 자신의 통계학을 적용하여 인간 수명의 극단값을 추정하고 인간이 살 수 있는 기간에 상한이 있는가 하는 질문을 탐구했다는 사실이다. 광범위하고 포괄적이며 꼼꼼한 굼벨의 연구는 또 한 가지 응용 분야를 위한 기초를 놓았으니, 바로 100년 바람을 계산하는 방법이다.

극단적 풍속이 발생할 확률 계산은 1950년대 초 미국 정부 공무원 허버트 콘래드 슐뤼터 톰Herbert Conrad Schlueter Thom에 의해 시작됐다. 톰은 20세기 공학과 과학에 크게 기여했지만, 생애의 흔적을 거의 남기지 않은 수백만 명의 인물 중 한 사람이다.[15] 우리가 알 수 있는 부분은 다음과 같다.

그는 자신의 학술 논문을 항상 H. C. S. 톰이라는 이름으로 발표했지만, 다들 그를 '허브'라 불렀다. 그는 제2차 세계대전 때 연합군의 전략 계획을 돕기 위한 날씨 분석 일로 활동을 시작했다. 1940년대 말에는 아이오와 주립대학교에서 농업기후학을 가르쳤지만, 이후 미국기상국에 들어가 그곳의 최고 기후학자가 되었다. 그곳에서 수십 년 동안 근무하면서 기상국이 기상청, 환경과학서비스청, 해양대기청으로 개편·개명되는 순간마다 함께했다. 그의 사망이 언급된 유일한 기록은 2008년에 보도된 《미국기상학회보》 기사다. 다른 51명과 함께 실린 이 기사에는 그의 이름 한 줄만 언급되어 있다. 어떤 설명도, 자세한 내용도 없다.[16] 기록에는 그의 머리색이나 취미나 삶의 흔적이 남아 있지 않지만, 그가 발표한 연구에서는 그의 마음이 고스란히 드러난다.

톰은 데이터를, 그중에서도 기상학 데이터를 좋아했다. 그는 수십 년 동안 과학 연구를 진행하면서 커다란 데이터 뭉치를 샅샅이 뒤져 결론을 도출했다. 아이오와 내 강수량과 곡물 수확량을 연구하여 가뭄을 방지하는 데 필요한 최소 강수량을 알아냈다. 또 아이오와주 내 카운티에서 4, 5, 6월의 일별 토양 온도를 검토하여 냉해로 작물이 동사할 가능성을 추정했다. 옥수수 1만 주의 성장 데이터를 분석해 수확량이 최대가 되는 정확한 토양 조건을 판단했다. 북대서양에서 발생하는 사이클론의 측정치 70년 치를 연구하여 그 발생 빈도를 예측했다. 아이오와와 캔자스 사이의 '토네이도 구간'에서 수집한 데이터를 연구하여 그 빈도를 추정했다. 그리고 멕시코의 살리나크루스부터 뉴펀들랜드의 갠더까지 북아메리카 동부 해안에서 일식이 일어날 때 일식 경로를 따라 구름이 덮일 가능성을 추정했다. 그러나 가장 길이 남을 업적은 극단적 풍속이 발생할 확률을 계산한 것이었다.

1953년, 톰은 1916년부터 1952년까지 37년 동안 인디애나주 포트웨인에서 수집된 연간 최고 풍속 자료를 가지고 연구했다.[17]

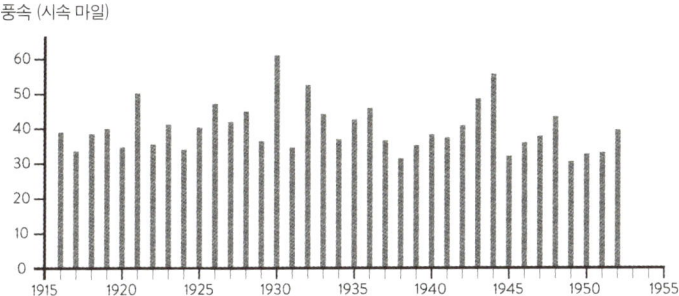

1916년부터 1952년까지 연도별 최고 풍속이 정리된 자료. 시속 60마일(시속 약 97킬로미터)을 조금 웃돈 1930년 최고 풍속이 가장 높았고, 시속 30마일(시속 약 48킬로미터) 정도였던 1949년이 가장 낮았다.

그다음에는 서로 가까운 풍속끼리 그룹으로 나누었다.

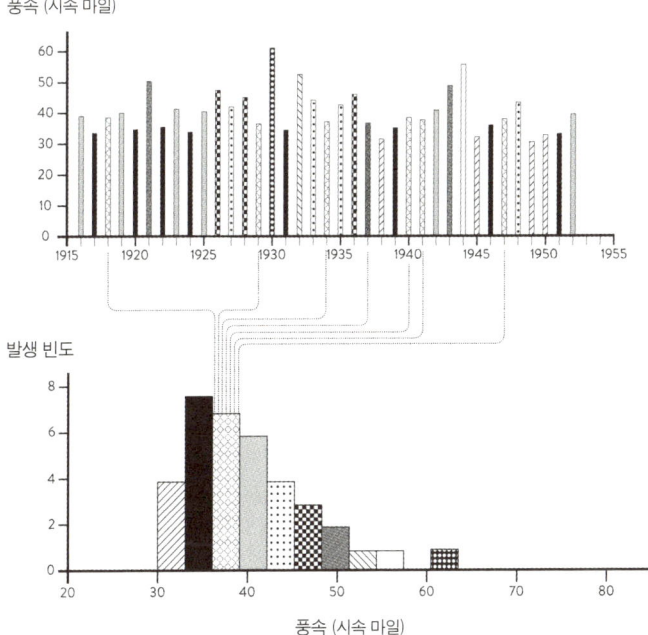

100년 풍속을 예측하기 위해 톰은 풍속을 속도별로 묶었다. 점선은 시속 35~38마일(시속 약 56~61킬로미터)에 해당하는 풍속 7개를 나타낸다.

다음에는 굼벨이 피셔와 티페트로부터 도출한 방법을 이용하여 곡선을 맞추었다.

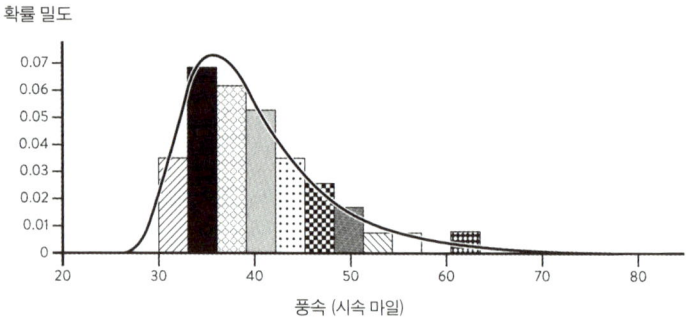

톰은 티페트-피셔 확률 밀도 곡선을 데이터에 맞추었다.

그러자 풍속의 99퍼센트가 그 이하에 해당하는 속도가 나왔다.

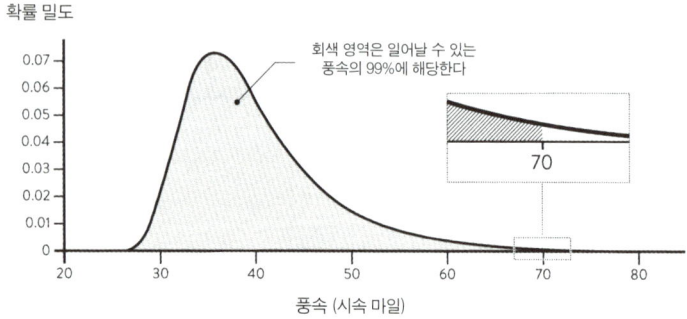

곡선 아래의 면적은 해당 범위의 확률에 해당한다. 위 그림은 99%가 그 이하에 해당하는 특정 속도를 찾아낼 확률을 나타낸다. 확대된 부분에서 볼 수 있듯이 풍속의 99%는 시속 70마일(초속 31미터) 이하가 될 것이며, 따라서 100년에 한 번 발생하는 풍속은 시속 71마일(초속 32미터) 이상이 될 것이다.

그는 시속 71마일(초속 32미터)의 바람이 100년에 한 번꼴로 발생할 것으로 추정했다. 그 뒤 15년 동안 톰은 기상국이 수집해 놓은 모든 데이터를 철저하게 파고들었다. 그는 대형 폭풍, 온대 저기압, 뇌우, 심지어 토네이도까지 연구했고, 그런 끝에 1960년대 말에 이르러 미국 전역의 100년 풍속을 보여 주는 지도를 만들어낼 수 있었다. 이 지도는 자주 갱신되고 개량된 후 앞서 언급한 『건물과 그 밖의 구조물을 위한 최소 설계 하중 및 관련 기준』이라는 소책자에 재수록되었다. 자연을 관측하고 기록함으로써 미래를 예언한다는 아시푸의 꿈이 실현된 것이다. 이 지도는 톰의 천재성을 보여주는 증거이기도 하지만, 익명의 평범한 사람들이 꼼꼼하게 해낸 작업의 증거이기도 하다.

    토목공학자가 사용하는 최고 풍속 지도 형태로 구체화한 경험칙을 보면 수학을 공학에 적용하는 최강의 방식은 단순한 측정과 정량화에 있는 것이 아니라, 통계학적 방법을 활용함으로써 수학의 정확성과 확실성을 훨씬 넘어서는 공학자의 능력에 있음을 알 수 있다. 공학자는 통계학적 방법을 가지고 댐의 규모를 결정하고, 약물의 부작용을 예측하며, 중요한 원유 파이프라인의 부식을 막고, 안전한 고속도로를 건설해왔다. 그렇지만 공힉지가 수학을 활용해 온 방식은 수학자가 본다면 일관성이 없고 정확성이 떨어진다고 비난할 만한 방식이었다. 이 분야의 어느 전문가는 최고 풍속을 예측하는 방법은 "수많은 통계학자가 질색하는" 방법이라고 말했다. 많은 통계학자는 "관측된 데이터의 주변부나 그 바깥 영역을 통계적 모델로 추정하는 일은 과학적으로 불합리하다"며 반대한다.[18] 게다가 철학적 관점에서 그 수학적 기반을 살펴보면 더욱 경각심이 들 것이다.

철학자와 수학자, 통계학자는 100년 풍속 같은 결과물이 자연 세계에서 실제로 일어나는 일이 반영되는 진정한 확률인지를 두고 논쟁을 벌인다. 만일 누가 날씨를 어떻게든 다시 만들고 또다시 만들고 또다시 만든다면, 100번 중 한 번만 이 최고 풍속, 다시 말해 100년 풍속이 발생한다는 것일 뿐이며, 그렇다면 그것이 정말로 자연 세계 안에 내재한 확률인지의 여부를 두고 다툰다. 실제로 이제까지 기록된 적이 없는 풍속의 바람이 초원을 가르고 올라와 시카고의 도심을 휩쓰는 사건이 일어날 수도 있다.

이런 모든 논의는 모두 100년 풍속의 방법론을 비난하는 치명적인 반론으로 보이지만, 100년 풍속은 수학 정리가 아니라 공학의 경험칙이며, 여느 경험칙과 마찬가지로 맥락에 따라 고쳐나갈 수 있는 길잡이라는 사실을 확인해줄 뿐이다. '지난 100년 동안의 세계 날씨 패턴은 오늘날의 날씨 패턴과 같다'는 전제가 기후 변화 때문에 효력을 잃는다면, 최고 풍속을 예측하는 규칙은 바뀌거나 폐기될 것이다. 그러나 공학자에게 가장 중요한 시간 틀인 '지금'으로서는 이 경험칙이 미래에 대한 불확실성을 극복하는 데에 가장 잘 통한다. 그리고 위험 분석에 매진하는 공학자와 기술자가 모인 전문기구인 위험분석학회 초대 회장이 말한 것처럼, "정보가 있든 없든 결정이 내려질 것이기 때문에 위험 평가는 이와 같은 답을 내놓아야 한다."[19] 이 경험칙이든 똑같이 철학적 알맹이가 거의 없는 다른 경험칙이든 새로운 건물을 지을 때 활용될 것이라는 점에는 의심의 여지가 없다. 그 건물 안에서 내일의 철학자와 과학자, 수학자가 진리와 자연과 확실성을 두고 논쟁을 벌일 것이다.

8장

한 번의 발명이 세상을 바꾼다는 착각

8장 · 한 번의 발명이 세상을 바꾼다는 착각

1880년 11월, 세계 최초로 세워진 초고층 건물 중 하나의 지하에 자리 잡은 머컨타일 대여금고회사 내 열람실이 전구 네 개짜리 샹들리에와 벽을 따라 일정한 간격으로 부착된 전구 여섯 개의 불빛으로 밝아졌다. 그 자리에 있었던 어떤 이는 이 전등 빛의 특징을 "1등급 유등 빛과 매우 비슷하며, 가스 빛보다 안정적이고, 노란 빛을 띠며 투명하고 쾌적한 속성이 있다"는 말로 묘사했다. "깜박이는 아크등의 창백하고 푸른" 느낌도 전혀 없고, 가스가 타는 악취도 없었다. 열람실 분위기는 "완벽하게 시원하고 쾌적한 상태를 유지"했다.[1] 그의 유일한 불만은 발전기를 구동하는 엔진이 멈칫할 때마다 전구가 약간씩 깜박거린다는 점이었다.

　최초로 상품화된 이 조명은 눈부신 위업이었다. 그러나 겨우 몇 달 전 전구를 발명했다고 자랑스레 발표하여 언론의 커다란 관심을 끌었던 토머스 에디슨이 제조한 전구는 사용되지 않았다. 머컨타일사에 사용된 전구는 미국의 한 전기조명회사가 제조한 것으로, 열정을 주체할 수 없는 공학자 하이럼 맥심Hiram Maxim이 이끄는 회사였다. 에디슨은 맥심의 전구를 두고 "자신의 전구를 완전히 훔친" 것이라고 표현했다.[2] 그렇지만 맥심은 백열등에 대한 특허를 17건 가지고 있었고, 그가 운영하는 회사는 다른 발명가 다수의 특허를 맡고 있었는데, 그 발명가들 역시 에디슨과 같은 시대 사람이었다. 맥심은 스스로 '상품화된 전구의 발명자'라고 생각했다. 그는 "내가 전등을 하나 설치할 때마다 사람들이 몰려들어 다들 '그거 에디슨 거예요?' 하고 묻는다"며 불평하기도 했다.[3] 맥심은 이에 짜증이 날 대로 났고, 당시 에디슨은 전등을 만든 적이 없었다면서 누가 또 '그거 에디슨 거예요?' 하고 물으면 그 자리에서 죽여버릴까 생각한 적도 있다고 했다.

최초로 상품화된 전구가 에디슨 것이 아니었다는 사실은 꽤 놀랍게 다가올 것이다. 우리는 번득이는 영감으로 세계에 혁명을 가져온 단독 발명자 이야기를 좋아하기 때문이다. 물론 한 사람을 중심으로 한 서사는 깔끔하게 잘 정돈되어 단번에 이해하기 쉽지만, 불완전하다. 단독 발명자 이야기는 관련된 모든 공학적 방법을 가려버린다. 공학자의 창의성을 숨기고, 거친 노력의 과정을 매끄럽게 꾸미고, 문화적 규범이 반영된 선택을 검열하고 지워버린다. 발명의 역사에서 에디슨과 그의 전구보다 더 끈질긴 이야기는 없을 것이다. 그렇지만 에디슨은 그다음 세기의 증기 터빈과 비슷한 발명 과정을 거치며 전구를 혁신한 수많은 이 중 마지막에 해당하는 사람이었다.

에디슨이 최초로 제대로 작동하는 시작품을 내놓기 전 40년 동안 적어도 20명의 사람이 전기로 필라멘트를 가열하여 빛을 내는 백열등을 발표하고 특허를 내고 시연했다. 최초의 기록은 에디슨이 태어나기 거의 10년 전인 1838년 어느 벨기에인 발명가의 시도다. 그의 전구에는 탄소 조각이 필라멘트로 사용됐다. 공정하게 평가한다면 그와 그 이후 발명가들 또한 에디슨 못지않은 전구 발명자라

할 것이다. 소위 백열전구 발명자라는 에디슨이 그보다 40년 늦게 백열등이라는 발상을 접한 세계에서라면 더욱 그럴 것이다. 그러나 에디슨 경우와는 달리 우리는 이들의 이름을 기억하지 않는다. 이들의 전구는 대부분 몇 초밖에 타지 않았기 때문이다. 이들이 맡은 역할은 누군가는 해야 하지만 누구도 알아주지 않는 것이다. 어둠을 밝히려면 오직 불을 쓰는 방법뿐, 재사용 가능한 실용적인 방법이 나오지 않은 상황에서 조금씩 발전하며 나아가는, 사슬의 중간 고리가 되는 역할이었다. 그러다가 에디슨이 완전히 어둠을 몰아내는 사슬고리를 만들면서 방법을 서사로 탈바꿈시켰다. 에디슨과 그의 전구는 혁신자들이 이어온 기다란 사슬의 마지막 고리이다. 그의 고리는 그 이전에 실행되거나 선보인 공학적 방법의 하나에 지나지 않았다. 그저 상황에 따라 쓸모라는 문턱을 넘었을 뿐이었다.

대체 누가 전구를 밝혔나 💡

1878년, 에디슨은 부산하게 돌아가는 멘로파크 연구소에서 자신이 이끄는 연구진과 함께 백열등에 쓰일 수명이 긴 필라멘트를 찾아내는 데 집중했다. 어느 연구자의 묘사에 따르면 연구진은 "인품으로 모두를 주도하고 이끌어가는 구심점"인 에디슨의 리듬에 맞춰 일했고, 그곳에서 한 일에 대해 "힘들지만 육체적으로나 정신적으로나 감정적으로나 모두가 기쁜 생활"이었다고 말한다.[4] 에디슨은 밤까지 장시간 일하는 분위기를 조성했다. 종종 작업대에서 선잠을 잤고, 소화에 더 좋다고 생각하여 적은 양의 식사를 소량으로 나누어 조금씩 먹었다. 그러나 직원들을 위해서는 고기, 채소, 디저트, 커피 등 따끈따끈한 식사를 음식 바구니에다 가득 담아오곤 했는데, 종종 자정에 그랬다. 연구진은 에디슨이 일어나 기지개를 켜고 허리끈을 당겨 올리고 어슬렁어슬렁 걸어 나가면 이제 식사는 끝났고 다시 일을 시작해야 하는 때라는 것을 알았다.

1870년대 말 에디슨과 연구진은 오늘날의 전구와 매우 비슷한 형태의 전구를 내놓았다. 구리 띠를 두른 나무 받침대에 유리 용기를 고정한 것으로, 용기 한가운데에는 가늘고 가냘픈 백금 나선이 기다랗게 달려 있었다.[5] 그렇지만 이 전구는 실패작이었다. 일부는 오늘날 크리스마스 전구 몇 개를 모은 것만큼의 밝기로 몇 시간 어둠을 밝힐 수 있었지만 대부분은 금세 타버렸다. 에디슨이 알아낸 것처럼, 백금 선이 빛을 내는 온도는 백금이 녹는 온도에 가까웠다. 따라서 전류에 조금이라도 변동이 있으면 백금이 녹을 것이었다.

에디슨과 연구진은 놀라울 정도로 다양한 재료를 시험했는데, 어떤 자료에 따르면 종류가 1600가지나 된다고 한다. 백금, 이리듐, 루테늄, 크로뮴, 알루미늄, 텅스텐, 몰리브데넘, 팔라듐, 망가니즈, 타이타늄 등과 같은 금속과 규소나 붕소를 비롯하여 때로는 금속처럼 행동하는 원소를 시험했고, 이어 코르크, 왁스, 셀룰로이드, 연구소 직원의 수염 가닥 같은 잡다한 재료를 시험했다. 그런 다음에 나무, 수수, 종이 조각으로 옮겨갔다. 박엽지에다 그을음과 타르를 입혀 막대기 모양으로 말아 만든 재료는 상당히 오랫동안 놀라울 정도로 빛을 잘 냈다. 에디슨은 면사를 가닥 전체가 검게 변할 때까지 산소 없이 가열하여 '탄화'하는 방법으로 이 발상을 다듬었고, 이 실을 가지고 긴 필라멘트를 만들었다. 1879년 10월 21일, 모든 공기를 제거한 유리 용기 안에 이 실로 만든 필라멘트를 넣은 전구가 한나절이 넘도록 빛을 냈다. 상품화한 전구의 시작에 다가가고 있었다.

탄화한 실 조각이 가능성을 보인 지 일곱 달 뒤, 연구진은 대나무 조각을 시험했다. 15센티미터 길이의 대나무 조각은 3시간 24분 동안 71촉광(오늘날 표준 60와트 전구의 밝기와 비슷하다)의 빛을 냈다. 이를 두고 에디슨의 어느 동료는 "이제까지 만든 것 중 최고의 등"이라며 "식물성 탄소로부터 여기까지 왔다"고 말했다.[6] 에디슨의 연구진은 여기서부터 200가지 대나무 품종을 더 시험한 끝에 탄소 필라멘트 제조에 가장 적합한 품종을 찾아냈다. 일본 야와타 근처에서 자라는 품종으로, 지금도 그곳에서는 '에지손 도리'라는 거리 이름으로 에디슨을 기린다. 시가지 중심에는 에디슨 흉상이 있고, 어느 신사 근처에는 에디슨에게 바치는 기념비가 있다.

전문화된 대나무 공급처와 제조 방법을 갖춘 에디슨은 이제 세상을 밝힐 준비를 마쳤다. 그러나 하이럼 맥심은 처음부터 그보다 앞서나갔다.

에퀴터블라이프 빌딩에 설치된 맥심의 전구는 에디슨의 전구를 훨씬 능가했다. 어느 기자는 그의 전구를 두고 "양초 심지 불빛과 비슷한 풍부한 황금빛 색조를 띤다"고 보도했다.[7] 또 다른 사람은 "맥심이 에디슨은 꿈도 꾸지 못할 정도의 전등을 발명했다"고 말했다.[8] 기자들은 전등을 비교하며 에디슨의 전구는 맥심 것보다 밝기가 떨어진다거나, 맥심 것과 밝기가 같을 때는 겨우 몇 시간 만에 타버렸다고 지적했다. 맥심이 추정한 바에 따르면, 그의 전구에 사용된 필라멘트는 40일 동안 사용할 수 있었다. 에디슨의 전구가 어둡고 수명이 짧다는 것은 한 가지 의미뿐이었다. 에디슨의 전구는 맥심 것만큼의 전류를 감당할 수 없었고, 그래서 같은 크기의 전류를 가하면 에디슨의 전구는 빠르게 타버릴 것이었다. 더 오래 사용하기 위해 에디슨은 전구에 더 낮은 전류를 가했다. 그래서 더 어두웠던 것이다.

　에디슨의 연구진으로서는 맥심이 이런 일을 이뤄냈다는 사실이 믿기지 않았다. 어느 멘로파크 연구진은 화가 나 "제정신인 사람이라면 누구라도" 맥심의 전구는 에디슨의 전구를 "베낀 것일 뿐"임을 명백히 알 수 있을 것이라며 폭언했다.[9] 에디슨의 직원들은 멘로파크 같은 조직이라야 제대로 된 전구를 만들 수 있다고 생각했다. 멘로파크 안에서는 유리공, 기계공, 공학자, 화학자, 물리학자가 조립 설비에서 가전제품을 생산하듯 속속 발명품을 만들어 내지만, 맥심의 어설픈 미국 전기조명회사는 생존을 위한 자원을 충분히 찾아내기 위해 안간힘을 쓰는 형편이라고 보았다. 사실 맥심의 직원들은 자기 회사가 언제라도 문을 닫을 것으로 생각했고, 심지어 사장조차 자기 회사를 "가망이 없다"고 표현했다.[10] 훗날 어느 직원은 자신들은 기술 수준이 너무나 낮아 어떤 "규격 전선이 특정 개수의 전등을 과열 없이 밝힐 수 있는지" 알아내지 못했다며, "그 무렵 원인 불명의 화재가 잦았는데 필시 우리 무지 때문이었을 것"이라고 덧붙였다.[11] 에디슨의 공장형 멘로파크 모델에 비하면 맥심이 발명하는 방법은 마구잡이식이었다.

　맥심은 문제 해결을 위해 이것저것 만지작거리는 전형적 발명가로, 한때 자신을 "고질적인 발명가"라는 말로 묘사했다. 어느 전기 작가는 그를 "반 문맹"이라 칭하기도 했다.[12] 그는 독학으로 공부했지만, 평생 놀라울 정도로 다양한 도구와 장난감을 발명했다. 맥

8장 · 한 번의 발명이 세상을 바꾼다는 착각

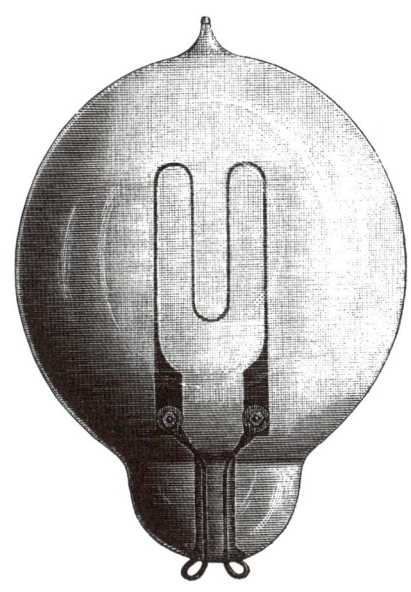

하이럼 맥심이 개발한 초기 전구에는 탄화 부품이 있었는데, 자신의 성을 나타낼 목적이었는지 M자 모양을 띠었다.

심은 광석으로부터 금속을 분리하는 방법, 풍속 측정을 위한 기구, 진공청소기, 착시 효과를 내는 신기한 물건 등을 개발했다. 후자는 거울과 자전거 트랙과 오목한 포물면 바닥이 있는 회전 구체로, 아마도 이용자에게 자전거를 타고 장거리를 달리는 착각을 불러일으키기 위한 발명품이었을 것이다. 그 밖에도 그가 발명한 것으로는 선박의 옆질을 방지하기 위한 장치, 리벳을 박는 기계, 급수용 체크 밸브, 증기 발생기, 철로·선로용 바퀴, 기관지염 치료용 흡입기, 부츠 및 구두 굽 보호구, 머리를 마는 아이론, 시계의 자기를 소거하는 방법, 일종의 공기 타이어, 커피 대용품, 극장에서 화재를 진압하는 방법 등이다. 무엇보다도 놀라운 발명은 새로운 광고 방법이었는데, 이는 매우 가벼운 실바람에도 작동하는 회전식 간판이었다.[13]

말년에는 세계 최초로 제대로 작동하는 기관총을 발명했다.

맥심이 전구에 기여한 부분은 필라멘트 제조 방법 개선이다. 대나무로 만든 것이든 맥심의 전구처럼 판지로 만든 것이든, 필라멘트는 산소가 없는 상태에서 고온으로 가열한다. 이때 재료 속의 셀룰로스가 탄화하여 단단한 탄소 뼈대만 남는다. 그러나 고르지 못한 탄화 때문에, 전류로 불을 밝히면 상대적으로 얇은 부분이 훨씬 더 뜨거워지고 더 빨리 타버렸다. 맥심의 묘안은 탄화한 필라멘트를 탄화수소 대기 안에 두고 전류를 가해 필라멘트가 빨갛게 달궈지도록 만드는 것이었다. 필라멘트에서 더 얇은 부분이 더 뜨거워지면 그 주변의 탄화수소 증기가 분해되어 순수 탄소가 필라멘트에 정착된다. 이처럼 얇은 부분에 탄소층이 덧입혀지면서 두께가 고르고 수명이 더 긴 필라멘트가 만들어진다. 흡족해진 맥심은 특허를 낸 자신의 이 방법 없이는 "저항이 고른 탄소 필라멘트를 기계적으로 만들기란 절대적으로 불가능하다"고 말하면서, "에디슨으로서는 나의 공정을 이용하지 않으려면 포기하는 수밖에 없었다"고 덧붙였다.[14]

맥심의 태도는 전기 조명이라는 마법을 갈망하는 세계에서 경쟁하는 수많은 공학자 사이에서 타오르는 경쟁의식의 발로였다. 그러나 이는 또한 어떤 기술이든 그것을 완전히 '발명'한 공로를 한 개인에게 돌리는 데는 문제가 있음을 보여준다. 우리는 시작과 전개와 결말이 있는 이야기의 절정에서 독보적인 지성과 추진력으로 남이 따를 수 없는 뛰어난 경이를 만들어내는 발명자 한 사람의 이야기에 흥미를 느끼는 경향이 있다. 종종 이 책에서 이야기하는 방식이기도 한데, 이는 개인이 다른 개인 이야기를 접할 때 느끼는 공감

욕구를 존중한다는 뜻에서이다. 그러나 공학적 방법은 이 '위인'이라는 역사적 틀에는 관심이 없다. 오로지 누적된 지식, 발견법, 경험칙, 직관, 그리고 무엇이든 문제를 될 수 있는 대로 빠르게 해법 쪽으로 몰아가는 원동력에만 관심이 있을 뿐이다. 설사 단 한 개의 해법을 위한 것이라 하더라도 그것들을 모두 홀로 직접 만들어낸다는 것은 생각조차 할 수 없다. 관련된 정보의 그물은 너무나 광대하고 방대하여 파악이 불가능할 정도다. 그래서 우리는 한 사람의 발명자에 관한 이야기를 들려줌으로써 그 과정을 좀 더 쉽게 이해할 수 있게, 또 감동하게 만든다. 그 때문에 저 알 수 없는 발명의 진정한 관계망이 왜곡된다고 하더라도 그렇게 한다. 맥심은 오늘날 발명자로서 크게 인정받지는 못한다. 그에게는 에디슨 같은 민첩한 자기 홍보 능력이 없었고, 또 어떤 면에서 에디슨이 '승리'하여 자신의 전구 발명 이야기를 들려주었기 때문이다.

에디슨이 자기 회사에서 찬란하게 빛을 내지만 수명이 짧은 전구를 만들었을 때 그것을 '발명'이라 할 수 있을까? 어쩌면 그럴 수 있다. 발명된 기술에 대해 생각할 때 일반적으로 우리는 존재하는 기술을 의미할 뿐 아니라 그것으로 사람들의 필요를 충족하는 방식으로 재현할 수 있는 기술을 의미한다. 제조 또는 대량 생산될 수 있다는 뜻이다. 1800년대 말 제대로 동작한 전구 몇 개는 경이로웠지만, 사람들이 필요로 한 것처럼 세계를 밝혀주지는 않았다. 이런 의미에서 전구 발명은 10년 동안 이어진 과정에서 에디슨과 맥심을 넘어 안정적으로 제조되고 확장될 수 있는 필라멘트를 만들기 위한 점진적 변화였다.

'위인' 한 사람만의 이야기를 들려준다면 기술 개발에 필요했던 사람들의 기여가 드러나지 않는다.

우리는 이 예를 맥심의 전구 제조 기술 진화에서 볼 수 있다. 그는 제도사 출신의 공학자 직원을 데리고 있었는데, 전구의 안정적 제조에 그 직원이 기여한 부분은 오래전부터 간과되어 왔다.

1879년 맥심의 미국 전기조명회사가 전구를 개발하던 바로 그때, 맥심은 몇 가지 부품의 제작을 맡기려고 어느 공작소를 들렀다. 그곳에서 그는 어느 아프리카계 미국인이 작업대에서 훌륭한 도면을 그리는 것을 보았다. 바로 루이스 래티머Lewis Latimer였다. 훗날 맥심은 그를 두고 "저렇게 훌륭하게 도면을 그리는 유색인종은 아직 만난 적이 없다"고 말하기도 했다.[15] 탈출 노예의 아들인 래티머는 남북전쟁이 끝나가는 무렵 제도를 배웠다. 북군 해군에서 제대한 뒤에는 미국과 해외 특허를 전문으로 하는 어느 법률 사무소에서 도면에 취미가 있는 유색인종 청소년을 구한다는 광고를 보았고,[16] 이 열일곱 살 난 퇴역 군인은 그곳에 지원해 고용되었다. 그는 기술 모형 제도법을 독학으로 공부하기 위해 헌책과 도구를 샀다. 이윽고 제도사의 후임으로 들어가, 사무소의 고객이자 전화기 발명가인 알렉산더 그레이엄 벨이 청각 장애가 있는 학생들을 위한 저녁반 수업을 마치고 찾아오면 그때부터 함께 협력하며 밤늦도록 일했다. 법률 사무소에서 10년이 넘도록 일한 뒤 숙련된 제도사가 된 래티머는 공작소로 이직해서 그곳에서 맥심을 만났다. 래티머의 도면 실력에 깊은 인상을 받은 맥심은 그를 미국 전기조명회사에서 자신의 조수 전담 제도사로 일하게 했다.

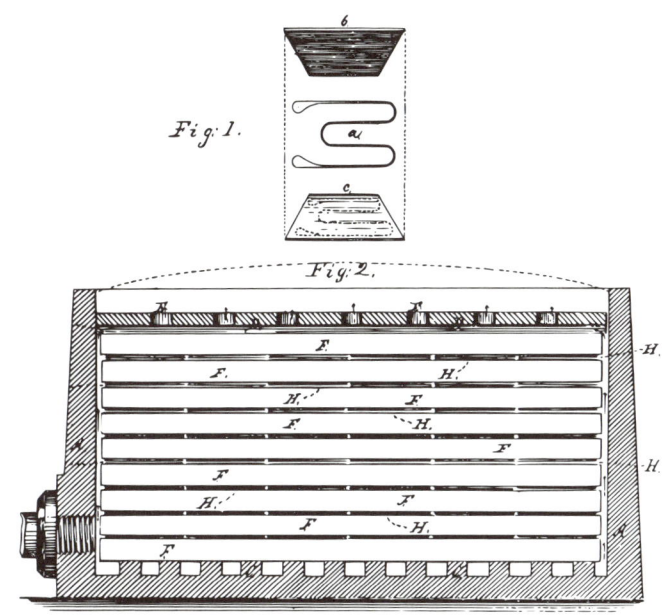

래티머는 전구의 탄화 필라멘트를 만들 확실한 방법을 설계했다.

자산가로 유명한 J. P. 모건과 밴더빌트 집안의 투자금이 가득한 에디슨의 은행 계좌와 비교할 때 인력도 자금도 부족한 이 작은 회사에서 래티머는 금세 백열등 부서 부장으로 진급하여 탄소 필라멘트 제조를 맡았다. 그는 맥심의 연구진이 이미 균질한 탄소 필라멘트를 만드는 문제를 해결할 깔끔한 화학적 해법을 찾아냈는데도 필라멘트 제조 과정을 반복 재현할 수 있는 유용한 공정으로 만들지 못하고 있음을 알아차렸다. 딱딱하고 부서지기 쉬운 필라멘트는 탄화할 때 가열 과정에서 부러지는 때가 많았다. 물론 그만큼 돈이 더 들어갔는데, 안타깝게도 맥심의 연구소에서 갖추지 못한 것이 바로 돈이었다.

래티머는 실패의 원인이 공정 동안 종이 필라멘트를 고정하는 금형이 열이 가해질 때 종이와는 다른 비율로 팽창하고 수축하기 때문임을 깨달았다. 금형이 종이 필라멘트를 양쪽으로 잡아당기거나 가운데 쪽으로 밀어, 부서지기 쉬운 탄소가 끊어지거나 짜부라지는 것이었다. 그는 금형을 버리고, 연약한 필라멘트와는 달리 완전히 탄화하지 않고 멀쩡하게 유지될 만큼의 두꺼운 판지 봉투 안에 필라멘트를 하나하나 넣어 밀봉했다. 종이로 만든 만큼 봉투는 필라멘트와 같은 비율로 팽창·수축하기 때문에 필라멘트를 당기지 않았다. 그는 이 봉투들을 무거운 도기 판 위에 놓고 그 위에다 도기 판을 얹어 모래로 눌렀다. 그는 이 과정에 대해 이렇게 말했다. "이 무게는 도기 판 사이의 백지 층에 지속해서 압력을 가하며, 따라서 백지가 휘거나 우그러지는 경향이 감소한다."[17]

다음에는 에디슨과 맥심 양측 모두를 괴롭히는 또 하나의 긴급한 문제를 해결했다. 백금 선을 필라멘트에 부착하는 공정이었다. 에디슨은 자신이 만든 대나무 필라멘트 밑 부분을 백금-이리듐 판 사이에 끼우고 작은 나사로 죄었다. 맥심은 필라멘트 밑 부분의 구멍을 통해 볼트를 넣고 전선을 감은 다음 너트로 죄어 전선을 고정했다. 언뜻 비슷해 보이는 이 두 가지 방법은 모두 제조 과정에서 수많은 필라멘트가 부러져 망가지거나, 망가지지 않더라도 접점을 불완전하게 만들었다. 래티머는 동료 한 사람과 함께 모든 종류의 죔쇠 너트, 나사, 핀 등 여타 비슷한 부품을 없앴다.[18] 그는 필라멘트 양 끝에서 두 개의 넓은 부분이 아래로 구부러져 백금 선과 연결되는 곳에 직사각형 구멍을 뚫고, 그 구멍으로 납작한 구리나 백금 접점을 넣어 접음으로써 필라멘트를 전선에 단단히 고정했다. 래티머는 두 가지 혁신안 모두의 특허를 얻었는데, 맥심도, 에디슨과 그의

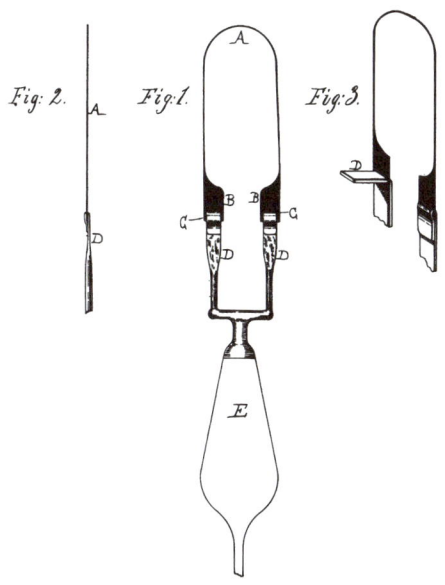

래티머는 백금 선을 탄화 필라멘트에 어떻게 부착할 것인가 하는 까다로운 문제를 해결했다. 이 확실한 연결법은 텅스텐 필라멘트가 탄화 필라멘트를 대치할 때까지 산업 표준이 되었다.

연구진도 떠올리지 못한 방법이었다. 《엔지니어링》지는 이를 두고 "먼저 탄소 필라멘트를 제작하고 그다음 오랫동안 효율적인 상태로 유지하는, 매우 철학적인 방법"이라고 논평했다.[19] 당시 어느 공학자는 "대나무 섬유는 그다지 널리 쓰이지 않았지만, 종이로 만든 맥심의 초기 전등은 매우 좋았다"고 회상했다.[20]

래티머의 방법은 첫 10년 동안 전구가 필수품으로 자리 잡는 데 결정적으로 작용하며 널리 쓰였다. 그러다 일종의 인조견인 '분출 셀룰로스'로 대치되었다. 1900년 에디슨은 래티머의 필라멘트를 대체한 이 새로운 유형의 탄화 필라멘트를 두고 자신이 백열등 개발을 위해 쏟은 20년 노력의 정점이라고 선언했다. 그는 이것이 앞으로 더 개선될 가능성이 적다고 생각했다.[21] 홍보에 정통한 에디슨이 내놓은 대담한 말이지만, 에디슨 전기조명회사의 최종적 법인 형태인 제너럴일렉트릭을 맡은 에디슨의 후임들은 사실 그렇지 않다는 것을 알았다. 에디슨, 맥심, 래티머, 그리고 그들의 연구진이 발명한 것은 전구의 정점이 아니었다. 그것은 하나의 과정을 이루는 일부분이었으며, 계속 이어져야 하는 방법의 모습이 겉으로 드러난 것일 뿐이었다.

1900년에 이르렀을 때 제너럴일렉트릭은 탄소 필라멘트 전구 제조 분야를 선도하고 있었지만, 경쟁사들이 탄소 필라멘트보다 전기 소모가 훨씬 적은 도기나 탄탈럼 필라멘트를 개발 중이라는 점을 우려했다. 제너럴일렉트릭은 경쟁을 위해 필라멘트로 가장 적합한 재료인 텅스텐을 사용함으로써 경쟁에서 앞서 나가고자 했다.

텅스텐은 탄소에 비해 전력은 3분의 1밖에 쓰지 않으면서 같은 밝기를 낼 수 있었고, 녹는점이 비정상적으로 높기 때문에 훨씬 더 오래 쓸 수 있었다. 그렇지만 이런 장점에도 한 가지 이유로 필라멘트 제조에는 전적으로 부적합한 재료였다. 바로 구리나 은, 금처럼 쉽게 구부려 새로운 모양을 만들 수 있는 성질인 연성이 부족하다는 문제점이었다. 빵 봉지를 묶는 철사 끈을 생각해보자. 끈 안에 들어 있는 철사는 연성이 뛰어나 수백 번을 꼬아야 겨우 끊어진다. 이와는 달리 텅스텐은 유달리 밀도가 높고 딱딱하지만 부서지기 쉽다. 가늘고 긴 텅스텐 전선은 힘을 주면 구부러지지 않고 부러진다. 20세기 초에 사용된 필라멘트 형태를 만들려면 여섯 바퀴 정도 바짝 꼬아야 했는데, 연성이 부족했기 때문에 그렇게 구부릴 수가 없었다. 수많은 공학자와 과학자가 연성이 있는 텅스텐을 만들고자 시도했으나 실패했고, 모두가 그것은 불가능한 일이라는 결론을 내렸다.

불가능을 가능하게 하기 위해, 제너럴일렉트릭은 젊은 물리학자 윌리엄 쿨리지William Coolidge를 채용했다. 당시 그는 메사추세츠 공과대학에서 학사 과정을 공부하고 독일에서 박사 학위를 받는 동안 학자금 대출 4000달러를 떠안은 상태였고, 따라서 제너럴일렉트릭이 제시한 3000달러라는 연봉을 덥석 받아들였다. 금액이 이전 직장의 두 배였으므로 맡은 일이 터무니없다는 점에는 신경을 쓰지 않았다. 그는 텅스텐을 "완강하다"는 말로 묘사하며 "줄에 손상을 입히지 않고는 줄질할 수 없었으며, 상온에서 매우 쉽게 부서졌다"고 했다.[22] 그렇지만 부모님에게 보낸 편지에 다음과 같이 쓰기도 했다. "연구소에서 가장 중요한 문제를 다루는 행운을 얻었습니다… 금속 텅스텐을 전선으로 뽑아낼 수 있는 모양으로 만들 수 있다면 회사에다 수백만 달러를 벌어 줄 수 있을 겁니다."[23]

과학자와 공학자 20명, 그리고 그보다 더 많은 수의 조수로 구성된 연구진을 데리고 5년 동안 연구한 끝에 쿨리지는 유리섬유만큼 탄력이 있고 유연하며 1.6킬로미터 길이로 뽑아낼 수 있는 텅스텐 전선을 개발했다.[24] 그 방법을 단계별로 요약하면 다음과 같다.

1. 텅스텐 분말에 고압을 가해 쉽게 부서지는 막대 모양으로 만든다.
2. 섭씨 1300도로 가열한 다음 물로 식힌다.
3. 텅스텐에 전류를 흘리면서 섭씨 3200도로 가열한 다음 다시 식힌다.

4. 다시 섭씨 1500도로 가열하되, 이번에는 그 위로 수소를 흘려보낸다.
5. 일련의 금형에 통과시켜 냉간가공을 한 다음 망치질한다.
6. 다시 가열한 다음 온도를 천천히 낮추면서 지름 1밀리미터 굵기의 전선으로 뽑아낸다.

쿨리지는 가공 단계를 개발한 과정을 다음과 같은 의미심장한 비유로 들려주었다.

안쪽에 빗장을 걸고 숫자 조합 자물쇠로 채워둔 문을 열고 싶은 사람이 있다고 하자. 숫자 조합을 다 알지 못하면 자물쇠를 풀 가망이 없고, 또 그런 다음에도 안쪽에 있는 빗장을 풀지 않으면 열 가망이 없다고 하자. 또 숫자 조합을 전부 완전히 알기 전에는 숫자 하나가 맞는지조차 알 수 없다는 점을 염두에 두자. 우리가 텅스텐을 유연하게 만들기 시작했을 때 우리 상황이 그와 비슷했다.[25]

그는 숫자 조합을 어떻게 알아냈을까? 위와 같은 처리 단계를 어떻게 고안해냈을까? 공학적 방법을 이해하지 못하면 이런 단계는 임의적이고 미로 같아 보이겠지만, 이제 우리는 이것이 공학적 방법을 고전적이고도 우아하고 아름답게 적용한 사례임을 알 수 있다. 쿨리지는 그때까지 알려진 모든 기법을 사용했다. 5년 동안 그가 거쳐온 연구를 상세히 설명하자면 따로 완전히 한 권의 책이 필요하겠지만, 이 몇 단계를 들여다보는 것으로도 공학적 방법이 더 큰 발명을 향해 나아가는 것을 볼 수 있다.

앞서 발명된 백열등은 새로 발견된 전기라는 지식이 원동력이 되었지만, 쿨리지가 유연한 텅스텐을 만들어낸 방법은 본질적으로 '금속을 다양한 온도에서 반복적으로 구부리며 처리하면 유연해질 수 있다'는 고대의 경험칙이 바탕이 되었다. 이 기법은 적어도 3세기부터 알려져 있었지만, 그 유명한 다마스쿠스 검에서 완벽한 경지에 이르렀다. 이 검은 인도의 우츠 강철로 만들어진 것으로, 기병들이 유럽 십자군과 전투를 벌일 때 사용했다. 중세기 전사들에게 이상적인 검은 무게와 재료 낭비를 최소화하고 날카로움을 극대화하도록 최대한 얇으면서도, 방패나 사람에게 휘두를 때 그 힘으로 부러질 정도로 얇지는 않은 것이었다. 이 때문에 딱딱하고 부서지기 쉬운 금속은 필라멘트를 만들 때와 마찬가지로 검을 만드는 용도로 쓰기에는 부적합했다. 그러나 딱딱한 금속이 아닌, 유연하고 연성이 좋은 금속은 힘을 받을 때 더 튼튼하고 더 유연하게 구부러질 수 있어서 원래 성질을 더 잘 유지했다. 부서지기 쉬운 강철은 인도와 근동 대장장이들이 갈고 닦은 일련의 열처리 방법을 통해 유연한 강철로 바뀌었고, 그것으로 강력한 무기를 단조할 수 있었다.

다마스쿠스 검은 공중에 띄워 올린 실크 손수건을 가를 수 있을 만큼 날을 예리하게 유지할 수 있었다고 한다. 전설이 어떻든 다마스쿠스 검의 품질은 그때나 지금이나 유명하지만, 그것을 처리한 대장장이들은 그 공정이 어떻게 왜 소용이 있었는지조차 몰랐다. 그저 여러 세대의 대장장이를 거쳐 내려온 강철 처리 경험칙을 가지고 있었을 뿐이다.

그러나 쿨리지는 현대 과학 기술 덕분에 실마리를 가지고 있었다. 그는 금속을 이런 식으로 처리하면 미세한 결정 입자가 분해된다는 것을 알았다. 이 과정을 거치면 쿨리지가 묘사한 대로 결정 입자 구조가 분해되고 섬유 구조가 발달한다.[26] 그는 오랜 세월에 걸쳐 입증된 과학적 관찰을 동원했다. 바로 불순물이 미량 섞이면 연성이 무너지는 때가 많다는 사실이었다. 예컨대 금은 납이나 비스무트나 주석을 0.05퍼센트만 섞어도 부서지기 쉬워진다. 쿨리지는 이 지식을 찰스 파슨스가 증기 특성표를 이용해 유용성이 떨어지는 결과로 이어질 경로를 배제하고 성공을 거둘 가능성이 높은 경로로 나아간 것과 비슷한 방법으로 활용했다. 이처럼 그는 순수 텅스텐을 어떤 하나의 온도 또는 여러 가지 온도에서 처리하면 연성을 얻을 수 있을지도 모른다는 발상에서 출발하기로 했다.

물론 그 조합을 알아내는 데는 많은 시행착오와 직관과 과거 지식이 요구되었다. 예를 들면 다섯 번째 가공 단계는 뉴잉글랜드에서 전선과 바늘을 만드는 공장을 견학하여 찾아냈다. 그는 그 공장에서 금속 조각을 조금씩 더 작은 구멍을 통해 뽑아내 굵기를 점점 줄여가는 형철 가공법을 어떻게 활용하는지를 보았다. 또 이 공정에서 특수한 모양의 망치로 금속의 모양을 잡는 것을 지켜보았다. 그리고 텅스텐의 결정 입자 크기를 줄이는 것이 연성을 얻는 핵심임을 알았다. 또 아이스크림을 만들 때 얼음 결정이 성장하지 않도록 글리세린을 첨가하는 것을 본 기억도 동원했다. 그리하여 결정 입자의 성장을 통제하기 위해 텅스텐 분말에다 산화토륨을 첨가한 다음 고온으로 가열하여 고체로 융합했다.

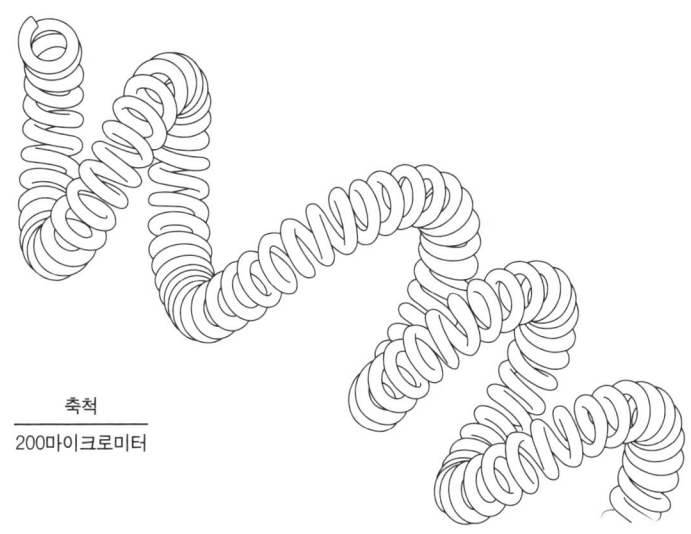

축척
200마이크로미터

현대의 전구 필라멘트를 확대한 이 그림을 보면 텅스텐 전선을 먼저 나선형으로 감은 다음 그것을 다시 나선형으로 감았음을 알 수 있다. 그림의 척도 표시 막대는 길이가 일반적인 사람 머리카락 지름의 세 배 정도 된다.

오늘날의 텅스텐 필라멘트는 놀랍기 그지없는 물건이다. 섭씨 2750도 정도에서 빛을 내는데, 일반인이(직업이 용접공이 아니라면) 가까이에서 관찰하는 현상 중 가장 고온일 것이다. 텅스텐 필라멘트는 길이 50센티미터, 지름 0.025밀리미터 정도 되는 전선 형태로 시작한다. 척도로 따지면 윌리스 타워를 3.8센티미터 크기로 축소한다고 생각하면 된다. 이 전선을 나선 모양으로 1130회 감으면 길이가 7.6센티미터 정도가 되고, 이것을 다시 나선 모양으로 감으면 전구 안에 있는 것과 같이 2센티미터가 조금 못 되는 필라멘트가 된다. 이중 나선으로 감는 이유는 짧은 필라멘트 안에 빛을 내는 전선을 더 많이 넣는 동시에 내부 반사를 일으킴으로써 방출하는 빛의 강도를 두 배로 높이기 위해서이다.

변화는 한 단계씩 이루어진다

쿨리지의 놀라운 성공 이후 백열등 필라멘트는 거의 변하지 않았다. 그러나 100년 동안 군림해온 백열등은 이제 찬란히 밝지만 효율이 떨어졌고, 작디작은 LED, 즉 발광 다이오드에 의해 그 쓸모가 다하는 날이 다가오고 있다. 흰색 LED 등은 양자 역학 작용을 활용하는 순전한 20세기 장치이다. 에디슨 시대 과학으로는 양자 역학에 대해 겨우 추측을 시작하는 수준이었지만, 흰색 LED 전등을 공학적으로 발명한 이야기는 백열등을 발명한 이야기와 동일하다. 19세기 발명품이든 양자 역학 기반의 최신 장치이든 제품을 우리 가정과 사무실에 들여다 놓기 위해서는 공학적 방법을 제조에 적용해야 하며, 에디슨과 그의 전구 이야기와 마찬가지로 이 역시 발명자 한 사람이 단독으로 발명한 것처럼 전해진다.

『큰 발상: 우리 세상을 바꿔 놓은 현대의 100가지 발명 Big Ideas: 100 Modern Inventions That Have Transformed Our World』이라는 책을 펼치면 닉 홀러니액 Nick Holonyak이 "현재 커피를 내리는 중임을 나타내는 작은 빨간색 등에서부터 타임스퀘어에 있는 22층 높이의 로이터 전광판에 이르기까지 어디서나 볼 수 있는 내구성 좋고 효율 높은 광원"인 LED를 발명했다는 짤막한 글을 볼 수 있다.[27] 작은 빨간색 LED 한 개와 커다란 전광판 사이에는 상당히 큰 비약이 있다. 이 글은 LED 등이 완전한 제조 발명품으로 진화하기까지 40년이 넘는 기간에 걸쳐 한 단계씩 사슬을 이어온 혁신자와 공학자를 언급하지 않는다.

흰색 LED는 파란색 LED를 사용하여 빨간색과 초록색 LED와

8장 · 한 번의 발명이 세상을 바꾼다는 착각

조합하거나, 형광체를 이용하여 파란색 일부를 노란색으로 변환하는 좀 더 효율적인 방법으로만 만들 수 있다. 어느 방법으로든 인간의 눈은 그 빛을 흰색으로 인식하지만, 두 방법 모두 파란색 LED가 필요하다. 수십 년 동안 상품화된 형태로 이용할 수 있었던 LED는 빨간색, 초록색, 노란색뿐이었다. 다만 일찍이 1972년 한 공학자가 선명하게 밝고 이례적으로 효율적인 흰색을 내는 데 도움이 되는 제대로 동작하는 파란색 LED 연구소 시작품을 개발한 적이 있었다. 파란색, 따라서 흰색 LED는 대형 전자 제조업체가 아니라 전자 장치를 한 번도 제조한 적이 없는, 이름 없는 화학공업 회사에서 일하던 어느 자칭 "촌뜨기"가 "발명"하기 전에는 제조할 수 없었다.[28]

이 촌뜨기는 일본 도쿠시마 출신의 나카무라 슈지中村 修二였다. 그에 관해 자세한 내용을 적으려면 따로 한 권의 책이 필요할 것이다. 그러나 여기서는 에디슨이 1000가지가 넘는 재료를 시험한 결과 만들어진 필라멘트와 쿨리지의 연성 좋은 텅스텐으로 이어진 수많은 단계와 비슷하게, 나카무라의 단계별 접근법이 개발되었다는 이야기만으로 충분하다. 그는 10년이 넘도록 매주 7일씩, 매일 12시간씩 연구한 끝에 공학적 방법을 적용하여 제조가 가능하도록 설계를 진화시켰다.[29] 이 연구로 나카무라는 2014년 노벨 물리학상을 공동 수상했다.

단독 발명자라는 통념의 어떤 점이 나쁠까? 제품이나 기술이 진화한 과정을 자세히 들여다봐야 하는 이유는 무엇일까?

첫째, 이런 통념은 공학적 방법을 가려버리고 모든 공학적 경이에는 그 뿌리에 과학적 혁신이 있었다는 관점을 부추긴다. 그럼으로써 공학자가 제품을 빠르고 안정적으로 대량 생산해야 할 필요와 대량 제조에 따른 제약 조건에 대응하여 더없이 우아하고 명석하며 나아가 숭고하기까지 한 창의력을 발휘하는 것을 보지 못하게 만든다.

이 아름다운 창의력은 골프공을 제조하는 방법으로 설명할 수 있다. 골프공의 유동적인 핵은 수 킬로미터 길이의 고무줄로 쉽게 감쌀 수 있도록 동결된 구체로 시작됐다. 또는 플라스틱 랩을 만들 때 공기를 불어 커다란 풍선을 만든 다음 공기를 뺌으로써 두께가 균일하게 만드는 방법으로도 설명된다. 컴퓨터 칩을 고온에서 작동시킴으로써 그 신뢰성을 시험하는 방법을 보아도 알 수 있다. 집적회로를 실온보다 훨씬 높은 온도에서 1000시간 작동시키면 실온에서 9년 동안 작동시키는 것과 같은 효과를 얻을 수 있다. 현장의 공학은 이처럼 알려지지 않은 번득이는 기발함으로 가득 차 있다.

둘째, 방법 자체만 가리는 것이 아니라 사람들까지도 가려버린다. 한 제품의 발전을 연구한다는 것은 그 개발 과정에 관여하였으나 공로를 제대로 인정받지 못한 사람들, 주로 여성이나 유색인종 등을 무대 위로 끌어올려 공학적 창의력은 누구에게나 존재한다는 사실을 조명하는 것과 같다. 우리 중 루이스 래티머라는 사람에 대해 들어본 사람은 거의 없지만, 그의 업적은 상품화 이후 10년 동안이라는 결정적으로 중요한 기간에 전구의 신뢰성을 높였다. 천재 발명자 한 사람만을(주로 백인 남성) 공학의 얼굴로 바라보는 것은 다음 세대에게 공학은 창의적 노력이자 누구에게나 열려 있는 직업임을 보여주지 않으며, 이는 우리 세계가 직면한 긴급한 문제 해결을 위해 일하는 사람 수를 줄이는 결과로 이어진다. 발명을 단독 발명자로부터 나오는 것으로 생각하면 모든 문제를 획기적인 약진 하나로 정복한다는 오류로 이어진다. 그러나 실제로 모든 발명은 셀 수 없이 긴 세월 동안 놀라운 혁신과 끈질긴 노력 모두를 통해 이루어낸 발전이 수없이 쌓인 결과 하나의 절정에 다다랐을 뿐이다.

이 장에서 초점을 제조에 맞춘 것은 성공적 발명과 그렇지 못한 발명 사이의 차이는 제조 가능성에 있다는 사실을 부각하기 위해서다. 소수 인물이 명성과 역사적 악명을 휩쓸 수 있는 병목 구간은 대량 제조가 가능한 설계에 성공하는가에 달려 있는 때가 많다. 현재도 이 병목을 통과하기 위해 차례를 기다리는 혁신은 무수히 많다. 에너지 분야의 수많은 혁신이 적절하지 않은 생산 방법 때문에 멈춰 서 있다. 대형 실리콘 패널을 대체하여 두 배의 효율로 태양으로부터 전력을 모으는 새로운 재료가 연구소에서 개발되었지만, 이 신소재 패널은 아직 대량으로 제조할 수 없다. 어느 기사에 따르면 이 패널은 "상품화와 엉터리의 기로에 서 있다."[30] 수소로 구동되는 세계의 고뇌가 커지는 것 역시 제조의 역할이 중요하다는 것을 보여준다. 수소가 반응하여 무해한 물과 산소로 바뀐다는 것은 참으로 좋은 일이지만, 그럼에도 공학자는 수소를 뽑아내기 위해 에너지가 풍부한 메탄을 폭발적으로 분해해야 하고, 그 과정에서 수소로 얻을 수 있는 것보다 더 많은 에너지를 써야 한다.

세계에서 가장 시급한 에너지 생산 문제를 풀어낼 수 있는 이런 해법은 지금으로서는 에디슨의 필라멘트와 같은 교착 상태에 빠져 있다. 그중 많은 수가 다음 단계로 나아갈 기회를 얻지 못하겠지만, 우리는 이제 뭔가가 발명된다는 것이 무슨 뜻인지를 이해함으로써, 공학적 방법을 지금 적용하는 수많은 사람에 의해 미래가 지닐 수 있는 모습이 상상되고 있음을 알 수 있다. 그들은 놀라운 창의력으로 거의 모든 세밀한 부분까지 아우르며 미래를 그리고 있다. 운이 좋은 사람은 병목을 통과하여 그것을 마침내 병 밖으로 꺼낼 것이다.

9장

전자레인지의 역사에 숨겨진 미래의 해답

9장 · 전자레인지의 역사에 숨겨진 미래의 해답

인터넷에서 '전자레인지를 발명한 사람'을 검색하면 대부분 간단한 이야기가 나온다. 이 이야기는 수백만 곳에서 되풀이되며, 과학과 기술의 변천사를 담는 연대표의 한 항목으로 요약된다. 자세하게 다루는 본격 역사책에도, 아동 서적에도 실린다. 그 가장 일반적인 형태는 다음과 같다.

> 1946년, 독학으로 공부한 퍼시 스펜서Percy L. Spencer가 레이더 장치 곁을 걸어 지나갔다. 제2차 세계대전 항공기를 위해 제작된 장치였다. 그때 그의 호주머니 안에 있던 캔디 바가 녹았고, 그 순간 그는 전자레인지를 고안했다. 전자레인지는 주로 식사 준비를 담당하는 여성이 남은 음식을 다시 데우거나 간단한 포장 음식을 조리할 수 있게 하는 가정용 장치로, 여성의 일거리를 줄여준다.

강렬하고, 생생하다. 그렇지만 이 이야기는 틀렸다.

퍼시 스펜서와 전쟁과 차가운 음식

진짜 이야기는 1940년 퍼시 스펜서가 어떤 물건을 주의깊게 살펴본 데서 시작한다. 어느 미국인 역사학자가 '우리 땅에 내린 가장 귀중한 화물'이라 표현한 물건이었다.[1] 변호사가 사용하는 검은 금속제 증서 상자에 포장된 이 화물은 더치스오브리치먼드호에 실린 채 영국 리버풀에서 출발하여 캐나다의 노바스코샤주 핼리팩스로 향했다. 호위함 없이 항해한 이 배는 적선을 피하기 위해 20분마다 항로를 바꾸되, 공격을 받을 경우 상자를 바다로 던져 대서양 바닥에 영영 가라앉힘으로써 그 비밀을 나치로부터 감추라는 명령을 받았다. 배는 출항한 지 8일 만에 핼리팩스에 도착했고, 그 배에 탄 어떤 이의 회상에 따르면 "모든 구멍으로부터 경기관총을 빼곡히 내민" 미국 육군 장갑차가 그 금속 상자를 그곳에서 인수했다.[2]

장갑차는 상자와 함께 영국 과학자 파견단을 태우고 워싱턴 D.C.로 수송했다. 워드먼파크 호텔에 도착한 직후 영국 과학자들은 그곳에 모인 소수의 호기심 어린 미국 과학자와 공학자에게 자기네가 가져온 귀중한 화물을 공개했다. 지름 5센티미터 정도에 두께는 1.3센티미터 정도 되는 동글납작한 구리 덩어리로, 원형 홈이 여러 개 뚫려 있었다. 영국 공군이 영국 전투에서 독일 공군을 물리치는 데 도움을 줄 물건이었다.

더치스호가 리버풀에서 출항한 직후, 독일군 폭격기 200대가 영국의 항구, 상점, 하역장, 석유 저장고를 파괴하라는 히틀러의 명령에 따라 영국 남동부로 향했다. 그렇지만 영국 역시 지난 5년 동안 이 순간을 대비해왔다. 제1차 세계대전 때의 공중전은 부실한 목제

복엽기를 사용했지만, 그것이 굉음과 함께 괴멸적인 폭격으로 도시를 평지로 만들 수 있는 금속제 전쟁 기계로 진화했다. 그 때문에 1930년대 거의 내내 영국 정치가와 군사 지도자들은 자국이 공습으로 '박살' 나는 악몽에 시달렸다. 그들은 이에 대응하여 영국 남단 와이트섬부터 북단 오크니 제도까지 21곳에 레이더 기지를 건설했다. 영국 남동부와 동부 해안을 따라 구성된 이 '체인 홈' 시스템은 공습을 위해 다가오는 적기를 능동적으로 탐지할 수 있는 레이더망으로, 국토의 하복부를 가리는 방패가 되었다.

각 기지에는 110미터 높이의 강철 송신탑 네 개가 55미터 간격으로 세워져, 하늘을 전파로 뒤덮는 그물 모양의 "송신기 커튼"을 떠받쳤다.[3] 영국으로 접근하는 항공기에 반사되는 전파는 마름모꼴로 배치된 73미터 높이의 목제 수신탑 네 개로 탐지했다. 맑은 날이면 각 기지는 최고 320킬로미터 떨어진 항공기를 탐지했으나, 평균 작동 거리는 130킬로미터 정도였다. 그러나 130킬로미터라 해도 공습대가 영국 해협을 건너기 거의 20분 전에 프랑스 상공의 독일 항공기를 탐지하는 데는 충분했고, 영국 공군은 이 시간을 활용하여 그들의 민첩한 스핏파이어 전투기를 출격시킬 수 있었다. 이런 레이더 보고 외에도 1000개의 관측소에서 올라오는 관측수들의 보고가 있었고, 해독한 에니그마 메시지도 있었다. 그리고 개방된 무선 통신도 감청했는데, 독일 조종사들은 무선 기강이 느슨하여 개방된 무선으로 자신의 위치를 드러내는 때가 많았다. 영국은 이런 모든 보고를 취합한 정보에 힘입어, 처음 출격한 200대의 독일 항공기 중 80대를 격추할 수 있었다. 그 뒤 6주 동안 전투가 치열해지는 가운데, 독일의 제공권은 체인 홈 레이더 시스템 때문에 무너졌다. 그러나 영국 과학자들은 그다음 공격에 대비하기 위해 프랑스 비시 상공의 그림을 더 선명하게 그릴 수 있기를 원했다.

체인 홈 시스템은 무리를 지은 항공기만 탐지하여 화면에 반점처럼 나타낼 수 있었을 뿐 그 숫자에 대한 정보는 알려주지 못했다. 그뿐만 아니라, 고도 300미터 아래로 비행하는 항공기는 탐지하지 못했다. 그러나 개개의 항공기를 탐지할 만큼 해상도를 높일 수 있다면 전쟁에서 힘의 균형이 바뀔 것이었다. 해상도를 높이려면 레이더를 더 높은 주파수에서 가동할 필요가 있었다. 주파수가 높을수록 송신하는 전파 파장이 짧아지고, 파장이 짧을수록 해상도가 높아진다. 체인 홈 시스템에서 송신하는 30메가헤르츠 전파는 골에서 마루까지의 길이가 거의 5미터나 되어 항공기가 다수 모여 있을 때만 탐지할 수 있었다.

'귀중한 화물'인 이 구리 원판은 자전관이라는 것으로, 파장이 10센티미터밖에 되지 않는 전파를 발생하는 일종의 진공관이었다. 이 전파는 주파수가 약 3000메가헤르츠로, 마이크로파라고도 불린다. 이 자전관으로는 개개의 항공기를 구별할 수 있었고, 마찬가지로 중요한 것은 100미터를 넘나드는 높이의 탑을 세울 필요 없이 레이더를 이동식으로 만들 수 있다는 점이었다. 영국은 제대로 동작하는 자전관 시작품을 보유했지만 대량생산은 할 수 없었는데, 나치가 영국을 대륙으로부터 차단했기 때문이었다. 영국은 미국의 전문 기술과 생산 능력이 필요했다.

미국에서 자전관을 가장 먼저 살펴본 기술 전문가들은 도움을 줄 수 없었다. 그들은 연구 과학자이지 제조자가 아니었기 때문이다. 설명하는 동안 그들 중 한 사람이 보스턴 근처에 있는 "자그마한 진공관 공장"에 가보자는 의견을 내놓았다.[4] 그리고 "그곳에 상당히 정통한 사람들이 좀 있다"고 덧붙였다. 그 공장은 라디오와 진공관을 제조하는 작은 회사인 레이시온 소유로, 이익을 내는 데 어려움을 겪는 때가 많았다. 그가 칭한 '상당히 정통한' 사람들 중 하나가 그곳에서 근무하는 천재인 퍼시 스펜서였다. 스펜서는 진공관을 만드는 솜씨가 좋기로 유명했다. 그는 "우유병 하나와 양철 깡통 하나, 약간의 철사, 회반죽 한 들통만 있으면 어떤 종류의 전자 진공관이라도 만들 수 있다"고 큰소리를 치곤 했다.[5] 그리고 실제로 거의 20년 동안 그는 자신이 개발한 진공관 설계로 레이시온이 근근이 명맥을 이어나가는 데 도움을 주었다.

그는 해군에서 복무하는 동안 교재를 구해 밤에 불침번을 서면서 전기 공학을 독학으로 배웠다.[6] 레이시온에서도 공부를 계속했고, 휘하의 공학자 중 한 명에게 매주 새로운 진공관 특허를 모조리 수집하는 일을 맡겼다. 부탁을 받은 공학자는 새로운 특허를 하나하나 검토한 다음 레이시온 제품에 어떻게 적용하면 좋을지를 평가해 한 문장으로 적었다. 스펜서는 이 보고서를 살펴보며 레이시온의 제품군을 향상할 만한 게 있을까 궁리했다.

영국에서 온 파견단이 스펜서에게 자전관을 가져가 제조에 관한 조언을 구하자 그는 "저의 도움을 원하신다면 주말 동안 이걸 가져가 살펴보고 무엇이 가능할지 알아낼 필요가 있습니다" 하고 말했다.[7] 영국인들은 처음에는 거절했다. 그 물건은 극비이며, 그것을 가지고 있으면 위험하기 때문이었다. 파견단이 미행당했을 가능성이 충분하기 때문에, 스펜서가 스스로 그렇게 눈에 띄는 표적이 된다면 암살을 당할 수도 있었다. 그럼에도 새로운 방어 도구를 될 수 있는 대로 빨리 손에 넣기 위해 마지못해 동의했다. 자전관을 가지고 혼자 남게 된 스펜서는 그것을 손에서 이리저리 돌려 보며 연구했다. 그가 볼 때 자전관의 설계는 "어색"하고 "비실용적"이었다.[8] 그리고 자전관을 만드는 데 "많은 장비와 숙련된 인력이 너무나 많이" 필요할 것이므로 대량 제조가 불가능할 것으로 생각했다. 구리 덩어리에 새긴 구멍의 허용 오차는 2.5마이크로미터 미만이었다. 구멍 크기가 조금만 달라져도 발생하는 전자기 복사의 주파수가 달라질 것이었다. 주어진 여러 변수로 볼 때 숙련된 기계공이 자전관 한 개를 완성하는 데 적어도 일주일이 필요할 것이다. 스펜서에게 가장 한정적인 자원은 시간이었고, 상황에 따른 '최고' 관념이 시급했다. 그에게는 목표를 구체화할 수 있을 만큼 전자기 복사에 관한 철저한 과학적 이해가 있었고, 고도로 산업화한 세계에서 대량 제조법 발전의 원동력이 된 경험칙으로 가득한 제조업계 전체가 그의 뒤를 받치고 있었다. 그는 현재로는 제대로 된 자전관은 "인간의 기술에 달려 있다"고 생각했지만, 인간의 기술이라는 요소를 제거할 수 있다면 어쩌면 자전관을 대량생산하여 영국 공군의 무기로 삼을 수 있겠다고 판단했다.

주말이 지나고 다시 공장을 찾은 영국인들을 맞이한 것은 미소 띤 얼굴의 낙관적인 스펜서였다. 그는 숙련된 기계공이 구리 덩어리에다 정밀하게 구멍을 깎아내는 방식이 아니라, 두께가 1.6밀리미터 정도 되는 얇은 구리판 열 장 정도를 조립하여 몸체를 만드는 방식을 제안했다. 그는 이를 위해 오래전부터 증명된 경험칙을 따랐다. 복잡한 문제를 더 작고 더 다루기 쉬운 조각으로 나눈다는 경험칙이었다. 그는 이를 문자 그대로 실행했다. 각 구리판을 타공한

다음 그것을 한데 겹치면 완전한 구멍을 갖춘 자전관이 완성되도록 한 것이다. 구리판은 반숙련공이 가동하는 대형 프레스에서 빠른 속도로 타공할 수 있었고, 미리 제작한 금형을 사용하면 요구되는 오차 범위 내에서 정밀하게 잘라낼 수 있었다. 어느 레이시온 공학자는 그것을 "쿵, 쿵, 쿵" 찍어낸다는 말로 묘사했다.[9]

스펜서는 자전관의 정밀도를 인간의 손에 맡기지 않고, 수천 번 사용이 가능한 금형에다 맡겼다. 구리판을 겹쳐 한 덩어리로 만들기 위해 구리판 사이마다 매우 얇은 은판을 끼워 넣었다. 은판을 끼운 구리판 뭉치가 화로를 거치자, 은이 녹으면서 대서양 건너에서 가져온 시작품과 매우 비슷한 구리 덩어리가 되었다. 이 방법으로 퍼시 스펜서는 장인이 깎아내는 기기였던 자전관을 전쟁에서 이기는 데 도움이 될 수 있는 대량생산형 장치로 재탄생시켰다.

레이시온은 자전관을 매일 100개씩 생산하다가 전쟁이 계속되면서 1000개씩 생산했고, 한창때에는 최고 2500개를 생산했다. 미국 해군이 사용한 자전관 100만 개 중 레이시온은 절반을 생산했고, 미군 전체가 사용한 자전관 중에서는 80퍼센트 정도를 생산했다. 너무나 많았기 때문에 생산 관리자는 월별 생산량을 자전관 개수가 아닌 무게로 기록하며 관리했다. 레이시온에서 만든 자전관이 가장 큰 영향을 끼친 곳은 태평양 전쟁에서 함상에 설치한 에스지(탐색 장비) 레이더 시스템이었다.

레이시온은 전쟁이 시작될 때는 연 매출 300만 달러인 작은 회사였으나, 전쟁 마지막 해에는 1억 8000만 달러에 이르는 거대 회사로 성장했다. 전쟁 동안 총매출이 8억 달러가 넘었는데, 오늘날 가치로는 130억 달러에 이른다. 그러나 전쟁이 끝나면 수익성이 좋은 군납 계약이 사라질 것이었다. 경영진은 곧 매출이 최소 50퍼센트는 떨어질 것임을 알았다. 새로 얻은 시장 지배력을 유지하려면 팍스 아메리카나의 새로운 소비자 시장에서 팔 수 있는 뭔가를 찾아낼 필요가 있었다.

스펜서가 마이크로파를 방출하는 자전관이 열을 만들어낼 수 있다는 생각을 언제 어떻게 하게 되었는지, 나아가 그것을 생각한 사람이 그가 최초인지는 분명하지 않다. 확실한 건 캔디 바가 녹은 순간은 없다는 것이다. 이는 1950년대에 《리더스 다이제스트》의 어느 필자가 만들어낸 이야기이다. 그러나 전쟁 당시 레이시온 공학자들은 겨울이면 야외에 줄지어 늘어진 채 가동하는 자전관을 지나갈 때 거기서 발생하는 열에 손을 녹이곤 했다.[10] 스펜서는 "숙성 선반"에 줄줄이 걸린 채 계속 가동함으로써 진공을 메우고 신뢰성을 높이는 공정을 거치는 자전관을 눈여겨보며 마이크로파에 의한 가열을 활용할 수백 가지 용도를 상상했다. 그는 1946년 《포춘》과의 인터뷰에서 이렇게 말했다. "확실히 말하지만, 이 분야는 어마어마할 것이다. 잉크 건조, 빨대 건조, 담배 숙성… 그 많은 용도를 모두 생각할 엄두도 낼 수 없다. 할 게 너무나 많아 정신이 없을 지경이다."[11]

이제 캔디 바가 녹았다는 강렬하고 생생하며 틀린 전자레인지 유래 이야기가 공학의 사례를 너무 단순화하고 있다는 점이 이해가 갈 것이다. 이는 영감이 발명으로 마치 일직선으로 이어져나간 것처럼 이야기를 바꿔놓는다.

퍼시 스펜서 + 레이더 + 녹은 캔디 바 → 집마다 전자레인지

이 통념은 공학적 방법을 가려버린다. 우연한 관찰을 활용하는 데 필요한 혜안과 이를 발전시키는 데 필요한 부지런한 노력을 감춰버린다. 오늘날 어디서나 볼 수 있게 될 발명품이 나오기까지 이루어지는 광범위하고 세밀한 연구를 무색하게 만든다. 짐작할 수 있겠지만, 작고 편리한 '소비자용' 전자레인지 이전에 '상업용' 대형 전자레인지가 있었다. 이는 스펜서가 저 구리 덩어리에서 본 갖가지 가능성에서 촉발된 수년간의 공학적 작업 끝에 만들어졌다. 조금 전 그린 단순한 직선형 그림은 이제 사다리가 될 수 있다. 제일 밑 가로대는 마이크로파 복사의 독특한 가열 현상을 최초로 관찰한 사건이다. 다음에는 투박한 최초의 시작품을 통해 발전의 사다리를 한 단계 올라가는 것이고, 사다리 꼭대기에는 오늘날 가정의 필수품인 최신식 전자레인지가 있다.

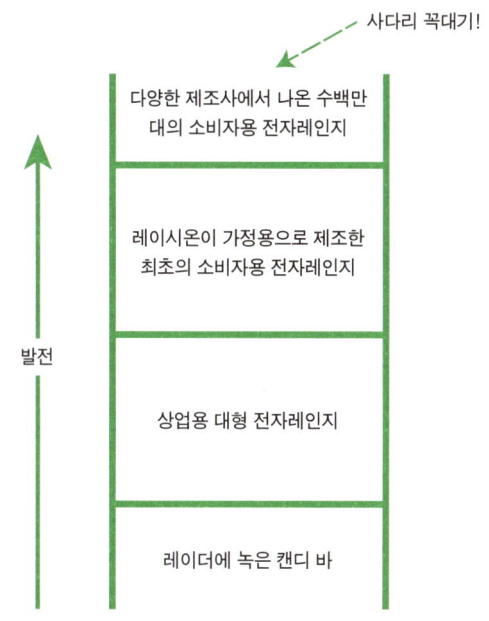

조금 더 정교하기는 하지만, 이 이미지는 여전히 역사를 왜곡한다. 공학이 직선형 궤도를 따라 발전한다고 암시하며, 공학자가 이 궤도를 타고 '발사'되면 당면한 문제에 관한 유일한 해법에 반드시 도달할 것이라는 믿음으로 이어지기 때문이다. 사소한 외형적 부가 기능이 어떠하든, 오늘날 대세가 된 스타일과 방식에 반드시 도달한다고 믿는 것이다. 이는 전자레인지의 발명과 최종 설계는 '오로지' 레이더가 열을 발생한다는 관찰의 결과를 기술적으로 적용하기만 하면 되는 문제였다고 암시한다. 이 통념은 전자레인지가 발명된 더 완전한 이야기 앞에서는 설 자리가 없어진다.

최초의 전자레인지가 존재하기 전에 스펜서가 "할 게 너무나 많다"고 한 말을 잠시 되새겨보자. 물론 유명 잡지와의 인터뷰에서 홍보 삼아 그 기술을 어느 정도 띄워 올린 것이지만, 공학자로서 그의 목표는 전자레인지를 만드는 것이 아니었다. 그의 목표는 단순히 불도 대체할 정도로 수많은 용도를 지닌 새로운 열원을 개발하는 것이었다. 이에 따라 우리는 그 발전 과정을 사다리가 아니라 나무 형태로 고쳐 그릴 수 있다.

이 나무의 뿌리는 레이더에 캔디 바가 녹은 것이다. 가장 아래쪽에는 페인트 건조, 의료 치료법, 산업 응용 등 그다지 크게 자라지 못한 작디작은 가지가 몇 개 있고, 그다음에는 굵은 나무줄기에 레이시온의 상업용 전자레인지, 레이시온이 내놓은 최초의 소비자용 전자레인지, 그리고 섀시나 외부 제어부는 달라도 모두 똑같은 방식으로 작동하는 수천 가지 소비자용 모델이 있다.

그러나 이 이미지 역시 사다리보다는 낫지만 여전히 기술이 어떻게 진화하는가 하는 발상을 왜곡한다. 처음에는 많은 발상이 있었으나 금세 사라졌으며, 또 전자레인지가 일단 고안되자 쭉쭉 앞으로 나아갔다고 암시하는 일종의 결정론이다. 우리는 전자레인지 이야기를 일종의 소급 목적론으로 생각하면서, 처음부터 오늘날과 같은 방식으로 사용되도록 의도되었다고 상상한다. 그렇지만 소비자용 전자레인지는 의도된 결과가 절대 아니었다. 원래 목표는 식당에서 능률적으로 음식을 만드는 데 사용할 상업용 대형 전자레인지였다. 현대의 전자레인지는 레이시온의 공학자들이 만들고자 한 것의 실패작이다.

스펜서와 레이시온 직원들은 공학적 방법의 첫 몇 단계에 따라, 해결해야 하는 문제가 무엇인지 판별했다. 거의 완전히 전기화한 선진 세계를 사는 사람들은 이미 스위치 하나로 불러올 수 있는 빛, 시속 수십 킬로미터 단위로 이동하는 여행, 가정용 냉장고의 냉

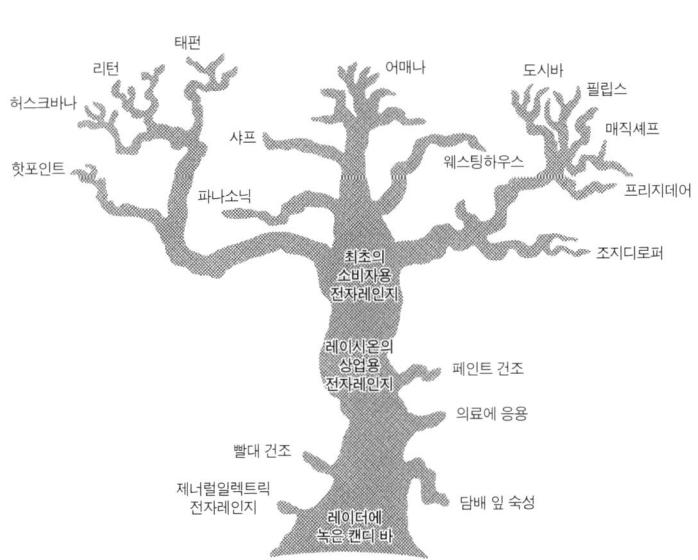

다양한 제조사에서 나온 수백만 대의 소비자용 전자레인지

동 기능, 냉장 상태로 보관된 음식, 박테리아 질병의 위협을 제거하는 항생제 등과 같은 즉각적 만족에 익숙해져 있었다. 전쟁 이후 호황기에 대중은 생활의 모든 면이 더 빠르고 쉬워질 것이며 그렇게 할 새로운 방법이 있을 것이라는, 거의 분노에 가까운 기대를 가졌다. 재료 처리와 액체 건조와 음식 조리를 여전히 불과 햇빛이라는 원초적 열원을 가지고 해야 한다는 사실은 해결해야만 하는 하나의 시대적 문제가 되었다. 공학적 해법이 늘 그렇듯, 최고라는 관념은 유동적이었다. 시대에 따라 달라지고 있었던 것이다.

실제로 과학적인 부분은 스펜서와 연구진 앞에 가지런히 정리되어 있었다. 전자기 복사 가열에는 모든 빛과 열이 포함되므로 새삼스러울 것이 없었다. 마이크로파 가열은 기술의 시작, 즉 불을 이용한 음식 조리를 뿌리로 하는 훨씬 더 커다란 나무에 달린 가지 하나에 지나지 않았다. 빨갛게 달아오른 고대의 석탄으로부터 오늘날의 전기보일러, 전열기구, 이지 베이크 오븐(실제로 조리가 가능한 장난감 전기오븐으로, 1963년 처음 발매되었을 때에는 일반 백열전구 두 개를 열원으로 사용했다-옮긴이)에 이르기까지 가시광선과 적외선 복사는 언제나 조리에 사용되어 왔다. 마이크로파는 성질이 독특하다. 예부터 이용되어온 가시광선과 적외선 복사는 대부분의 경우 음식 표면을 통과하지 못하기 때문에 겉에만 작용하며 열이 겉에서부터 안으로 확산하여 들어간다.

반면 마이크로파는 전파의 한 유형인 만큼, 집 벽이나 자동차를 통과해 무선 장치에 도달하는 것과 같은 방식으로 음식의 바깥층을 통과해 들어가 음식 내부를 직접 가열할 수 있다. 물과 기름 등 음식의 구성 성분 중 극성이 있는 분자를 빠른 속도로 운동하게 만듦으로써 열을 가한다. 음식 한가운데에 있는 분자도 가장자리에 있는 분자와 똑같이 에너지를 받을 수 있다. 이 때문에 때로는 음식을 안에서부터 바깥으로 익혀 나온다고 표현하기도 한다.

실제로 마이크로파는 일반적으로 음식의 바깥 2~3센티미터 부분에서 흡수되는데, 이 때문에 깊이가 깊은 그릇에 담긴 캐서롤을 통째로 전자레인지 안에서 재가열하면 내부가 찬 상태 그대로인 때가 생긴다. 그러나 스펜서의 마이크로파 가열은 '과학이 없어도 공이 굴러가게' 만들 수 있었다. 전쟁 동안 겨울에 레이더 공학자들이 자전관 앞에서 손을 녹이곤 했다는 일화에서 알 수 있듯, 그것이 유용한 열원이라는 사실만으로도 해법을 떠올리기에 충분했다. 과학의 힘은 나중에 적용할 기회가 있을 것이었다.

그렇지만 나무 이미지는 스펜서와 레이시온이 주인공이라고 말하는 부분에서 두 번째 왜곡을 불러일으킨다. 레이시온의 공학자들은 다른 누구도 생각하지 못한 발견을 이용한 예외적인 천재들이 아니었기 때문이다. 레이더가 군수산업 규모로 활용된 뒤로 마이크로파의 편리한 물리적 특성은 이미 비밀이 아니었고, 마이크로파를 가열에 이용한다는 관념은 퍼질 대로 퍼져 있었다. 제너럴일렉트릭과 웨스팅하우스와 알시에이가 플라스틱, 고무, 직물, 목재 가공을 위한 마이크로파 장치를 개발하고 있었고, 제너럴일렉트릭은 자사의 전자레인지 모델을 따로 준비하고 있었다. 당시 어느 전자 산업 저널은 기사에서 마이크로파 복사를 "음식물의 살균, 데치기, 조리"에 이용할 가능성을 다루었다.[12]

스펜서와 레이시온 직원들은 처음에 음식 가열에 초점을 맞추었고, 따라서 오늘날의 눈으로는 아무리 잘 봐줘도 불편한 설계와 출력을 갖춘 시작품을 만들기 시작했다. 어떤 시작품은 옆으로 드러누운 쓰레기통의 뒤쪽 구멍으로 레이더 자전관이 튀어나와 있는 모양으로 출발했다. 그들은 이를 이용하여 팝콘을 만들고 달걀 실험을 했는데, 달걀은 급속 가열할 때 언제나 폭발하곤 했다. 이런 실험에서 알아낸 가장 중요한 사실은 무엇을 조리하든 언제나 금방 조리된다는 점이었다. 전통적인 방법보다 훨씬 빨랐다.

일반 대중에게 판매할 장치를 만드는 일은 레이시온에게 새로운 도전이었다. 이전의 대부분 장치는 군 장교 같은 훈련받은 전문가가 가동하도록 만들어졌는데, 이들은 용법 안내서를 읽은 상태에서 장비를 조심스레 다룰 것이므로 위험하고 값비싼 장비 때문에 위험에 처하는 일은 일어나지 않을 것이라고 믿었다. 그러나 전자레인지를 가동할 사람이 식품 가공 산업과 식당에서 일하는 일반 시민이라면 군용 장비보다 훨씬 더 안전하게 만들어야 했다. 또 최대한 자동으로 작동하게 해야 했는데, 이용자의 많은 수가 주문 즉시 빨리 요리하는 조리사일 것이기 때문이었다. 그들은 음식을 조리하는 새로운 방식을 가지고 실험할 가능성이 높았다. 스펜서가 전자레인지를 설계할 때의 본질적인 문제점은 당시 어느 기사에서 설명한 것처럼 골고루 가열하기 위해 "알맞은 주파수, 조리실 크기, 음식물, 음식을 놓을 방향"을 알아내는 것이었다.[13]

레이시온은 설계 공학자라면 누구나 마주치는 고전적 고민에 처해 있었다. 바로 양립할 수 없는 제약 조건을 서로 절충하는 일이었다. 그들은 당면한 문제에 대한 최고의 해법을 마련하기 위해 각 변수를 조절함으로써 부분적으로만 양립할 수 있는 여러 요구조건 사이의 균형을 맞추어야 했다. 고급 전자레인지가 사용자를 위해 무엇을 할 수 있는지에 대한 문화적 합의가 아직 없었기 때문에 더욱 어려웠다. 주된 어려움은 복사선의 주파수였는데, 이는 지금도 여전히 가정용 전자레인지로 조리하는 모든 사람이 경험하는 문제점이다. 레이시온이 전자레인지에 사용하려 한 자전관이 만드는 복사선은 파장이 약 12센티미터였다. 이 파장은 매우 편리했다. 스펜서가 1945년 특허 신청서에 명시한 것처럼, 마이크로파 가열은 조리 중인 식품의 길이와 파장이 비슷할 때 가장 잘 작동하기 때문이었다.[14] 그러나 이는 또한 파장이 전자레인지의 내부 크기와도 비슷하다는 뜻이고, 이는 다시 마이크로파가 그 안에서 쉽게 정상파를 만든다는 뜻이었다. 즉 전자레인지 양 옆면에서 반사되는 마이크로파가 서로 상쇄되고 강화되면서 움직이지 않는 파동이 만들어지며, 이 때문에 고르게 가열되지 않는다. 어느 공학자의 말처럼, "그 안에다 핫도그를 넣으면 가운데는 익고 양 끝은 날것 그대로일 것"이었다.[15]

그냥 복사선 주파수를 바꾸거나 전자레인지를 다른 크기로 만들면 안 될까? 그러나 문화적 요소가 들어와 제약 조건으로 작용하면서 '최고'의 전자레인지를 위한 크기가 정해졌다. 바로 식당 주방에 놓을 수 있을 정도로 작아야 한다는 것이었다. 전자레인지 내부 조리실 공간의 각 면이 약 30센티미터를 넘지 않아야 한다는 뜻이었다. 파장으로 보자면, 마이크로파 장치는 제2차 세계대전이 끝나기도 전에 FM 라디오, 장거리 전화 중계, 항공기 유도 시스템, 심지어 팩시밀리 전송 같은 용도로 개발되고 있었다. 미국 연방통신위원회는 간섭을 최소화하려면 구체적 용도에 따라 주파수 대역을 할당할 필요가 있다는 것을 깨닫고, 915메가헤르츠와 2450메가헤르츠 주파수를 마이크로파 가열을 포함한 '산업, 과학, 의료' 목적으로 따로 남겨두었다.[16] 이로써 전자레인지 공학자들은 위 주파수에 해당하는 32.8센티미터 또는 12.2센티미터 파동 중 하나를 고를 수밖에 없었고, 따라서 조리대에 놓을 전자레인지에 실질적으로 쓸 수 있는 것은 2450메가헤르츠뿐이었다. 915메가헤르츠 파동은 조리실 전체를 가득 채우겠지만, 2450메가헤르츠 파동은 더 촘촘한 간격으로 정상파를 만들 것이었다. 그렇다면 최고의 해법은 앞서 살펴본 단순한 이야기나 그림에서 암시하는 것처럼 순수하게 기술적 요인에 따라 결정된 것이 아니다. 산업 공통의 요구와 얽혀 전자 통신이라는 신세계를 위해서도 최선일 방향으로 복합적이고도 인간적으로 결정된 것이다.

공학자의 시도가 우리 일상에 스며드는 과정

레이시온의 공학자 마빈 복Marvin Bock은 전자레인지 설계 문제를 해결하기 위해 고르지 않은 가열의 원인이 되는 정상파를 줄이고자 했다. 그러지 않으면 마이크로파 오븐으로서 가스나 전기 오븐을 대체할 자격을 잃기 때문이었다.[17] 그러자면 정상파를 교란할 필요가 있었다. 가장 유망한 해법은 음식을 가열하는 동안 내부 조리실 크기에 변화를 주는 방법이었다. 처음에 그는 작은 모터를 이용하여 조리실 한쪽 벽을 이쪽저쪽으로 움직여 보았지만, 대량 제조에 쓸 수 없을 정도로 너무나 복잡하고 비싸졌다. 모터 때문이기도 하고, 움직이는 벽과 전자레인지 본체 사이의 연결 부분으로 복사선이 새어 나오기 때문이기도 했다. 복은 조리실 크기를 실질적으로 바꿀 수 있다는 것을 깨달았다. 그는 조리실 천장에다 회전 막대를 매달아 모터로 돌리는 방법을 시도했다. 복사선이 조리실 위에서 아래로 반사될 때 이 '파동 교란기'가 파동의 특정 부분을 막았다가 풀었다가 하면서 위치가 계속 바뀌는 정상파를 만들었다.

물론 이 해법은 완벽하지는 않았다(오늘날조차 어떤 전자레인지도 음식을 완전히 고르게 데우지는 않는다). 그러나 이 방법은 스펜서의 야망을 실행에 옮길 수 있을 만큼 마이크로파 에너지를 조리실 안으로 충분히 잘 퍼트려 주었다.

이제 자전관, 전력 공급 장치, 파동 교란기 등 모든 요소가 준비되자, 복은 음식 조리라는 실질적 문제로 관심을 돌렸다. 그는 먼저 팝콘을 시도했다. 팝콘의 80퍼센트가 튀겨지자 그는 "튀겼던 팝콘을 되살리는 데 20초가 걸리는데, 그 정도면 좋다"고 기록했다. 다음에는 채소로 눈을 돌렸다. 감자에 대해서는 이렇게 적었다. "풍미는 좋았지만 감자가 바삭하지 않았다. 필요한 시간은 1분이었다." 그 밖에 수첩에 적힌 내용 몇 가지를 소개한다. "방울양배추, 1분 15초. 물은 사용하지 않았다. 메마르고 풍미는 좋지 않았다. 냉동 방울양배추, 풍미가 좋았다… 으깬 냉동 감자, 맛은 좋지만 노릇노릇하게 익지 않았다. 필요 시간: 1분." 그다음에는 궁극의 고기 시험이었다. "치킨 프리카세는 1분이 걸렸고 맛이 좋았다. 스테이크는 노릇노릇하게 익지 않는다. 노릇노릇하게 익히는 데에는 얇은 스테이크가 더 좋다. 두꺼운 스테이크는 맛이 좋고 육즙과 풍미를 유지했다."

여기서 우리는 제2차 세계대전 이후 10년 동안 공학자가 전자레인지의 용도를 어떻게 상상했는지를 볼 수 있다. 바로 전통적 오븐을 대신하여 통닭이나 바닷가재, 고기를 조리하는 것이었다. 그리고 무엇보다도, 그것은 가정용으로 의도된 것이 아니었다.

최초로 생산된 전자레인지는 무게가 300킬로그램 남짓했고, 높이는 거의 160센티미터, 그리고 가로와 세로는 거의 60센티미터에 이르렀다. 이것을 설치하려면 전기기사가 220볼트 선을 끌어와야 했다. 부피의 대부분은 수랭 시스템이 차지했고, 이를 위해 배관공이 전자레인지를 주방 상수도와 연결해야 했다. 나머지 공간에 각 면이 30센티미터 정도 되는 입방체 형태의 조리실이 있었다. 이 최초 전자레인지는 전쟁이 끝난 직후 2000달러가 넘는 가격에 판매됐다. 오늘날 가치로 2만 5000달러에 해당한다.

이런 크기와 위력을 지닌 전자레인지를 만들게 된 것은 기술적 한계 때문이 아니라, 전쟁 때의 마음가짐에 익숙해진 레이시온 공학자들이 그렇게 선택했기 때문이었다. 그들은 전쟁 내내 자전관을 최대한 빨리 제조하는 방법을 연구했다. 제조에 1초가 더 걸린다면 레이더가 한 대 덜 제조되는 것이고, 그것은 미국인 군인이 한 명 더 죽을 수 있다는 뜻이었다. 그들은 전자레인지를 식당이 음식 준비에 들이는 시간을 줄이는 도구로 보았고, 그들 자신의 절박한 마음가짐을 그대로 식당용 전자레인지에 적용했다. 군수 산업에 기반을 둔 레이시온답게, 최초의 상업용 전자레인지를 설계할 때 최대한 크고 빠르고 강력한 도구가 되도록 만든 것이다.

전자레인지를 식당 주인들에게 선보이기 위해 레이시온의 영업 담당자들은 팝콘 옥수수 하나를 휙 집어넣은 다음 잠시 뒤 완전히 튀겨진 팝콘을 꺼내 흔들어 보였다. 그 밖의 시연 방법으로는 고기 2.7킬로그램을 2분 만에 굽기, 햄버거를 25초 만에 익히기, 그리고 납작하게 빚은 생강빵 반죽을 29초 만에 탱탱하게 부풀어 오른 모양으로 굽기 등이 있었다. 식당 경영자에게 들려주는 핵심 선전은 전자레인지가 시간과 재료 낭비를 최소화할 능력이 있다는 것이었다. 단체 손님을 받았을 때 갈비가 몇 대 모자란다면, 전자레인지로 금세 구울 수 있었다. 심지어 조리사는 음식을 낼 때 주문에 따라 조리하는 전자레인지 특별 요리를 개발할 수 있었다. 레이시온은 자신들이 내다본 조리의 미래에 지역 식당이 합류하기를 원했지만, 식당 입장에서 그 몇 분이라는 시간을 절약하기 위해 막대한 액수를 투자할 만큼의 가치가 있을까 생각해보지는 못했다.

전자레인지는 널리 퍼질 수밖에 없는 운명이었다는 세간의 흔한 이야기가 이쯤에 다다르면 대개 줄거리는 소비자용 전자레인지가 성공한 사연으로 건너뛴다. 그러나 마이크로파 가열이 음식 조리가 아니라 인간의 살을 데우는 용도로 쓰인 시기가 잠시 있었다. 이것은 새로 임용된 레이시온의 사장 찰스 프랜시스 애덤스 2세 Francis Adams Jr.의 관심사였다. 조용한 성격에다 지출 결재에 깐깐한 애덤스의 태도 이면에는 진정한 첨단 기술 애호가의 영혼이 들어 있었다. 1948년 레이시온이 그를 영입했을 때 그는 오로지 실적을 군납 계약에만 의존하는 상황은 피하겠다고 다짐했다. 그래서 마이크로파 가열을 군사적이 아닌 상업적 용도에 응용할 방안을 추진했고, 그중에서도 특이하게도 의료 응용 분야 쪽으로 방향을 맞추었다. 스펜서의 능력에 감탄한 그는 아픈 근육을 따뜻하게 해주는 마이크로파 장치를 만들어 달라고 부탁했고, 장치가 만들어지면 조용히 집으로 가져가 시험하곤 했다. 그가 사장으로 있는 동안 레이시온은 마이크로파 근육 투과 열 치료기를 시장에까지 내놓고, "신체를 깊이 가열하는 투과 에너지"로 체내에서 "지방과 혈관 조직 사이에 적정 온도 비율"을 끌어낸다고 보장했다. 그들의 가장 큰 우려는 사람들을 마이크로파 에너지에 노출한다는 것이 아니었다. 어느 광고에서 밝힌 것처럼 "텔레비전을 방해하지 않아요!"라는 것이었다. 그들은 열 치료기가 "텔레비전 대역보다 훨씬, 훨씬 더 높은 주파수를 사용하므로 간섭의 위험이 없습니다"라며 사용자들을 안심시켰다.[18]

부엌용 전자레인지를 근육 이완용 일광욕 침대로 바꾼다는 생각을 비웃고, 그것의 상업적 실패를 그저 사다리나 나무 그림에서 부서진 가로대나 오그라진 가지 같은 것으로 표시하기는 쉽다. 그러나 이 물건이 실패했다는 사실은 소비자용 전자레인지가 아무런 어려움 없이 간단하게 필연적으로 부상한 게 아니라는 점을 강조한다. 실제로 애덤스가 식당 경영자 고객을 대상으로 첫 단추를 잘못 끼운 뒤로 가전기기 개발 쪽으로 눈을 돌린 것은 이 실패를 경험한 다음이었다. 가전기기 개발의 의도는 가족의 식사 준비라는 기대를 짊어진 미국인 주부의 문제를 해결한다는 것이었다. 레이시온은 주로 식사 준비를 맡는 여성에게 지워진 노동 부담을 줄이고자 했고, 남은 음식을 데우거나 간단한 포장 음식을 조리할 수 있게 하려 했다. 이를 위해 애덤스는 주부들이 매력을 느낄 만한 새로운 전자레인지를 만들고자 산업 디자인 회사를 고용하고 전자레인지 개발을 계속했다. 그들은 전체적 외양을 우아하게 설계하고 여성의 평균적 손 치수에 맞는 모양의 손잡이 등 각 부분을 구성했다.

그러나 전자레인지의 이미지를 가전기기로 바꿔 놓으려면 공학에서 종종 창의력이 가장 많이 발휘되곤 하는 일을 할 필요가 있었다. 바로 싼 가격에 구매할 수 있게 만드는 일이었다. 신뢰성이 무엇보다도 중요하고 가격은 아무래도 상관이 없는 미군용 장비 설계에 익숙해져 있던 공학자들에게 그런 접근법은 낯설었다. 새로운 관점을 가져오기 위해 레이시온은 전쟁 동안 쌓은 부를 동원하여 고급 냉장고 제조사인 어매나를 인수했다. 통합된 팀은 마빈 복이 최초 모델을 만들 때와 마찬가지로 자전관에서 출발했다. 레이시온의 자전관은 원가가 300달러였는데, 그것만으로도 어매나의 창업자이자 사장인 조지 포어스너가 전자레인지에 붙이고자 한 500달러라는 가격표에서 절반이 넘어갔다. 시작 비용은 이 자전관을 사용할 수 없게 만들 정도로 영향이 컸지만, 그보다 더 큰 문제는 보증 수리가 발생하면 모든 이익이 날아간다는 것이었다. 이 문제에 대한 해답은 어디 있었을까? 바로 제2차 세계대전의 잿더미를 딛고 일어서는 해외 국가에, 그것도 몇 년 전만 해도 레이시온이 패배시키려고 노력했던 태평양 건너 나라에 있었다.

신일본무선은 조리용으로 '충분한' 자전관을 설계했다. 전쟁으로 파괴되었다가 최근 산업화한 나라와 경제의 필요에 의해 정의된 최선 관념에 따른 것이었다. 이 자전관은 가정용 주방 오븐을 구동하기 위한 것으로, 원가는 25달러가 되지 않았다. 레이시온의 자전관은 냉각핀 10개를 포함하여 13개의 금속 부분품으로 이루어져 있었고 이를 신중하게 조립해야 했다. 신일본무선에서 설계한 자전관은 자전관 생산을 위한 스펜서의 해법을 모방하여 금속을 금형 안에서 단 한 번 두들겨 구멍을 뚫었다. 구멍과 냉각핀을 한 번에 만드는 것이었다. 구멍은 레이시온의 자전관만큼 정밀하지 않았지만, 이것은 하늘에 떠 있는 항공기를 개별적으로 구분할 필요가 있는 정교한 레이더 시스템용이 아니었다. 가정용 전자레인지라는 낮은 수준의 야심만 충족하면 되었다. 또 레이시온은 자전관에 유리를 씌웠는데, 이것은 녹을 가능성이 있었다. 신일본무선은 자전관에 내구성이 좋은 도기를 씌웠다. 레이시온의 자전관은 값비싼 알니코 자석을 사용했지만, 신일본무선의 공학자들은 값싼 도기 자석을 사용했다. 도기 자석은 온도가 올라가면 성능이 떨어지기 때문에, 처음에 1~2분 가동하고 나면 자기장이 약해지고 자전관이 전자레인지로 보내는 출력이 떨어졌다. 이 역시 레이시온의 군용 레이더에는 쓸 수 없겠지만, 핫도그를 조리하는 데에는 충분했다. 끝으로 신일본무선의 자전관은 전자레인지에 결정적으로 중요한 이점으로 작용했다. 레이시온의 어느 선임 공학자는 이렇게 회상했다. "그것의 히터 출력이 65와트로 매우 적당했다. (…) 그리고 효율이 65퍼센트 정도였고, 그래서 가정에 공급되는 15암페어 규격에 맞춰 넣을 수 있었다."[19] 다시 말해, 전력선을 따로 끌어올 필요가 없었다. 소비자가 전자레인지를 집으로 가져가 전기를 꽂기만 하면 바로 쓸 수 있었다. 출력을 줄였다는 것은 물론 이 전자레인지가 소 옆구리 살을 몇 분 만에 잘 익힌 스테이크로 만들 수 있는 레이시온의 원래 모델처럼 빠르게 조리할 수는 없다는 뜻이었지만, 젊은 포어스너는 어느 정도로 빠르면 소비자들이 느끼기에 적당히 빠른가 하는 데 대한 명확한 감각이 있었다.

1970년 레이시온을 비롯한 미국 제조사들은 전자레인지를 대당 300~400달러에 4만 대를 팔았고, 1971년에 이르러서는 일본 제조사들이 100~200달러 더 싼 저가 모델을 수출하고 있었다. 그 뒤 15년 동안 판매량이 급격히 늘어나, 1975년에 이르러 100만 대로,

1985년에는 1000만 대로 뛰었는데, 대부분이 일본제였다. 1970년 이후 몇십 년 동안 전자레인지는 고가의 경이로운 물건이다가 어디서나 볼 수 있는 값싼 필수품으로 변화하는 경로를 따랐다.

이 역사는 우리에게 전자레인지 개발을 사다리 모양으로 상상하는 데에 따르는 문제점을 보여준다. 심지어 나무 모양으로 상상한다 해도 문제는 마찬가지다. 깔끔하게 정돈된 이야기는 동시대에 있었던 여러 가지 다른 개발을 성급하게 잘라내 버리고, 현재를 기준으로 거슬러 올라가면서 성공한 이야기로 끼워 맞춘다. 역사학자라면 이것을 '휘그 사관'이라 부를 것이다. 기존에 퍼진 전자레인지의 기원, 다시 말해 퍼시 스펜서의 호주머니 안에서 캔디 바가 녹자, 짠! 하며 그가 전자레인지를 발명한다는 통념을 나타내는 이런 그림은 공학자가 작업하는 방식의 귀중한 세부 과정을 가려버린다.

물론 어떤 때는 이런 이야기가 종종 필요하기는 하겠지만, 전자레인지의 발명은 단순한 이야기가 아니라 시스템이고 과정이었다. 따라서 전자레인지의 개발을 상상하는 훨씬 더 나은 방법은 분지학을 이용한 그림이다. 이 그림은 생물학자가 진화에 따른 변화와 관계를 도표로 나타낼 때 사용한다. 조건에 따른 복잡한 진행 상황을 표현하며, 필연이라는 편견 없이 창의적 목적과 실제적 목적 모두를 위해 언제나 새로 계산하고 새로 정리하여 나타낸다.[20]

다음 그림의 수직축은 시간을 나타내고 수평축은 마이크로파 가열의 응용 분야를 나타내는데, 기존 용도로부터 새로운 용도가 진화해 나오며 가지를 친다. 이 그림은 자전관을 이용한 가열로부터 생겨난 여러 가지 제품과 공정을 보여준다(그러나 전부 보여주는 것은 아니다!). 이 그림이 혼란스러워 보인다면 기술 진화를 우리가

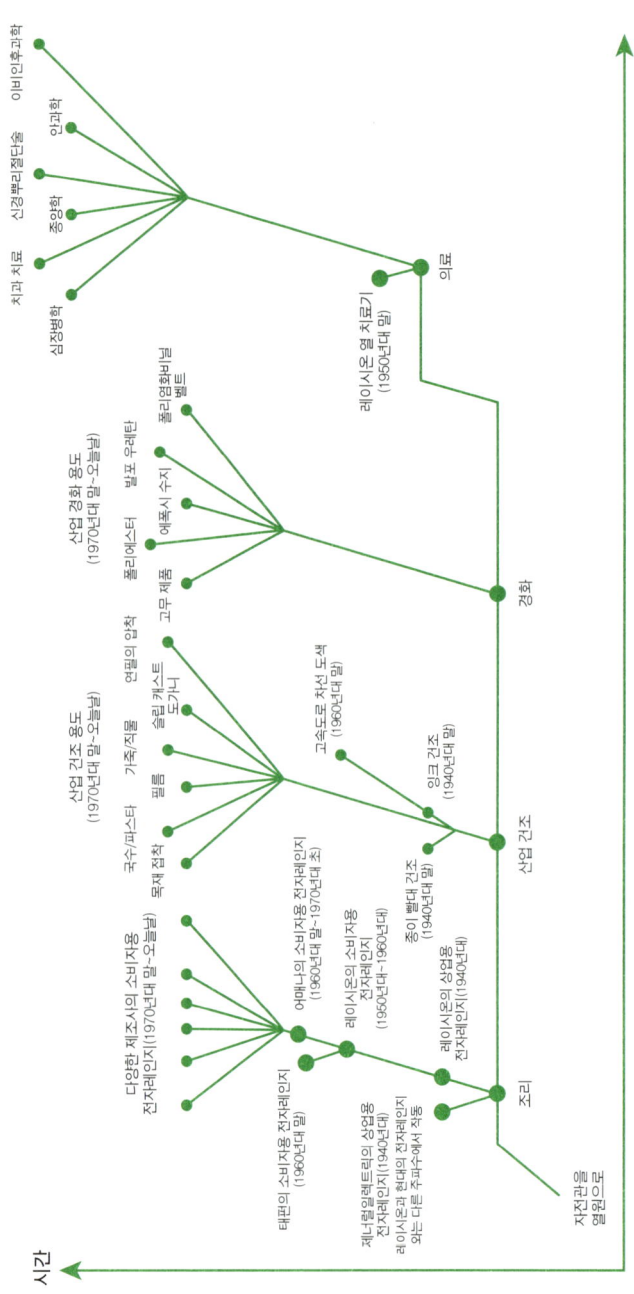

어떻게 단순화하는지를 상기하자는 뜻에서 그렇게 의도된 것이다. 이 그림에서 최초 용도 몇 가지가 '동시에' 등장하는 것을 볼 수 있다. 다른 주파수에서 작동하는 제너럴일렉트릭의 전자레인지는 레이시온의 최초 전자레인지와 가깝게 등장한다. 그 얼마 뒤 레이시온의 두 번째 전자레인지와 같은 시기에 레이시온의 열 치료기가 등장한다. 또 그림은 이들 최초 용도 중 얼마나 많은 것이 현재의 산업 공정으로 진화했는지를 강조한다. 똑같은 경험칙, 직관, 해법 응용을 바탕으로 하는 본질적으로 같은 기술인데도 우리가 전자레인지에 관해 이야기할 때는 그중 어떤 것도 언급되지 않는다. 사다리나 나무 그림을 만들기 위해 우리는 그중 하나의 부분집합만 선택하는데, 그렇게 하면 전자레인지의 개발과 나아가 더 일반적으로 기술이 진화하는 방식에 대한 우리의 생각이 왜곡된다.

그러면 여기서 전자레인지의 진정한 이야기를 자세히 살펴보는 이유는 무엇일까? 전자레인지의 개발에서 막다른 길과 실패한 것들을 거의 시시콜콜한 수준까지 밝히고 온갖 종류의 마이크로파 가열과 함께 나타내는 이유는 무엇일까? 단순한 이야기가 끼치는 해악은 무엇일까? 따지고 보면 그것은 그저 주방 기기일 뿐이지 않은가. 이에 대한 대답은 다음과 같다.

<u>기술 발달을 단순하게 바라보는 발상은 공학적 방법을 만들고 사용하고 조정하고 배우는 우리 존재를 무력하게 만드는 통념을 부추긴다.</u>

이야기로부터 실패와 잘못된 출발과 모순을 모두 잘라낼 때, 우리는 그것들을 나무 그림에서 작은 가지로 격하시키거나 사다리 그

림에서 아예 완전히 없애버린다. 그러나 그렇게 하면 공학이라는 진취적인 작업이 작동하는 방식을 드러내는 귀중한 부분이 모두 쓸려나간다. 그리고 기술을 이렇게 단순하게 다룬 이야기는 과학에 특권을 부여하고, 그럼으로써 공적 자금이 지출되어야 하는 방향을 왜곡한다. 공학자가 활용하는 강력한 경험칙을 만들어내는 순수 과학에 지출해야 할 자금을 과학의 응용 쪽으로 돌리는 것이다.

단순한 이야기로 감춰진 것은 우리 시대의 수많은 사회적, 정치적 변화이다. 전자레인지 개발에 관한 '완전한' 이야기에는 20세기 후반부의 기술에 관한 이야기 중 많은 부분이 요약되어 있다. 제2차 세계대전 기술이 우리 삶에 끼친 크나큰 영향, 전자공학이 기술 변화에서 가장 큰 힘으로 부상한 것, 광고와 마케팅이 점점 더 정교해지는 것, 또 앞서 언급한 것처럼 가정의 산업화로 인해 여성의 역할이 크게 변화한 것 등이다.

전자레인지의 단순한 이야기는 문제의 성격과 레이시온이 누구의 문제를 해결하려 했는지를 잘못 전달한다. 그들은 여성에게 지워진 노동량을 줄이려는 의도를 가지고 있었는데, 여성이 주로 식사를 준비하기 때문이었다. 레이시온의 디자이너와 공학자가 추구하고자 한 것은 급성장하는 산업의 일부분으로서 과로에 시달리는 미국의 어머니들에게 기여하기 위함이었다. 물론 20세기 초에 이전보다 가사가 전반적으로 훨씬 덜 힘들어졌음에는 논란의 여지가 없다. 그러나 생각해 볼 필요는 있다. 이런 가전제품은 누구를 위해 일을 더 쉽게 만들었을까? 그리고 누구를 위해 시간을 절약해 주었을까?

공학의 책임과 세계의 모습

이를 캐고 들어가기 위해, 오늘날과 19세기 식사 준비 과정을 비교해보자. 19세기에는 대부분의 가족이 스튜를 먹었다. 그냥 큰 솥에다 고기와 채소를 물과 함께 넣고 오랫동안 익혀 만드는 음식이다.[21] 스튜를 만드는 과정에는 양쪽 성 모두가 제공하는 노동력이 필요했다. 각기 전통적인 성별 역할에 따라 결정되었지만, 일이 비교적 힘들었다. 남성은 수제 칼로 동물을 도축했고, 여성은 나무를 가죽으로 묶어 만든 들통으로 물을 집으로 길어왔다. 가죽 무두질은 아마도 남성이 했을 것이다. 여성은 텃밭에서 기른 채소를 넣고 스튜를 끓였다. 불은 남성이 쪼갠 장작을 사용했다. 여성은 남성이 탈곡하여 도정한 곡물로 스튜를 걸쭉하게 만들었다. 사용하고 남는 찌꺼기나 쓰레기는 바깥으로 치웠는데, 이 역시 남성이 담당했을 것이다.

이제 전자레인지 시대에 사는 우리는 식품점에서 식품을 사서, 공장에서 제조된 팬에 집어넣고, 버너에 불을 붙인 다음, 저녁 식사를 조리하고, 찌꺼기는 쓰레기 봉지에다 던져 넣는다. 가사에 어떤 일이 일어났는지를 눈여겨보자. 기술은 남성을 전통적 역할로부터 해방한 한편 여성이 맡은 책임은 그대로 두었다. 그다음에는 청소가 여성의 의무가 되었다. 청소에 대한 기대 수준은 여성이 쉽게 사용할 수 있는 가정용 첨단기기의 힘 때문에 높아지는 때가 많았다. 과거에 어린이들은 해마다 몇 번씩 양탄자를 밖으로 가지고 나가 털었다. 오늘날에는 일반적으로 여성이 어린이를 방해되지 않는 곳으로 보낸 다음 진공청소기를 사용하여 주기적으로 카펫을 민다.

물론 우리 중 누구도 진공청소기나 전자레인지를 없애고 싶지는 않을 것이다. 현대 문화의 기대 수준에서는 그런 도구가 없다면 불가능할 수준의 생산성과 청결도를 유지하도록 요구하기 때문이다. 그러나 전후 호황기의 가사 기술 혁신에도 성별 규범이 사라지지 않았기 때문에, 가사 관리 책임은 여성에게 거의 유리하지 않은 방향으로 기울어졌다. 전후에 가전기기를 설계한 사람들의 의도와는 반대되는 결과가 나온 것이다. 그들에게는 해결하고자 하는 문제를 바라보는 시각이 한정되어 있었기 때문에, 자신도 모르는 사이에 초기 자전거나 컬러사진을 발명한 사람들 앞에 놓여 있던 것과 똑같은 함정에 빠졌다. 예상할 수 있는 것처럼, 복잡한 문제를 전체적이고 다양한 방면에서 이해할 때 공학자는 달리고자 하는 마라톤의 출발선에 더 가까이 서게 된다.

기술 발달을 필연적이라고 생각한다면, 즉 오늘날의 세계가 있게 만든 갖가지 제품이 발명자의 천재성에 의해 이미 결정되어 있었다고 생각한다면 이 책 전체에서 강조하는 과정의 의미를 배제하는 수준까지 공학의 최종 결과물을 과대평가하게 된다. 그런 사고는 공학자의 모든 실패를 덮어버리고 전자레인지 이야기를 문화의 필수 요소로 바꿔놓는 한편, 그것이 어마어마하게 성공적인 실패였다는 훨씬 더 유용하고 흥미로운 사실을 외면한다. 영감을 얻은 천재를 통해 발전이 일어날 수밖에 없었다는 이 통념은 공학의 현실은 극단적인 실용주의라는 사실을 감춰버린다. 중요한 점은 누군가가 문제를 충분히 많이 해결한 덕분에 새로운 장치나 시스템이 만들어졌다는 것이다. 공학적 방법은 복잡다단하며, 본래부터 극단적으로 실용주의적이고 창의적일 수밖에 없다. 따라서 변화하는 세계에 끊임없이 적응할 수 있다.

영감을 얻은 천재를 통해 발전이 일어날 수밖에 없었다는 통념을 믿으면, 기술이 발전하면 그 즉시 세계의 모습이 극적으로 판이하게 바뀔 것이며 모든 불행을 없애는 기술적 해결책이 존재한다는 더 과대망상적인 통념을 지지하게 된다. 기술 혁신은 확실히 갖가지 요인의 비중을 바꿔 놓고 비용 편익이 달라지게 만들지만, 해결책 자체만으로는 복잡한 문제를 해결하지 못한다. 또한 대중의 동의도 있어야 한다. 해법이 사회의 관습에 맞아야 하는 것이다. 이 점은 핵발전 사례만 살펴보아도 입증된다. 1950년대에 핵은 궁극의 연료원이었으며, 더럽고 값비싼 화석 연료를 일거에 제거할 것이라는 이상향 같은 전망을 보여주었다. 그러나 오늘날 핵은 전 세계 전력의 10퍼센트만 공급할 뿐이다. 핵발전소 건설 비용이 많이 들어 전통적 방법에 비해 전기가 비싸기 때문이기도 하고, 핵에너지와 관련된 위험을 대중이 받아들이지 못했기 때문이기도 하다.

이런 단순한 그림은 또 공학에 대한 대중의 믿음과 지지를 떨어뜨린다. 사다리나 나무 이미지는 공학자는 어떤 발상이나 목표를 가지고 출발하며, 어떤 자연스러운 순간이 일어난 뒤에라야 그 구체적 목표를 향해 노력한다는 흔하지만 잘못된 믿음을 강화한다. 이 목적론적 오류에서는 어떤 기술이나 물건 개발은 직선적으로 이루어진다고 생각하고, 공학자는 자신의 재능 특유의 발상에서 출발하여 그곳을 향해 총알처럼 직선으로 나아간다고 상상한다. 이 때문에 대중 사이에 공공과 민간 투자를 통해 공학자에게 지급하는 대가에 대한 비이성적 기대가 만들어지고, 공학자에 대한 믿음이 가장 필요해질 때 그 믿음을 잃게 될 위험이 있다. 비극적인 항공기

추락이나 후쿠시마 핵발전소의 노심 용해 이후에 특정 모델 항공기나 핵발전의 안전성을 다시금 믿게 될까? 공학적 방법을 알면 우리가 이런 기술을 다시금 믿게 될지도 모르는 이유가 드러난다. 공학자는 뭔가를 만들면서 점점 더 많은 정보와 경험칙과 직관을 얻고, 그래서 특정 결과물, 다시 말해 우리가 해결을 원하거나 해결할 필요가 있는 문제에다 사회가 부여하는 가치가 변화하는 것을 알아차린다.

<u>우리는 공학에는 필연이라는 것이 없고, 있었던 적도 없다는 점을 이해할 책임이 있다. 공학에는 '반드시'라는 것이 없다. 이는 우리에게는 그것을 통제할 책임이 있다는 뜻이다.</u>

단순화한 이야기는 기술이 순전히 그 자체만의 무자비한 논리로 우리 삶을 형성한다는 이미지를 만든다. 발명이라는 거대한 회오리바람이 우리 세계를 휩쓰는 사이에 우리와 기술이 서로 맹목적으로 작용하면서 축복을 내리고 파멸의 씨앗을 뿌린다는 것이다. 이는 절반의 사실일 뿐이며, 그렇기 때문에 위험하다. 그 진실은 기술적 성취가 우리 삶에 실제로 영향을 미치는 정도에 달려 있다. 이전에는 기술의 관계망이 문화 안에 그렇게나 복합적인 형태로 그렇게나 널리 스며든 적이 없었다. 인쇄기, 화약, 조면기 등 세기마다 어떤 경이로운 기술이 세계의 모양을 바꿔 놓은 것은 확실하지만, 이런 경이로운 기술이 결합하여 우리를 압도하는 광범위한 시스템이 만들어진 것은 20세기뿐이다. 기술은 우리의 업무를 돕고, 일상생활의 여러 가지 일을 도우며, 우리가 정신적으로 피로할 때는 혜

어날 수 없는 방식으로 우리를 즐겁게 해주고, 또 어느 정도는 우리가 그런 방식에 적응하도록 강요한다. 그러나 우리가 할 일이 주어진 기술에 적응하는 것뿐이라면, 그것은 공학자 출신 역사학자인 토머스 휴스의 말을 빌리자면 기술 시스템에 관해 "우리 삶의 모습에 너무나 친밀하고 깊게 파고들어 계속 영향을 주는 저 힘들을 통제하는 책임을 행사하기 위한" 지극히 중요한 논의가 공적 담론으로부터 배제된다는 뜻이다.[22]

그런 힘을 통제하는 첫 단계는 단순하고 통념적인 기술 이미지를 버리고, 공학자가 공학적 방법으로 해법을 만드는 방식을 풍부하고 섬세하게 이해하는 것이다. 어느 컴퓨터학자는 "프로그램하지 않으면 프로그램 당한다", 즉 컴퓨터를 통제하는 법을 익히지 못하면 컴퓨터에 통제될 것이라는 금언을 내놓았다.[23] 더 간단한 기술에도 같은 말이 적용된다. 우리 전기를 생산하는 연료가 무엇인지, 우리 수도의 상수원은 어디인지, 우리의 재활용품이 어떻게 되는지를 알면 변화를 불러올 힘을 얻게 된다. 어떤 해법이 우리를 위하여 사용될 때 그 해법이 선택된 이유는 복잡하지만 확인할 수 있음을 알기 때문이고, 그 공학적 방법에 적용된 변수를 재검토할 때 언제든 새로운 해법을 끌어낼 수 있기 때문이다.

통제권을 되찾는 데 필요한 첫째 단계는 하나의 기술이 어떻게 개발되었는지, 자율주행하는 자동차가 어떻게 치명적일 수 있는지, 유전자 변형에 어떻게 기술적 한계가 있는지를 이해하는 것이다. 이 이해는 필요한 첫 단계에 지나지 않는다. 이 책 전체에 걸쳐 보여주었듯 공학적 방법은 대단히 강력한 도구일 뿐 아니라 혁명적인 도구일 때도 많다. 그러나 거기에는 도덕도 없고, 인간에게 어떤 결과를 초래하는지를 판단하는 감각도 없으며, 무엇이 인류를 위해 가장 좋은지 찾아내려는 욕구도 없다. 기술사 연구 분야를 개척한 어느 역사학자가 1934년 쓴 대로, "철로가 운하의 선박보다 빠를 수 있고 가스등이 양초보다 밝을 수 있다. 그러나 이 속도나 밝기가 의미가 있는 것은 인간을 위한다는 목적이 있을 때, 또 인간적, 사회적 가치 체계와 연관되어 있을 때뿐이다."[24] 이 문장은 공학을 하는 것은 윤리적 활동이며, 모든 단계에서 도덕적 선택이 일어난다는 사실을 강조한다.

이 책에서 나는 어떤 도덕적 질문을 마주치든 공리주의적 논거를 제시했고, 심오한 도덕적 논거를 내세우기보다 모든 사고방식이 필요하다는 점을 인정함으로써 포괄을 주장했다. 그렇지만 이 책은 독자가 그런 더 심오한 도덕적 질문을 짚어보기 위해 필요한 기초를 놓는다. 공학적 방법을 이렇게 세밀하게 설명하고 나면 기술에 관한 윤리적, 도덕적 질문에 틀을 씌우는 데 사용되는 두 가지 가장 흔한 (그리고 쓸모없는) 극단적 태도가 설득력을 잃는다. 한쪽 극단에서는 가치 문제가 너무 일찍 개입된다. 철학자 한나 아렌트는 공학자는(따라서 기술도) 자기 운명의 주인이 아니라고 주장했다.[25] 아렌트의 관점에서 볼 때 공학자는 단순히 판도라의 상자를 열어 인류를 위협하는 끔찍한 것들이 풀려나오게 할 뿐이다. 반대쪽 극단에서는 윤리적, 도덕적으로 고려해야 할 것들을 태연하게 일축한다. 지금은 대부분 실리콘밸리에서 살고 있지만, 적어도 19세기부터 우리와 함께해온 테크노 유토피아주의자들은 기술이 모든 고통을 해결할 것이라고 선언한다.[26] 공학적 방법을 확고하게 이해하면 이런 극단적 태도가 우스꽝스러운 그림임을 금세 알아차릴 수 있다. 바로 공학자라는 존재로부터 인간적 면모, 즉 최악의 조건에서 (경제학자 줄리언 사이먼이 "궁극의 자원"[27]이라 부른) 인간의 창의력을 활용함으로써 창조를 위해 안간힘을 쓰는 면모를 배제한 모습이다. 윤리적, 도덕적 틀을 세우려면 먼저 공학자가 하는 일과 그 일을 하는 방식을 이해할 필요가 있고, 다음으로는 세계를 더 나은 곳으로 만들 방법을 알아낸다는 더 크고 심오한 문제로 눈을 돌릴 필요가 있다.

에필로그

50년도 더 지난, 나의 어린 시절의 가족 휴가 때 뿌려진 씨앗이 이 책으로 자라났다. 식물학자와 연극 교수인 부모님은 휴가 공장 견학을 주선했다. 우리 삼 남매는 캐나다의 어느 제재소에서 통나무를 켜 목재를 뽑아내는 광경과 캘리포니아의 어느 공장에서 옥수수를 분당 수천 개씩 캔에다 부어 넣는 광경을 홀린 듯이 지켜보았고, 미시간의 켈로그 시리얼 공장에서는 지독한 냄새에 코를 쥐었다. 부모님 두 분 모두 이런 견학을 진심으로 즐겼지만, 그중에서도 특히 아버지의 관심이 지대했다. 과학 지식이 거의 전무한 아버지는 과학자인 어머니를 격앙하게 하는 때가 많기는 했지만, 그럼에도 이런 기적 같은 제조 과정에 매료되었다. 우리가 너무 어려 자동차 조립 설비를 견학할 수 없다는 것을 알고 아버지가 얼마나 실망했는지 지금도 기억난다.

그런 만큼 내가 공과대학에 입학한 것은 자연스러웠다. 휴가마다 공장에서 제조 과정을 보았기 때문도 있지만, 대학에서 생물학을 전공하던 형이 가을 방학을 맞아 집에 돌아와 있을 때, 갓 졸업한 생물학자에게 제시되는 급료가 공학자의 초봉에 비해 적다고 투덜댔기 때문이기도 했다. 용돈이 궁한 18세인 나에게 이 이야기는 대단히 매력적이었다. 1980년 가을, 나는 미시간주 북부에 있는 작

에필로그

은 공과대학 캠퍼스에 도착했다. 지금 돌이켜보면 내가 다른 어떤 대학에도 지원하지 않았고 다른 전공은 생각조차 하지 않았다는 사실이 놀랍다. 입학한 순간부터 나는 화학, 물리학, 수학 수업에 빠져들었다. 그때 1학년 과정에는 공학 수업이 없었다.

내가 공부를 잘하자 어머니는 매우 놀랐다. 1학기 때 평점 4점을 받다니! 이 일을 회상하는 이유는 어머니에게 서운했다는 말을 하기 위해서가 아니다. 부모님은 언제나 지지와 용기를 주었지만, 아무도, 심지어 나조차도 내가 공부를 잘할 거라는 기대가 없었기 때문이다. 고등학교 때 기껏해야 그럭저럭 쓸 만한 수준의 성적을 냈을 뿐, 유망한 싹수도 보이지 않았고 번득이는 지적 재기도 나타나지 않았다. 그런데도 대학 1학년 때 나는 학장의 우수 학생 목록에 이름을 올리는 성과를 냈다. 그리고 2학년 때 처음으로 공학 수업에 들어갔다.

공학 수업에서 가족 휴가 동안 내게 뿌려진 그 씨앗이 풍성하게 자라났다고 말할 수 있으면 얼마나 좋을까. 그래서 인자하고 능숙한 정원사처럼 그 수업이 성숙하지 못한 나의 흥미에 거름을 주어, 꽃이 만개하는 것처럼 심오하고도 훌륭하게 공학을 이해하게 되었다고 말할 수 있다면 얼마나 좋을까. 기대와는 달리 나는 공학 수업에 쩔쩔맸다. 다루는 문제는 모호했으며 설명도 엉성하고 정확하지 않았다. 1학년 때 들었던 과학 수업의 명확성이 얼마나 그리웠는지. 공학 수업에서는 과학을 이상한 방식으로 이용했다. 근본으로 파고들어 가는 것이 아니라 당시 내가 '유사 과학'이라 부른 방식으로 사물을 분류하고 사고했다. 나는 원자에서 출발하여 거기서부터 추론을 끌어내고 싶었는데! 점수마저도 나로서는 이해할 수 없는 방식으로 매겼다. 40년이 지난 지금도 처음 치른 시험에서 답안을 적어 낸 옅은 파란 책자의 형상이 눈에 선하고 그 허약하고 값싼 종이의 감촉도 느껴진다. 답안을 쓴 책자를 돌려받았을 때 표지에 빨간색으로 커다랗게 23이라 휘갈겨 쓰고 동그라미를 친 것이 보였다. 옆에 앉은 친구가 자신의 시험지를 보여 주었는데, 58이라고 표시되어 있었다. 화학, 물리학, 수학 시험 때 그의 점수는 언제나 나보다 낮았다. 상당히 큰 차이가 나는 때도 많았다. 나는 공학자는 점수를 매길 때조차 거꾸로 된 이상한 자를 가지고 이상하게 매긴다고 생각했다. 그러나 슬프게도 공학 교수들은 여느 교수와 다름없이 정직하게 점수를 매겼고, 우리는 둘 다 시험에서 낙제점을 받았다. 그중 나는 더할 나위 없이 심하게.

눈치 빠른 독자는 나의 당혹 속에서 이 책에서 설명한 공학적 방법의 요소를 찾아낼 수 있을 것이다. 공학과의 첫 만남에서 실패한 덕분에 그 본질적 측면, 즉 공학적 방법은 과학적 방법이 아니라는 것, 공학자는 완전한 지식 없이 작업한다는 것, 또 공학자는 때때로 잘못된 경험칙을 사용한다는 사실이 내 안에 각인되었다. 나는 일단 수강을 취소하고, 내 미래에 대해 생각했다. 그리고 다음 학기에 재등록했다. 이후 공학 학위를 받았고, 그 뒤로 학위 둘을 더 받았으며, 교수가 되어 30년이 넘도록 공학을 가르쳐왔다.

이 과정으로 나는 기술의 성과에 경탄하는 평생의 여정에 올랐다. 처음에는 신기한 조립 라인, 아폴로 우주선의 웅장한 로켓 발사, 연극 교수 아버지가 공연을 위해 우리를 끌고 다닐 때 뉴욕에서 본 굉장한 초고층 건물 등 어릴 때 마주쳤던 눈부신 공학적 성취에 감탄했다. 그러나 훗날에는 평범한 것, 일회용인 것, 일시적인 것(캔,

에필로그

플라스틱 병, 면봉)에 감탄했다. 지금까지도 나는 공학의 손길이 닿은 우리 세계에 경외를 느낀다. 오븐에 불을 붙일 때는 가스는 정확히 어디서 올지 궁금해지고, 스위치를 올리면서 전기의 원천에 대해 곰곰 생각한다. 패스트푸드점에 있는 케첩 튜브를 보면 호기심이 인다. 저것을 손실 없이 어떻게 밀봉할까?

공학이 만들어 낸 이런 산물은 모두의 눈에 잘 띈다. 그러나 나는 공학자가 하는 일은 우리의 주요 과학 기관에서 주변부로 밀려났고 우리 대중 문화 속의 통념으로 인해 파묻혀 버렸음을 알아차렸다. 우리의 연구 대학교들은 버니바 부시Vannevar Bush가 1945년 내놓은 선언문 『과학 — 그 끝없는 미개척지Science—The Endless Frontier』에서 처음으로 제안한 모델을 가지고 움직인다.[1] 이 보고서에서 부시는 원자폭탄, 레이더, 페니실린의 대량생산[2] 등 제2차 세계대전에서 승리를 가져온 기술적 업적에서 과학이 먼저고 응용은 그다음이라는 교훈을 끌어냈다. 이것이 종종 '선형 모델'이라 불리는 '응용과학' 모델이다. 이 모델은 대학교에서 과학 탐구에 특권을 부여하고 과학적 발견 이후에는 공학의 역할을 감춰버린다. 이 선형 모델의 한 가지 형식에 따라 존 해리슨과 경도 측정용 시계(크로노미터), 에디슨과 전구, 필로 판즈워스와 텔레비전 등 단독 발명자를 주인공으로 하는 이야기들이 만들어져 널리 퍼졌다. 대중 사이에 퍼진 이런 이야기는 저 단독 발명자가 역경을 극복하고 인정받기 위해 펼치는 극적이고 낭만적인 싸움 이야기에서 공학이 맡았던 역할의 상세한 내용을 그 이면으로 감춰버린다.[3] 학계와 대중적 설명에서 사랑받는 선형 응용 모델의 이런 끊임없는 북소리는 과학 교육을 받은 사람들의 사고가 형성되는 데까지도 영향을 미친다. 나는 어느 만찬에서 한 물리학자가(물리학자가!) 공학자가 하는 일이 정확히 무엇인가 물었던 일이 기억난다. 그는 공학자가 무슨 일을 하는지 아무리 봐도 모르겠다는 식이었고, 한편으로는 과학 지식이 급속도로 발전하는 우리 시대에 공학자가 왜 필요한가 하는 태도를 보였다.

이 선형 모델 때문에 시야가 흐려진 건 사실이지만, 또 한편으로 공학자가 감춰진 또 한 가지 의외의 이유는 바로 성공했기 때문이다. 좋은 공학의 특징은 눈에 보이지 않는다는 것이다. 우리는 용광로, 제트기의 엔진, 약의 순도 같은 것에 대해 거의 생각하지 않는데, 이런 모든 것들을 제조하는 방법이 완벽한 수준으로 다듬어졌기 때문이다. 물론 공학자가 내놓는 결과물이 실패를 통해 관심을 요란하게 끌어서는 안 되기는 하지만, 공학자의 생각이 보이지 않게 된 이유는 무엇일까?

나는 이에 대한 답을 찾다가 공학자와 공학에 대해 깊이 생각한 소수 작가의 작품에 빠져들었다. 헨리 페트로스키의 『연필』, 새뮤얼 플로먼Samuel Florman의 의미심장한 『공학의 실존주의적 즐거움 The Existential Pleasures of Engineering』, 존 스토던마이어John Staudenmaier의 훌륭한 『기술을 전하는 이야기꾼Technology's Storytellers』, 그리고 빌리 본 코언의 대담한 『방법에 대한 논의』 초기 판본 등을 읽었다. 코언의 책이 대담한 이유는 공학적 방법은 진정한 보편적 방법이며 모든 지식으로 나아가는 길이라고 주장하기 때문이다. 내가 이 책을 쓸 때 가장 직접적으로 본보기로 삼은 것은 코언의 책이며, 공학에 관해 생각하는 방법의 기초를 확고하게 놓은 것은 플로먼의 『성찰하는 공학자The Introspective Engineer』였다. 인문학적 관점과 교양에 깊

에필로그

이 뿌리를 둔 그는 명확하고 직설적이며 우아한 산문으로 공학자가 익명인 이유를 분석하고, 공학자의 마음가짐을 탐구했다. 그리고 공학자를 양성하는 가장 좋은 방법에 관해 짚어냈다.

나는 이러한 깨달음을 바탕으로, 공과대학 교수 10년 차에 접어들면서 대중에게 공학을 설명하고 공학자의 눈부신 창의력을 알리는 일에 집중했다. 처음에는 라디오 방송에서 3~4분짜리 꼭지로 공학에 관해 다룰 수 있는 모든 주제를 방송했다. 라디오는 내가 가장 사랑하는 매체다. 지적인 이야기로 가득 채울 수 있기 때문이다. 또 아침에 욕실에 있을 때라든가 아침 식사 때, 자동차 안에 있을 때 등 일반적으로 청취자가 혼자 귀담아들을 때 그들에게 다가가기 때문에 청취자와 유대를 형성한다. 또 제작자 입장에서도 면도나 샤워를 할 필요도 없고 심지어 바지조차 입을 필요가 없는 등 유쾌할 정도로 간단하게 만들 수 있기 때문이다. 나중에는 인터넷으로 동영상을 전달하는 유튜브로 옮겨가 더 젊은 시청자들에게 다가갔다.

이런 활동에 나서게 된 계기는 부분적으로 내 종족, 즉 우리 세계를 만들어 내는 저 공학자들을 지키려는 저 원시적 욕구에 있었다. 다만 궁극적으로 이는 동기라기보다는 정당화 쪽이었다. 이것이 나에게 매력적으로 느껴진 것은 내가 부모님으로부터 물려받은 지적 유산을 융합하기 때문이었다. 식물학자 교육을 받은 어머니는 우리 삼 남매에게 자연 세계를 알려주는 것을 좋아했다. 벌을 얼려 우리가 살펴볼 수 있게 했고, 당신의 피를 뽑아 우리가 현미경으로 관찰할 수 있게 했으며, 동네 숲속으로 산책하러 나가면 무슨 나무, 무슨 식물, 무슨 동물인지 하나하나 알려주었다. 어머니는 그저 갈색이나 녹색으로 보였던 땅바닥을 보물과 즐거움을 가득 숨긴 채 진화하는 역동적인 생태계로 탈바꿈시켜 보여주었다. 마치 공학자의 감춰진 세계를 드러내는 것과 비슷했다. 지금까지도 나는 사람들이 이해할 수 있도록 뭔가를 '설계'하는 것을 즐긴다. 그 도전에 나서며 기쁨을 느낀다. 게다가 공학적 방법보다 알려지지 않고 의심받지 않으며 감춰져 있는 도전이 어디에 있을까.

나는 어머니의 설명이라는 강력한 본보기를 아버지가 열정을 쏟은 대상인 연극과 결합했다. 어릴 때 나는 아버지의 리허설에 나가 구경했고, 함께 영화를 보고 토론했으며, 뉴욕과 런던으로 가서 함께 연극과 뮤지컬을 보았다. 심지어 아버지가 연출한 연극 무대에 오르기도 했다.

우리 삼 남매는 성경에 나오는 욥의 이야기를 재현한 연극「제이비」에서 아이들 역으로 출연했다. 물론 욥은 가족과 세속의 재물을 잃기 때문에 우리가 맡은 배역은 이른 장면에 죽었다. 그래서 잠자리에 들 시간을 놓치지 않을 수 있었으므로 어머니로부터 출연 허락을 받아낼 수 있었다. 아버지는 뭔가를 깊이 곱씹는 예술가가 아니었다. 오히려 장인에 가까웠다. 연출을 맡을 연극을 고르는 기준은 관객이 쉽게 다가갈 수 있는 작품이었다. 아버지는 관객을 즐겁게 하는 것을 좋아했다. 연기에 대해 아버지로부터 배울 것이 많았지만, 나에게 준 가장 큰 영향은 대중이 소비할 뭔가를 만들려면 자신의 기예를 갈고 닦아야 한다는 사실이었다. 어린 시절의 생생한 기억 하나는 아버지가 연극을 준비하는 모습이다. 아버지는 백지 한 장을 펼쳐 놓고 세트를 위에서 내려다보는 그림을 꼼꼼하게 스케치했다. 그런 다음 배우를 나타내는 크고 작은 동전을 가지고 배우들의 움직임을 세밀하게 짜곤 했다. 나 역시 기예를 즐긴다. 메

에필로그

시지 구성, 내용을 전달하는 카메라 화면, 거기서 드러나는 이미지, 명확히 설명하는 말 등이 모두 기예에 동원된다.

내 삶의 경력에서 마지막이 될 것이 분명한 단계에 들어선 나는 공학자가 생각하는 방식을 그 가장 깊은 뿌리까지 드러내기 위해 지난 50년 동안 공학을 관찰한 내용을 살펴보았다. 형체도 없는 저 기억 덩어리에 모양을 잡아주기 위해 어린 시절 나에게 영향을 준 또 다른 미디어 혁명으로 돌아갔다. 그것은 1960년대 말과 1970년대 초 인기를 끌었던 방송이었다. PBS 방송은 제이컵 브로나우스키Jacob Bronowski가 진행한 텔레비전 시리즈 〈인간의 상승The Ascent of Man〉을 방영했다. 제목을 적는 것만으로도 불길한 느낌의 주제곡과 함께 레오나르도 다 빈치가 그린 태아 그림이 천천히 그려지는 장면이 생생하게 떠오른다. 단신에 마른 몸매여서 텔레비전 스타라고 좀처럼 인식되지 않는 브로나우스키는 프로그램에서 시선을 카메라에 똑바로 고정한 채 시청자를 향해 대화하는 어조로 말하곤 했다. (이제 보니 내가 동영상을 대하는 방식의 씨앗이 오래전 저 때 뿌려졌음을 깨닫는다!) 그는 이스터섬, 마추픽추, 뉴턴의 서재, 가우스의 관측소, 알타미라 동굴 등 모든 역사 모든 시대에 걸친 지구 곳곳의 이야기를 폭넓게 다루며 하나로 엮어 인간이 이룬 업적의 정점인 과학적 사고를 조명했다. 책으로도 출간된 브로나우스키의 『인간의 상승』은 지금 보아도 여전히 경탄스러우며, 『삶은 공학』을 위한 영감을 얻기 위해 50년쯤 전의 그 방송을 다시 살펴보면서 나는 그가 프로그램을 구성할 때 적용한 원칙을 들여다보았다. 그는 "나의 야심은 역사보다는 철학을" 제시하는 것이며, 그것도 "과학 철학보다는 자연 철학이었다"라고 기록했다. 그 뿌리에는 인간의 탐험이 있었다. "인류가 없으면 철학이 있을 수 없고, 심지어 쓸 만한 과학도 있을 수 없다. 그것을 긍정하는 의미가 이 책에 나타나기를 바란다."[4]

브로나우스키의 시금석이 이 책의 본보기가 되었다. 브로나우스키처럼 나는 이 책에서 우리 주변 세계를 창조하고 있으나 알려지지 않고 감춰져 있는 때가 많은 지적 승리를 기리고자 했다. 또한 공학의 역사가 아니라 공학의 실천에 관해 체계적으로 생각하는 넓은 의미의 철학을 원했고, 이를 인간이 된다는 것이 무엇을 의미하는지와 결부시키기를 원했다. 이 일에 종사하는 동안 기술을 이끌어내는 일의 인간적 측면이 나를 매료시켰다. 학생 시절 숫자와 추상 개념에 초점을 맞췄던 것과는 대조적이었는데, 우리 공학 교육의 실책이다. 나는 기술을 우리를 에워싸고 우리 세계를 형성하는 무자비한 힘이라고 생각했다가, 어떤 기술이 성공하려면 어떤 식으로든 우리 세계에 맞아야 한다는 깨달음으로 옮겨갔다. 오로지 논리만이 해법을 결정한다고 생각했다가, 문화가 설계에 영향을 미친다는 것을 알았다. 간단한 예로, 소다 캔은 위쪽 끝부분을 밑부분보다 좁게 만들어 알루미늄을 절약하는데, 순수하게 논리로만 보면 공학자는 상단 크기를 계속 줄여야 한다. 하지만 너무 작아지면 엔진 첨가제 용기가 연상되기 때문에 소비자가 거부한다.

이는 표면만 건드릴 뿐이다. 공학을 한다는 것은 인간성의 핵심을 파고 들어가는 일이다. 분명히 공학은 의식주라는 우리의 기본적 필요를 충족하지만, 공학을 하려는 충동, 창조하려는 충동 역시 우리 핵심에 자리 잡고 있다. 이 충동은 최초 문명 중 하나로 설명된다. 1만 2000년도 더 이전에 튀르키예에서 유목민이 석회암으로

에필로그

정교한 신전을 지었다. 기둥은 높이가 5.5미터에다 무게가 16톤이었으며, 뱀과 전갈과 멧돼지와 사자가 언제라도 덤벼들 것 같은 모양의 부조로 새겨져 있었다. 괴베클리 테페(문자 그대로 '배불뚝이 언덕')에 있는 이 구조물은 1960년대에 단순한 묘지라며 무시되었다가 1994년에 재발견되었다. 놀라운 것은 구조뿐이 아니라 동기였다. 고고학자는 근처에서 거주지의 흔적도, 음식 잔해나 집도 발견하지 못했다. 이 사례는 공학을 하려는 충동의 본질을 보여준다. 다시 말해 짓고 창조하는 충동인 것이다. 어느 공학 해설자가 한 말과 같다. "공학을 한다는 것은 인간적이다."[5]

나는 가장 추상적 수준에서 단 하나의 생각을, 단 하나의 의미를 전달하기 위해 이 책을 썼다. 바로 공학은 인간의 정신이 지극히 유연함을 보여준다는 점에서 인간의 다른 모든 노력을 능가하는 창의적인 직업이라는 생각이다. 그렇지만 또한 개인적 동기, 더 정확하게 말하자면 개인적 즐거움도 있다. 이러한 공학의 기적들을 탐구하고 이해하려 하다 보면 아버지가 생각나 마음이 따뜻해진다. 가슴 설레고 행복한 시간이었다. 아버지에게도 기쁜 시간이었음을 나는 알고 있다.

어느 날, 가족 휴가 때 공장 견학을 하지 않게 된 지도 오래됐을 때 나는 아버지를 찾아갔다. 당시 아버지는 어머니를 여의고 혼자 살고 있었다. 아버지는 나를 쳐다보고 말했다. "공장 견학 갈래?" 아쉬움이 담긴 표정이어서 나는 즉시 좋다고 대답했다. 그래서 우리는 종종걸음으로 근처에 있는 화학공장을 찾아갔다. 아버지와 아들은 나란히 앉아 플라스틱 랩이 만들어지는 것을 한두 시간 조용히 지켜보았다.

부록

① 세상을 만드는 공학에 관한 화두

1. 이 책은 공학적 방법과 그것이 인류 역사 전반에 걸쳐 오늘날 우리가 아는 모습대로의 세계를 건설하는 데에 어떤 식으로 활용되어 왔는지를 풀어낸다. 이 책을 다 읽은 지금 다시 살펴보자. 일부 공학적 방법이 미래에 대해 품고 있는 의미는 무엇일까?

2. 공학자가 정의하는 '최고'와 그 약점에 관해 토론해보자. 한 사물을 생각하고 그것이 어떤 방식으로 '최고'라는 정의를 충족하는지를 찾아낸다. 이번에는 다음과 같은 점을 살펴보자. 그것은 어떤 편견에 의해 형태가 정해졌을까? 발명의 긍정적 결과와 그 결점을 저울질할 때, 여러분은 한쪽이 다른 쪽보다 더 중요하다고 생각하는가?

3. 여러 면으로 볼 때 공학적 방법은 '보이지 않는' 방법이며, 널리 인정된 과학적 방법과 비교할 때 특히 더 그렇다. 두 방법의 정의, 목적, 결과가 무엇이 다른지를 정리해본다.

4. 불확실성은 일반적으로 부정적 특성으로 간주하지만, 또한 공학의 근본적 부분이기도 하다. 공학자는 미지 문제를 어떻게 해결하는가? 불확실성이 유용하다면 어떤 경우 그럴까?

5. 공학적 마음가짐의 세 가지 핵심 방법을 설명하고, 여러분 자

신이 문제를 해결할 때 적용한 경험을 서로 들려주고 토론한다.
6. 공학에서는 성공을 정의하는 방식이 많이 있다. 에디슨과 맥심을 비롯하여 수많은 발명가가 벌인 '세상을 밝히기 위한 경쟁'에 관해 생각할 때, 어떤 요인들이 에디슨이 승리자의 관을 쓰는 결과로 이어졌을까?
7. 우리는 현재 거대하고 중대한 수많은 위협에 직면해 있다. 어떤 것들일까? 그리고 우리가 그것들을 마주하는 데 있어 공학적 방법이 어떤 식으로 도움이 될 수 있을까?
8. 공학적 방법의 범위를 이해한 지금, 여러분이 주위 사물을 바라보는 방식이 그로 인해 바뀌었을까? 어떻게 바뀌었을까?

② 새로운 세계로 건너가는
공학적 방법의 A to Z

이 책에서 살펴보았듯 공학의 결과물은 과학의 산물이 아니다. 과학적 방법은 지식을 낳고, 공학적 방법은 해법을 낳는다. 공학자가 내놓는 결과물은 '방법'에서 비롯된다. 이 방법은 어쩌면 '마음가짐'이라 칭할 수 있다. 명확히 정리되는 일도 거의 없고 눈에 거의 보이지도 않는다. 그러나 역사와 문화를 통틀어 보편적인 방법이다. 어떤 형태이든 공학적 방법 없이 살아남은 사회는 없다. 공학적 방법의 작용은 대부분의 독자에게 너무나 새롭기 때문에 이 부록에서 주요 발상과 주제를 되짚어보기로 한다.

<u>가장 단순하게 놓고 보면 공학적 방법은 정보가 불완전한 문제를 경험칙을 활용하여 해결하는 것이다.</u>

공학자의 '문제'는 마이크로칩, 화학 공장, 인터넷 검색 엔진 등과 같은 장치나 공정이나 시스템을 창조하려는 욕구다. 그리고 그 해법은 물론 마이크로칩을 제조하거나 공장을 설계하거나 검색 엔진을 위한 알고리즘을 만들어내는 방법이다. 이를 위해 공학자는 경험칙, 더 정확히 말해 '발견법'이라는 것을 활용한다. 이런 경험칙에는 문명을 건설한 도구치고는 뜻밖인, 심지어 직관과는 반대되는

특징이 있다. 바로 정확한 답을 보장하지 않는다는 것, 그리고 그 '정확성'은 맥락에 따라 달라진다는 것이다. 공학자는 자연에 관한 어떤 근본적 진리를 포착하려는 의도에서가 아니라, 문제를 해결하는 데 걸리는 시간을 줄여주는 도구로서 발견법을 활용한다.

공학자가 창조를 위해 활용하는 경험칙은 크게 세 가지 부류로 나뉜다.

- 특정 지식 덩어리를 요약하는 경험칙: 이 부류의 경험칙은 해법을 탐색할 때 유망한 방향으로 탐색 범위를 좁혀 준다("육교에 사용하는 볼트에는 안전 계수 2.0을 적용한다").
- 명확하게 정리되지 않은 지식이 담긴 경험칙: 이 부류에는 오랜 세월 전해 내려온 지식이 포함된다. 각 재료나 단계가 왜 필요한지 그 구체적 이유가 알려지지 않은, 말하자면 '레시피'인 것이 많다.
- 문제 해결에 접근하는 길잡이가 되는 경험칙: 이 부류에 들어가는 흔한 경험칙으로는 "프로젝트의 어떤 시점에 이르면 설계를 동결하라", "모든 변수를 정량화하거나 숫자로 표현하라", "해결할 수 있는 문제의 외연을 파고 들어가라" 등이 있다.

공학적 방법의 핵심인 경험칙의 성격을 위와 같이 이해하고 나면, 공학적 방법을 다음과 같이 더 정확하게 나타낼 수 있으며, 이로써 공학자가 창조하는 방식을 깊이 이해할 수 있는 길이 열린다.

제대로 이해되지 않은 상황에서 최고의 변화를 이끌어내는 경험칙

<u>을 활용하여 한정된 자원을 가지고 문제를 해결하는 것.</u>

이 정의 속의 낱말 하나하나에는 공학자에게 특별한 의미가 담겨 있다. 공학자는 있을 수 있는 최고의 해법을 만들어 내지만, '최고'라는 낱말은 절대적인 최고를 나타내는 일반적 의미에서 사용된 것이 아니다. 이상적 의미의 최고는 공학자의 최고 관념에서는 설 자리가 없다. 최고의 공학적 설계는 문화적 힘, 사회의 가치관, 물질적 가용 자원, 긴급한 정도 등 수백 가지 제약 조건을 조정한 끝에 생겨난다. 최고의 해법은 '모든 점을 고려할 때' 최고이다. 공학자의 창조는 진공 안에서가 아니라 문화 안에서 이루어지기 때문이다.

공학에서 말하는 최고의 의미는 같은 문제에 대한 해법이 문화에 따라 무엇이 다른지 비교할 때 가장 뚜렷해진다. 이를 통해 공학적 해법은 그것이 특정 사회의 독특한 제약 조건에 어떻게 대응하는가로만 판단할 수 있음을 알 수 있다. 사회에 따라 다른 해법이 만들어지는 이유는 많이 있지만, 그중에서도 세 가지 핵심 측면이 두드러진다.

- 공급되는 노동력
- 이용 가능한 다른 기술
- 즉시 이용 가능한 재료

최고라는 것은 사회 안에 무엇이 존재하는가에 따라 달라진다는 이 발상은 어떤 기술도 중립적이지 않다는 사실을 강조한다. 거기에는 그 기술을 만든 공학자의 선택과 편견이 담겨 있다. 대부분의 경우 공학자는 중산층 백인 남성이며, 이 때문에 공학자가 만든 제품이나 시스템, 알고리즘은 여성이나 소수자 측에게 불리한 차별적 방식으로 작용한다. 이는 공학 인력이 다양해져야 한다는 강력한 근거 중 하나이다.

공학적 방법의 정의에는 '제대로 이해되지 않은 상황'이라는 구절이 들어 있다. 이는 장애 요인임이 분명하지만, 공학적 방법이 존재하는 핵심 이유이다. 정보가 부족함에도 뭔가 유용한 것을 설계하는 상황은 공학자가 일하고 있다는 표식이다. 수 세기 동안 공학자는 완전한 정보가 없는 상태에서 세계에 혁명을 가져온 건물과 장치와 시스템을 건설해왔다. 이 관념은 공학을 '응용과학'으로 보는, 즉 한 현상을 과학자가 먼저 철저히 이해하고 나면 공학자가 결과물이 나타날 때까지 뭔가 재미없는 것을 한다는 편협한 관점과 뚜렷하게 대비된다. 그러나 공학자는 과학을 기다릴 수 없다. 다리, 휴대전화, 그리고 더 중요한 의료는 바로 오늘 필요하기 때문이다!

이 필요를 충족하기 위해 불확실성이 만연한 곳에서 문제와 씨름한다. 완전한 이해를 얻을 때까지 기다리기보다 유연하게 불확실성을 우회하여 나아간다. 공학자는 불확실성에 울타리를 두른 다음 그것을 멀리 돌아서 달려가 설계를 최종적으로 마무리한다. 핵심 기법은 근본적인 이해라든가 어쩌면 분자 수준의 이해가 나올 때까지 기다리는 것이 아니다. 해법에 중요한 물리적 현상을 현상학적으로 묘사하는 것, 즉 설명이나 원인 없이 그 현상을 묘사하고 분류하는 것이다. 일부 현상에 대해 공학자는 그 현상을 몇 가지 변수를 통해 '묶음'이나 '덩어리'로 뭉치는 방법으로써 복잡성을 극복하는, 입자가 굵은 접근법을 활용한다. 이렇게 하면 공학자는 몇 가지 측정 결과만 가지고도 한 현상이 언제 일어날지 예측할 수 있다. 고전적 예는 층류가 난류로 바뀌는 현상이다. 뭔가를 현상학적으로 묘사하는 또 다른 방법은 확률적 방법을 활용하여 뭔가가 일어나는 때를 예측하는 것이다.

이런 접근법 역시 이런 현상이 결국에는 완전히 이해되면서 얼추 정밀성을 의미하는 낱말인 '과학'으로 대치될 것임을 암시하고 있다. 이는 지난 200년 동안 과학적 탐구가 엄청나게 발전하고 빠르게 부상하면서 모든 것을 포괄하게 될 과학적 이해의 물결이 밀려오는 이미지를 불러일으킨다. 그렇지만 공학자는 과학적 혁신이 확실한 것과 불확실한 것 사이의 경계를 밀어내는 사이에 그 경계와 함께 움직이며 과학적 지식의 한계보다 항상 조금 더 바깥에서 일한다. 이 사실은 공학적 방법이 과학적 방법이 아니라는 것을 다시금 상기하게 해준다.

공학적 방법의 정의에는 또 '한정된 자원'이라는 구절이 들어 있다. 공학에서 말하는 최고의 의미와 불확실성의 핵심적 역할에 대해 살펴보면서 암시된 것처럼, 공학의 해법은 제약 조건 때문에 한계가 정해져 있다. 공학자가 무엇을 활용할 수 있느냐에 따라 제품이나 시스템의 모양과 형태와 느낌이 결정된다. 중요한 핵심 자원에는 세 가지가 있다.

- 물질적 자원: 공학자가 청동기시대에 살고 있다면 그는 물론 청동을 사용할 것이다. 그러나 단순하지만 틀리지 않은 이 말은 공학자가 한정된 자원을 의외의 방식으로 예민하게 엮어낸다는 사실과, 없는 자원이 물건의 최종적 외관과 느낌을 결정하는

때가 매우 많다는 사실을 제대로 전달하지 못한다.
- 에너지: 공학자가 물질적 자원을 동원하는 데 발휘하는 창의력과 기술은 그 진가를 즉각적으로 인정받는다. 익숙한 발상이다. 제품이 플라스틱으로 되어 있는지 금속으로 되어 있는지는 누구나 알아차린다. 그렇지만 에너지의 역할은 눈에 보이지 않게 감춰져 있는 때가 많다. 공학 설계와 밀접할 뿐 아니라 서로 떼어낼 수 없이 복잡하게 얽혀 있는데도 그렇다. 이 제약 조건은 기술이 진화하고 변화하고 적응할 때 결정적으로 중요하며, 그것을 무시하면 우리에게 손해가 되어 돌아온다. 예를 들면 설계와 에너지가 서로 불가분의 관계임을 알면 우리 세계가 처한 에너지 문제의 범위와 규모를 깊이 예민하게 이해할 수 있다. 에너지 보존, 한정된 에너지원을 재생 에너지원으로 대체하는 일, 기후변화의 영향 개선 등 에너지를 전 지구 차원에서 대략적으로만 생각하는 것이 아니라, 우리의 에너지 문제에 대한 해법을 찾아내는 공학적 어려움이 얼마나 깊은지 실감할 수 있다.
- 지식: 위와 같은 유형 자원만큼이나 중요한 것은 수십 년 동안의 경험을 통해 얻는 무형의 공학 지식이다. 이런 종류의 자원에서는 다양성이 중요하게 강조된다. 앞서 편견을 없애는 방법의 하나로서 언급한 바 있듯 우리 시대에 시급한 문제를 해결하는 공학자에게 도움이 되려면 있을 수 있는 모든 지식이 필요하기 때문이다. 수 세기 동안 우리는 인구의 절반 이상이 공학자가 되지 못하도록 배제해왔다. 이 자원을 제대로 활용하는 것은 공학에서 말하는 다양성이라는 발상에 부합한다. 이는 공학을 하는 데 '여성적' 방법이 있다는 뜻으로 하는 말이 아니다. 해법에

기여할지도 모르는 고유한 지식을 지닌 개인 수를 늘리자는 뜻이다.

공학적 방법을 적용하려면, 즉 제대로 이해되지 않은 상황에서 최고의 변화를 이끌어 내는 경험칙을 활용하여 한정된 자원을 가지고 창조하려면 다음처럼 서로 연관된 세 가지 핵심 방법에 반영된 공학적 마음가짐 내지 태도를 받아들이고 활용할 필요가 있다.

- **시행착오**: 기본적으로 이는 물론 착오에서 배우는 것이지만, 공학적 방법의 한 부분으로서 이를 강력하게 적용하려면 깊은 직관과 꼼꼼한 기록이 요구된다. 이 방법은 맹목적인 무작위 탐색이 아니다. 이것은 공학자가 설계 변숫값을 변화시킬 때 그 한계가 될 설계 공간을 체계적으로 찾아내는 탐구이다. 그 바탕에는 어떤 성능 특징을 측정할지, 변수가 어떤 영향을 줄 가능성이 있는지, 나아가 어떤 변수를 변화시킬지에 대한 창의적이고도 진화하는 이론적 발상이 깔려 있다. 이런 시도를 시작할 때는 그 결과를 모르는 상태이지만, 직관이 길잡이 역할을 하므로 무작위적 방법이 아니다.
- **과거의 지식 위에 쌓아 올린다**: 공학자는 지식 활용에 있어 본질적으로 보수적이다. 여기서 보수적이란 말은 정치적 의미가 아니라 더 넓은 의미이다. 『옥스퍼드 영어 사전』에서는 "본래대로 또는 변화 없이 보존 또는 유지하려는 특성"이라 설명한다.[1] 다리를 건설할 때는 첨단 기술에다 작은 변화를 주는 것이 더 낫다. 그와는 달리 급진적인 공학자는 무너질 위험을 무릅쓰고 다

리를 건설한다.
- **절충**: 모든 공학 설계에는 한계가 있다. 따라서 어떤 제품을 설계할 때 공학자는 물건의 여러 특성 간의 균형을 어떻게 잡을지를 결정해야 한다. 이는 최고 관념과 밀접하게 연결되어 있다. 진정하게 합리적인 대답은 없다. 심지어 최적의 해법도 없다. 그저 많은 제약 조건 사이의 균형만 있을 뿐이다.

이 책 전체에 걸쳐 보여준 것처럼 공학적 방법은 과학적 방법이 아니다. 그럼에도 과학과 공학은 분명히 서로 연관되어 있다. 지난 150여 년 동안 과학이 발전하면서 공학에 막강한 힘을 실어주었고 우리 삶에 혁명을 가져온 눈부신 새 기술의 급물살을 만들어냈다. 앞서 지적한 것처럼 이것은 공학은 응용과학이라는, 즉 과학자가 뭔가를 발견하고 나면 어떤 (대개 따분하다고 인식되는) 공학이 생겨난다는 편협한 믿음으로 이어진다. 이 그림에서 과학은 조직적으로 움직이는 최전선이며, 최전선이 확장되면서 모든 것을 정복하고 기술적 경이로움을 가져오는 것으로 그려진다. 그러나 실제로 들여다보면 공학자가 게릴라 전쟁을 벌이고 있다. 어떤 기술이든 그 발전을 자세히 들여다보면 다음과 같은 점이 드러난다.

- 어떤 과학적 데이터나 이론도 뭔가를 설계하는 방법을 설명하지는 않는다. 그것은 오로지 상상력, 직관, 그리고 그 일에 알맞은 뛰어난 기술로만 할 수 있다.
- 과학의 역할은 더 나은 경험칙, 특히 설계 초기에 내리는 선택에서 길잡이가 되는 과학적 데이터와 이론을 제공하고, 방대한

수의 가능성 중 해법이 될 만한 것들을 가려내는 것이다. 그러므로 과학은 더 나은 경험칙, 다시 말해 생산적이지 않은 경로를 배제하고 결실을 거둘 수 있는 경로를 제안하는 경험칙을 갖추게 해준다. 따라서 과학은 현대 공학에 동력을 전달하는 장치이며, 공학은 응용과학일 뿐이라는 생각은 방법에 동력을 전달하는 장치를 방법 자체와 혼동하는 것이다.

- 본질적으로 또 실체적으로 볼 때 과학적 방법은 지식을 만드는 반면 공학적 방법은 해법을 만든다.
- 갖가지 기술이 '폭발적'으로 늘어나는 큰 변화의 시대는 과학이 한 걸음 앞으로 나아가고 그럼으로써 공학자에게 더 나은 경험칙을 제공할 수 있을 때만 있었다. 그 예로는 청동기시대, 빅토리아시대의 위대한 유산(1867~1914), 그리고 양자물리학 시대(1920년대~오늘날)가 있다.

수학과 공학의 관계는 과학과 공학의 관계와 같다. 흔히 공학자에 대한 고정관념으로 호주머니 쌈지 안에 계산기를 넣고 다니는 괴짜를 상상하곤 하는데, 이는 수학의 역할은 공학자가 필요로 하는 정밀성을 제공하는 것임을 암시한다. 물론 공학자는 수학을 이용하여 계산하고 크기를 정하고 수치를 매긴다. 그러나 진실은 수학은 과학과 똑같이 공학자에게 강력한 경험칙을 제공하는 역할을 한다는 것이다. 공학자의 경험칙은 물론 수학적 정리가 아니다. 수학자라면 그것을 일관성이 없고 정밀하지 않다는 이유로 비난할 것이다. 강력한 경험칙으로서 수학이 지니는 용도를 이해하기 위한 가장 좋은 방법은 공학자가 통계학을 활용하는 방식을 살펴보는 것이다. 이를 보면 공학은 인공물(결과물)로써 정의될 뿐만 아니라 시스템과 알고리즘도 포함된다는 사실을 상기하게 된다.

수학을 경험칙에 활용한 단연 놀라운 예는 '극단값 이론'이라 불리는 것이다. 일종의 위험 평가로, 공학자가 안전한 건축물을 설계할 수 있도록 바람, 홍수, 집중호우 같은 극단적 사건을 예측하는 데 이용된다. 이 이론을 깊이 살펴보면 다음과 같은 것을 알 수 있다.

- 공학자가 활용하는 경험칙은 수 세기에 걸쳐 전해온 단순화한 격언에 지나지 않는 것이 아니라 매우 정교할 수도 있다는 점.
- 공학의 경험칙은 종종 수 세기에 걸쳐 이어지는 사고를 통해 짜여 나가면서 진화한다는 점.
- 공학 경험칙은 익명의 (적어도 유명하지는 않은) 평범한 남성과 여성이 주의 깊게 작업하는 가운데 만들어진다는 점. 이에 따라 좋은 공학을 위해 천재가 필요하다는 생각에 쏠리는 초점이 일부 분산된다.
- 정교하기 이를 데 없는 방법이라도 여전히 맥락에 의존한다는 점. 현재의 극단값 이론을 바탕으로 만들어진 규칙은 전 지구적 기후 변화로 인해 얼마든지 부적절해질 수 있으며, 이로써 공학자가 수학을 활용하는 것은 그 가장 깊은 차원에서 정밀도와 정확성을 위함이 아니라는 사실이 다시금 강조된다.

공학적 방법은 또 우리가 발명과 혁신을 어떻게 생각할지를 이해하는 데 도움을 준다. 더 정확히 말해, '발명'은 제조를 위한 설계의 진화라고 보는 것이 가장 좋을 때가 많다. 개개의 제품 제조 방식이 진화하는 과정을 깊이 살펴보면 다음과 같은 것을 알 수 있다.

- '발명'은 단독 발명자, 다시 말해 한 번의 영감으로 세계에 혁명을 가져온 사람들이라는 통념을 강조한다.
- 이해하기 쉽도록 깔끔하게 정리된 그런 단독 발명자 이야기는 너무나 불완전하며, 따라서 진정한 모습을 왜곡하고 그로 인해 공학적 방법이 가려진다. 공학적 방법에 관한 흥미롭고 중요한 모든 것을 감추고, 그럼으로써 혁신이 일어나는 방식에 대한 불합리한 전망과 공학에 대한 불합리한 기대를 만들어낸다.
- 우리는 발명 이야기의 초점을 바꿔 기술 혁신이 어떻게 진화했는지를 보게 되고, 또 이전의 전개에서는 과소평가 되었던 사람들, 종종 여성과 유색인종이 전면으로 올라온다. 대량 제조를 위한 제약 조건에 대응하여 창의성을 발휘했으나 이제까지 가려져 있던 창의성이 드러난다. 대량 제조를 위한 제약 조건은 불확실성과 자원을 넘어서는 제약 조건이며, 더없이 독창적인 해법으로 이어지는 때가 많다.
- 새로운 발명은 모두 그 뿌리가 과학적 혁신이며 따라서 유일하다는 왜곡된 관점이 바로잡힌다. 실제로는 공학적 업적은 모두 공학적 방법에 의해 윤곽이 드러나는 경로를 따라 이어진다.

요약하면, 공학적 방법은 기술과 혁신을 어떻게 생각할지를 드러내준다. 공학적 방법을 이해하면 기술을 바라보는 다음과 같은 네 가지 일반적인 사고방식에서 비롯되는 해로운 통념을 떨쳐낸다.

'기술'은 공학자의 일을 설명하는 데 사용되는 말로서, 포괄적이지만 불충분한 용어이다.

- 단독 발명자라는 통념
- 공학은 응용과학일 '뿐'이라는 통념
- 공학자가 목표를 찾고 홀로 그 목표를 향해 나아간다는 선형 궤적 통념
- 공학 설계는 주변 세계로부터 분리된 객관적인 것이라는 통념

이처럼 통념적이고 잘못된 방식으로 공학을 바라보면 다음과 같은 문제점이 생겨난다.

- 과거에 이루어진 공학의 업적을 잘못 판단하고 따라서 우리가 오늘날 시급한 문제를 해결하는 데 도움이 되는 공학적 방법의 힘을 과소평가한다. 오늘날의 첨단 기술을 가지고 과거를 판단한다면 과거를 잘못 읽게 되고, 그 결과 기술 전반을 폐기하게 된다. 이렇게 공학자가 하는 일에 대한 믿음을 잃으면 지구의 생존을 위해 공학적 해법이 꼭 필요한 시대에 사회가 위험에 처한다.
- 우리 세계가 직면한 긴급한 문제를 해결해야 하는 다음 세대 최고의 영재들이 공학이 창의적 활동임을 인식하지 못하도록 방해한다.
- 대중이 기술을 우리 세계를 마구 휩쓸고 지나가며 축복과 파멸을 내리는 통제할 수 없는 거대한 회오리바람으로 보게 만들며,

이 때문에 대중은 아무 행동도 하지 않게 된다. '기술'은 너무나 포괄적이어서, 의미를 선명하게 만들지 않고 오히려 흐릿하게 만드는 낱말이다.
- 우리는 과학 연구를 대할 때 공학자의 획기적이고 혁명적인 발명을 기대하며, 따라서 공학자에게 필요한 강력한 경험칙을 만들어내는 순수 학문 연구를 위한 자금을 할당하지 못하게 된다.

공학적 방법을 이해하고 그 진가를 알아차리면 다음과 같은 것들을 알 수 있기 때문에 위와 같은 통념을 몰아낼 수 있다.

- 과거의 공학적 업적을 판단할 때 우리는 그 시대의 첨단 기술, 즉 그 시대 공학자가 쓸 수 있었던 발견법의 집합체이자 최고의 공학적 방식을 바탕으로 해야 한다.
- 공학을 한다는 것은 인류의 창의성을 최고조로 활용한다는 뜻이다. 지금까지 수천 년 동안 그 결과물은 언제나 정점에 다다른 인류의 독창성을 보여주었다.
- 성공적인 공학 설계는 기술적 제약뿐 아니라 문화, 정치, 사회적 제약까지 아울러 사회 내의 모든 힘을 반영한다. 이것은 공학 설계는 편견을 반영한다는 뜻이다. 따라서 우리는 항상 이 편견을 배제하도록 힘써야 한다.
- 기술이라는 낱말은 뚜렷한 의미가 없는 포괄적인 말이다. 그것은 공학자의 관습에서부터 그들이 만들어내는 결과물, 그것을 유지하고 뒷받침하는 재정 구조에 이르기까지 모든 것을 의미할 수 있다. 그리고 모든 것을 의미하므로 아무 의미도 없는 말

이 될 수 있고, 그런 만큼 공학의 결과물을 이질적이며 따라서 통제할 수 없는 것으로 고립시키는 낱말이 될 수 있다.
- 기술은 우리 삶에 너무나 친밀하고 깊게 파고들어 계속 영향을 주며, 따라서 통념에서 벗어나 기술의 기반을 인간적 활동에 둠으로써 대중이 통제할 수 있도록 해야 한다.

감사의 글

이 책은 일평생 공학을 가르치고 생각하며 통찰한 내용을 바탕으로 쓴 것으로, 이는 즉 수천 명의 학생, 수백 명의 동료, 수많은 협력자, 셀 수 없이 많은 도서관 사서 등으로부터 지식과 도움을 얻었으나 하나하나 세밀하게 기억하지는 못한다는 뜻이다. 그렇기는 하지만 이 책을 구상하고 준비하는 동안 비교적 최근 도움을 주신 분들은 한 분 한 분 나열할 수 있다.

가장 중요하고도 직접적으로 도움을 주신 분은 크리스 프랜시스Chris Francis이다. 그분은 소스북스Sourcebooks에서 편집자로 일하는 동안 이 책을 채택했고, 소스북스를 그만둔 뒤에도 프리랜서 편집자로 계속 작업했다. 주제를 더 명확히 다룬 부분은 모두 중요한 순간마다 그분이 "주제를 더! 주제를 더!" 하며 챙긴 덕분이다. 무엇보다도 중요한 이 상부구조를 세우는 데 도움을 주었을 뿐 아니라 사고가 모호한 부분, 설명이 명확하지 않은 부분, 문장이 혼란한 부분을 찾아내 주었다. 그리고 소스북스의 제나 젠카우스키Jenna Jankowski가 부적절한 부분을 꼼꼼하게 찾아낸 덕분에 더욱 잘 다듬어졌다.

나는 또 소스북스에서 편집과 관련된 이름 모를 최고 결정권자들에게도 감사한다. 크리스가 도와준 덕분에 나는 과학과 기술 주제를 팔기 위해 몇 달 동안에 걸쳐 40페이지 남짓한 분량의 제안서를 준비했다. 크리스가 제안서를 들이밀었을 때 그분들은 퇴짜를 놓았다! 저 결정권자들의 메시지는 간단했다. "그분 안에는 더 좋은 책이 있습니다." 퇴짜를 맞고 처음에는 화가 났지만, 크리스와 함께 작업하면서 지금 이 책을 파는 데는 성공했다. 그분들 말대로 훨씬 더 나은 책이다! 그래서 퇴짜를 놓는 혜안을 발휘한 소스북스의 편집팀에 감사한다.

그리고 끝으로, 이번에도 익명의 분들에게 감사한다. 근처 재팬 하우스의 관리인들로, 코비드-19가 유행하면서 내 원고 작업이 중단되었을 때 그분들의 수고 덕분에 이 책이 계속 살아 있을 수 있었다. 나는 아내와 두 어린 아들과 함께 그곳에서 몇 달이나 지냈다. 아내는 필수 인력이라 내내 일을 했으므로 나는 아이들을 보살피는 데 집중했다. 재팬 하우스에서 지내는 동안 아이들과 나는 연못에서 개구리를 찾고, 나무를 타고, 숨바꼭질을 하면서 백신이 개발되고 보급될 때까지 열심히 하루하루를 보냈다. 여러 달 동안 원고는 거의 쓰지 못했지만, 아이들이 넓은 경내에서 몇 시간이고 떠들썩하게 노는 동안 나는 잠깐 동안씩 여유를 얻어 이 책에 관해 생각할 기회가 많았다. 버티기 어려운 지경까지 다다르는 때도 너무나 많아 이 책이 내 머리에서 사라지고 다시는 쓸 수 없어질지도 모른다는 생각도 했지만, 그 덕분에 아슬아슬하게 명맥을 이어올 수 있었다.

주석

프롤로그

1. 코언(Cohen), *Sainte-Chapelle*, 231.
2. 턴불(Turnbull), "Ad Hoc Collective Work," 316.

1장 | 수학도 과학도 자도 없이 대성당을 짓는 법

1. 론 셸비(Lon Shelby)는 일평생 석수의 지식과 작업 방식에 대해 세밀하게 연구했다. 그의 논문 목록은 참고문헌을 참조하기 바란다.
2. 프라크(Prak), "Mega-Structures of the Middle Ages," 388.
3. 턴불(Turnbull), "Ad Hoc Collective Work," 331.
4. 셸비 외(Shelby and Mark), "Late Gothic Structural Design," 115.
5. 니커슨(Nickerson), *Journey into Michelangelo's Rome*, 118.
6. 중세 석수들이 사용한 경험칙을 가장 자세하면서도 쉽게 다룬 연구는 산티아고 후에르타(Santiago Huerta)의 논문이다. 논문 목록은 참고문헌을 참조하기 바란다.
7. 셸비 외(Shelby and Mark), "Late Gothic Structural Design," 115.
8. 코언(Koen), *Discussion of the Method*, 34.
9. *Oxford English Dictionary*, 표제어 "heuristic," 2021년 2월 4일 열람, https://www.oed.com/viewdictionaryentry/Entry/86554.
10. 헤이먼(Heyman), "On the Rubber Vaults," 6.
11. 크리스텐센의 생애와 연구에 관한 자세한 내용은 "Niels Anton Christensen", "Business Notes," 44, 그리고 와이즈(Wise), "Ring

Master"에서 찾아 볼 수 있다.
12. "Business Notes," 44.
13. 와이즈(Wise), "Ring Master," 61.
14. 와이즈(Wise), "Ring Master," 61.
15. 러셀(Russell), Our Knowledge, 236.

2장 | 최고를 위한 끝없는 탐색

1. 블랭크(Blank), *Shakespeare and the Mismeasure*, 15.
2. 드레이퍼스(Dreyfuss), *Designing for People*, 23~24.
3. 드레이퍼스(Dreyfuss), *Designing for People*, 105.
4. 테너슨(Tennesen), "Uncovering the Arawaks," 51.
5. 아마조니아의 범위가 어디까지인지, 어느 정도로 복잡한 사회였는지는 많은 논쟁의 주제이다. 관련된 내용을 살펴보려면 피페르노 외(Piperno, McMichael, and Bush), "Amazonia and the Anthropocene"과 클레멘트 외(Clement et al.), "Domestication of Amazonia"로 시작하면 좋을 것이다.
6. 카네이로(Carneiro), "Evolution of the Tipití," 67.
7. 티피티를 가장 세밀하게 다룬 연구는 카네이로(Carneiro), "Evolution of the Tipití"이다.
8. 레비스트로스(Lévi-Strauss), *Tristes Tropiques*, 215.
9. 충돌 시험용 인체 모형이나 그 밖의 사례는 크리아도 페레스(Criado Perez), *Invisible Women*에서 가져왔다.
10. 노블(Noble), *Algorithms of Oppression*, 64.
11. *Times* (런던), 1896년 4월 17일 자 광고.
12. 갬블(Gamble), "Hologram and Its Antecedents," 32.
13. 갬블(Gamble), "Hologram and Its Antecedents," 40.
14. 리프만을 인용한 부분과 그의 강연에 관한 묘사는 "Colour Photography"와 베이커(Baker), "Lippmann on Colour Photography", 또

1908년 12월 14일 노벨상 수상자 강연에서 리프만이 자신의 연구를 소개한 내용(*Nobel Lectures*에 재수록)에서 가져왔다.

15. 아이브스(Ives), "Experimental Study," 326~27.
16. "Spirit of the Times."
17. 브레이어(Brayer), *George Eastman: A Biography*, 220.
18. 브레이어(Brayer), *George Eastman: A Biography*, 205.
19. 고도프스키, 맨스, 코다크롬에 관한 이야기는 크라우스(Krause), "50 Years of Kodachrome"에 잘 묘사되어 있다.
20. 브레이어(Brayer), *George Eastman: A Biography*, 226.
21. *National Geographic*, 1985년 6월 호.
22. "Final Kodachrome Images Donated to George Eastman House International Museum of Photography and Film," 박물관 홍보 자료, 2011년 6월 17일 자. https://museumpublicity.com/2011/06/17/final-kodachrome-images-donated-to-george-eastman-house-international-museum-of-photography-and-film/.
23. 크라우스(Krause), "50 Years of Kodachrome," 63.
24. 색 재현의 역사와 모든 피부색을 재현하지 못하는 문제를 훌륭하게 다룬 글은 윈스턴(Winston), "Whole Technology of Dyeing" 참조.
25. 이 문단에서 인용한 부분은 *Kodak Color Dataguide* 3판에서 가져왔다 (Rochester, NY: Eastman Kodak, 1968). 여기 인용한 지침은 셜리가 들어 있는 봉투에 적혀 있다.
26. 셜리의 역사에 대한 흥미로운 이야기는 로스(Roth), "Looking at Shirley" 참조.
27. 매캐덤(MacAdam), "Quality of Color Reproduction," 502.
28. 골드버그(Goldberg), "Louise Dahl-Wolfe," 46.
29. 조지나 테리를 인용한 부분은 모두 2002년 4월 24일 지은이와 주고받은 토론 내용에서 가져왔다.
30. 이 주제에 관한 개관은 널(Null), *Universal Design* 참조.

3장 | 미지 너머에서 해답 찾기

1. 헐리히(Herlihy), *Bicycle: The History*, 18.
2. 윌슨(Wilson), "Bicycle Technology."
3. 보렐(Borrell), "Physics on Two Wheels," 339.
4. 코이만 외(Kooijman et al.), "Bicycle Can Be Self-Stable."
5. 코이만 외(Kooijman et al.), "Bicycle Can Be Self-Stable," 342.
6. 멀린(Mullin), "Experimental Studies," 1.
7. 그레이엄 서튼(Graham Sutton). 앨런(Allen), "Life and Work," 65에서 재인용.
8. 슈스터(Schuster), *Biographical Fragments*, 228.
9. 레이놀즈(Reynolds), *Papers*, 2:52.
10. 레이놀즈(Reynolds), *Papers*, 2:159.
11. 다리골(Darrigol), *Worlds of Flow*, 258에서 인용한 레이놀즈를 재인용.
12. 레이놀즈(Reynolds), *Papers*, 2:58.
13. 레이놀즈(Reynolds), *Papers*, 1:198.
14. 레이놀즈(Reynolds), *Papers*, 1:199.
15. 레이놀즈(Reynolds), *Papers*, 1:185.
16. 레이놀즈(Reynolds), *Papers*, 2:52.
17. 레이놀즈(Reynolds), *Papers*, 1:186.
18. 연기 고리 상자와 19세기 물리학자들이 우주에 대한 근본적 질문에 답하기 위해 그것을 활용한 일에 관한 흥미로운 설명은 실버(Silver), "Knot Theory's Odd Origins" 참조.
19. 레이놀즈(Reynolds), *Papers*, 1:186.
20. 레이놀즈(Reynolds), *Papers*, 1:187.
21. 레이놀즈(Reynolds), *Papers*, 1:188.
22. 레이놀즈(Reynolds), *Papers*, 2:70.
23. 레이놀즈(Reynolds), *Papers*, 2:72.
24. 레이놀즈(Reynolds), *Papers*, 2:158.

25. 문단에서 인용한 부분은 레이놀즈(Reynolds), Papers, 2:155에서 가져왔다.
26. 메칼프 외(Metcalfe and Boggs), "Ethernet," 431.
27. 아이비엠(IBM)의 공학자 댄 피트(Dan Pitt), "IBM's LAN Architecture & Philosophy," History of Wired LAN Competition, 2014년 12월 22일 자, 유튜브 동영상, 5:01, https://www.youtube.com/watch?v=qvCLvqXSmd0.
28. 피트(Pitt), "IBM's LAN Architecture."
29. 로버트 메칼프. 렌 슈스텍(Len Shustek)의 인터뷰에서, 2006년 11월 29일 자, 2007년 1월 31일 자.
30. 제프 톰프슨(Geoff Thompson, 제록스의 공학자), "Aloha and then Ethernet," History of Wired LAN Competition, 2014년 12월 22일자, 유튜브 동영상 2:35, https://www.youtube.com/watch?v=V5GzgeQCzrk.
31. 빅토리아시대의 위대한 유산에 관한 책으로는 스밀(Smil), *Creating the Twentieth Century*가 훌륭하다.
32. 이 문단과 그 다음 문단에서 인용한 부분은 모두 아널드(Arnold), "Library of Maynard-Smith"에서 가져왔다.
33. 보르헤스(Borges), *Library of Babel*, 22, 26.
34. 아널드(Arnold), "Innovation by Evolution," 14421.
35. 아널드(Arnold), "Innovation by Evolution," 14420.
36. 서비스(Service), "Protein Evolution," 142.
37. 아널드(Arnold), "Innovation by Evolution," 14422.
38. 아널드(Arnold), "Library of Maynard Smith," 207.
39. 아널드는 천 외(Chen and Arnold), "Enzyme Engineering"에서 자신이 처음으로 만든 효소는 통제된 진화를 이용한 것이라고 보고했다.
40. 아널드(Arnold), "Nature of Chemical Innovation," 404.
41. 아널드(Arnold), "Innovation by Evolution," 14425.
42. 아널드(Arnold), "Innovation by Evolution," 14423.

4장 | 한정된 자원으로 최선의 방법을 찾아서

1. 와이즈먼(Wiseman), "Mesopotamian Gardens," 142.
2. 이 냉각 시스템에 대한 흥미롭고 자세한 설명은 바하도리(Bahadori), "Passive Cooling" 참조.
3. 시드쿰라나시와 짐리림 사이에서 오고간 편지의 자세한 내용과 인용한 부분은 하임펠(Heimpel), *Letters to the King*에서 가져왔다.
4. 이슬람의 공학에 관한 자세한 연구는 알핫산 외(al-Hassan and Hill), *Islamic Technology*, 힐(Hill), *Islamic Science and Engineering*, 롱(Long), *Technology and Society* 참조.
5. 초기 이슬람에서 시간을 측정한 자세한 방법에 관해서는 힐(Hill), *Islamic Science and Engineering*, 38~39 참조.
6. 알자자리(al-Jazarī), *Book of Knowledge*, 15.
7. 원자시계 이전 시계에 대한 훌륭한 논의를 보려면 매리슨(Marrison), "Evolution" 참조.
8. 알자자리(al-Jazarī), *Book of Knowledge*, 83.
9. 에버하트(Eberhart), "Gentle Rockets."
10. 이 장에서 브릴을 인용한 것은 모두 2005년 11월 3일 데버라 라이스(Deborah Rice)와의 인터뷰에서 이본 브릴이 한 말에서 가져왔다.
11. 로즈(Rose), *Love, Power and Knowledge*, 132.
12. 라이트(Light), "When Computers Were Women," 459.
13. "Rise of American Pay-TV."
14. 핵심 특허는 브릴(Brill), 이중 추진 레벨 단일추진제 우주선 추진 시스템, 미국 특허 3,807,657이다.
15. 에버하트(Eberhart), "Gentle Rockets," 95.
16. 미국 과학기술 메달 재단(National Sicence & Technology Medals Foundation), "Yvonne Brill - 2010 National Medal of Technology & Innovation." 유튜브 동영상, 2:04. 2011년 11월 3일 게시, https://www.youtube.com/watch?v=6LP2Ni0c1Bg.

17. 마틴(Martin), "Yvonne Brill."
18. 브릴의 부고 기사는 '핑크바이너 테스트(Finkbeiner Test)'를 통과하지 못한다. 이것은 과학자, 수학자, 공학자 여성에 관한 이야기에서 성별 편향을 뿌리 뽑기 위해 저널리스트 크리스티 아슈완든(Christie Aschwanden)이 개발한 진술 목록으로, 이야기에서 등장하지 않아야 하는 일곱 가지 진술로 구성된다. 그 내용은 다음과 같다. (1)그녀가 여성이라는 사실, (2)남편의 직업, (3)그녀의 육아 방식, (4)그녀가 아랫사람을 키우는 방식, (5)자기 분야의 치열한 경쟁 때문에 얼마나 놀랐는지, (6)다른 여성에게 얼마나 좋은 본보기가 되는지, (7)그녀가 어떤 식으로 '……한 최초의 여성'인지를 다루는 내용이다. 여러분도 내가 브릴을 소개한 부분이 이 테스트를 통과하는지 짚어보기 바란다.

5장 | 실패를 더 똑똑하게 시작할 지혜로 삼는 법

1. 라일리(Reilly), *Wedgwood Jasper*, 80.
2. 챌드콧(Chaldecott), "Josiah Wedgwood," 16.
3. 매켄드릭(McKendrick), "Role of Science," 285, 292.
4. 엘리엇(Elliott), *Aspects of Ceramic History*, 3:24.
5. 라일리(Reilly), "Josiah Wedgwood," 44.
6. 버그(Berg), *Luxury and Pleasure*, 132~33.
7. 라일리(Reilly), "Josiah Wedgwood," 45.
8. 라일리(Reilly), "Josiah Wedgwood," 45.
9. 라일리(Reilly), *Wedgwood Jasper*, 74.
10. 라일리(Reilly), *Wedgwood*, 1:183.
11. 라일리(Reilly), *Wedgwood Jasper*, 73.
12. 라일리(Reilly), *Wedgwood Jasper*, 80.
13. 매켄드릭(McKendrick), "Josiah Wedgwood and Thomas Bentley," 11.
14. 스마일스(Smiles), *Josiah Wedgwood*, 92~93.
15. 미티야드(Meteyard), *Life of Josiah Wedgwood*, 1:486.

16. 매켄드릭(McKendrick), "Josiah Wedgwood and Thomas Bentley," 13.
17. 런던 시민이 관심을 가질 만한 전형적인 사건으로, *Bingley's London Journal*, 1772년 12월 12일 자에 보도되었다.
18. 해밀턴이 쓴 책과 18세기 영국 문화에 끼친 영향에 대한 논의는 크러프트(Kruft), *History of Architectural Theory*, 215 참조.
19. 라일리(Reilly), *Wedgwood Jasper*, 69~70.
20. 라일리(Reilly), *Wedgwood Jasper*, 70.
21. 웨지우드(Wedgwood), *Letters of Josiah Wedgwood*, 2:126. '이중 위험(double hazardous)'은 18세기 보험에서 쓰인 전문용어이다. 목조 건물은 '위험'인 반면 초가 건물은 '이중 위험'이었다.
22. 웨지우드(Wedgwood), *Letters of Josiah Wedgwood*, 2:189.
23. 웨지우드(Wedgwood), *Letters of Josiah Wedgwood*, 2:105.
24. 이 건물에 대한 자세한 내용은 워릴로우(Warrillow), *History of Etruria* 참조.
25. 웨지우드(Wedgwood), *Letters of Josiah Wedgwood*, 2:123.
26. 웨지우드(Wedgwood), *Letters of Josiah Wedgwood*, 2:106.
27. 라일리(Reilly), *Wedgwood Jasper*, 74.
28. 라일리(Reilly), *Wedgwood*, 1:271.
29. 하이드(Hyde), "Prints and Wedgwood," 208.
30. 매켄드릭(McKendrick), "Josiah Wedgwood and Factory Discipline," 44.
31. 라일리(Reilly), Wedgwood Jasper, 74.
32. 라일리(Reilly), *Wedgwood Jasper*, 79.
33. 매켄드릭(McKendrick), "Josiah Wedgwood and Factory Discipline," 47.
34. 라일리(Reilly), *Wedgwood*, 1:185.
35. 라일리(Reilly), *Wedgwood Jasper*, 74.
36. 라일리(Reilly), *Wedgwood Jasper*, 74.
37. 라일리(Reilly), *Wedgwood Jasper*, 75.
38. 라일리(Reilly), *Wedgwood Jasper*, 75.

39. 웨지우드(Wedgwood), *Letters of Josiah Wedgwood*, 2:154.
40. 웨지우드(Wedgwood), *Letters of Josiah Wedgwood*, 2:155.
41. 라일리(Reilly), *Wedgwood Jasper*, 74.
42. 라일리(Reilly), *Wedgwood Jasper*, 75.
43. 판 론(van Loon), "Role of Smalt."
44. 라일리(Reilly), *Wedgwood Jasper*, 85.
45. 라일리(Reilly), *Wedgwood Jasper*, 76, 79.
46. 라일리(Reilly), *Wedgwood Jasper*, 79.
47. 라일리(Reilly), *Wedgwood Jasper*, 79.
48. 라일리(Reilly), *Wedgwood Jasper*, 78.
49. 라일리(Reilly), *Wedgwood Jasper*, 78.
50. 라일리(Reilly), *Wedgwood Jasper*, 79.
51. 라일리(Reilly), *Wedgwood Jasper*, 90.
52. 라일리(Reilly), *Wedgwood Jasper*, 90.

6장 | 지식의 학문과 해결의 학문

1. 터비니아호 승선 경험을 자세히 다룬 내용은 모펫(Moffett), "Fastest Vessel Afloat" 참조.
2. 프레더릭 브램웰(Frederick Bramwell) 경이 영국과학협회의 1881년 회의에서. 스미스(Smith), "Sir Charles Parsons," 35에서 재인용.
3. 파슨스(Parsons), *Steam Turbine*, 2.
4. 이 문단에서 인용한 비평자들의 말은 파슨스(Parsons), "Application"에서 가져왔다.
5. 레깃(Leggett), "Spectacle and Witnessing," 288.
6. 파슨스의 말은 스케이프(Scaife), *From Galaxies to Turbines*, 364에서 재인용.
7. 디킨슨(Dickinson), *Short History*, 146.
8. 스케이프(Scaife), *From Galaxies to Turbines*는 파슨스의 전기를 훌륭하

게 다루었다.

9. 스케이프(Scaife), *From Galaxies to Turbines*, 143.
10. 라이먼(Lyman), "Practical Hero" 참조.
11. 파슨스(Parsons), *Steam Turbine*, 8.
12. 파슨스 아내의 말은 유잉(Ewing), "Hon. Sir Charles Parson," xxiv에서 재인용.
13. 파슨스(Parsons), *Steam Turbine*, 1.
14. 파슨스(Parsons), *Steam Turbine*, 2.
15. 글래드스턴(Gladstone), "Henry Victor Regnault," 239.
16. 마스든(Marsden), "Ranking Rankine," 435.
17. 파슨스(Parsons), *Steam Turbine*, 2.
18. 스케이프(Scaife), "Parsons Steam Turbine"은 현대 관점에서 파슨스의 터빈을 훌륭하게 묘사한다.
19. 파슨스(Parsons), *Steam Turbine*, 1.
20. 파슨스(Parsons), *Steam Turbine*, 2.
22. 윌슨(Wilson), "Global Review at Spithead."
23. "After the Spithead Review."
24. "The Turbinia."

7장 | 공학자가 미래를 내다보는 방법

1. 건축 공학에 대한 개론서로는 살바도리(Salvadori), *Why Buildings Stand Up*이 훌륭하다.
2. 오레(Ore), "Pascal," 409~10.
3. 보이티우스(Boethius), *Consolation of Philosophy*, 32.
4. 스모린스키(Smoryński), *Mathematical Problems*, 180.
5. 싱(Singh), *Fermat's Last Theorem* 참조.
6. 크레이머(Kramer), *Nature and Growth*, 293.
7. 데이비드(David), *Games, Gods and Gambling*, 230.

8. 이 내기는 파스칼(Pascal), *Pensées*, 418항에 묘사되어 있다. 인용한 부분은 모두 이 항에서 가져왔다.
9. 이 문단에서 티페트를 인용한 부분은 모두 티페트(Tippett), "Some Applications"에서 가져왔다.
10. 굴드(Gould), "Smoking Gun of Eugenics."
11. 우생학의 전반적 역사는 케블스(Kevles), *In the Name of Eugenics* 참조.
12. 우생학에 대한 피셔의 생각 평가에 관심이 있는 독자는 다음 자료를 살펴보기 바란다. 베넷(Bennett), *Natural Selection*, 보드머 외(Bodmer et al.), "Outstanding Scientist", 로사(Louçã), "Emancipation Through Interaction," 매켄지(MacKenzie), *Statistics in Britain*.
13. 로사(Louçã), "Emancipation Through Interaction," 677에서 재인용.
14. 굼벨(Gumbel), *Statistical Theory*, 56.
15. 톰의 생애를 다룬 부분은 콜린스(Collins), "History of Agronomy"와 "The Society's Awards", 마셜 외(Marshall and Thom), *Wind Loads*, 아이오와 주립대학교(Iowa State University), "Memorial Resolutions"에서 발췌했다.
16. "45 Beacon," 712.
17. 톰(Thom), "Frequency of Maximum Winds."
18. 콜스 외(Coles and Powell), "Bayesian Methods," 119.
19. 커밍(Cumming), "Risk Assessment," 1.

8장 | 한 번의 발명이 세상을 바꾼다는 착각

1. 포프(Pope), *Evolution*, 80.
2. 옐(Jehl), *Menlo Park Reminiscences*, 2:710.
3. 이 문단에서 맥심을 인용한 부분은 맥심(Maxim), *My Life*, 132에서 가져왔다.
4. 옐(Jehl), *Menlo Park Reminiscence*, 2:867에 인용된 찰스 L. 클라크(Charles L. Clarke)를 재인용.

5. 에디슨의 백열구 개발 과정을 살펴보려면 먼저 프리델 외(Friedel and Israel), *Edison's Electric Light*를 참조하는 것이 가장 좋다.
6. 프리델 외(Friedel and Israel), *Edison's Electric Light*, 130.
7. "Maxim's Electric Light."
8. 포프(Pope), *Evolution*, 81.
9. 옐(Jehl), *Menlo Park Reminiscences*, 2:706.
10. 플린트(Flint), *Memories of an Active Life*, 289.
11. 푸셰(Fouché), *Black Inventors*, 94.
12. 코니시(Cornish), *Machine Guns*, 48을 재인용.
13. 맥심(Maxim), 광고 목적 장치 개선안, 영국 특허 190702482A.
14. 맥심(Maxim), *My Life*, 140.
15. 푸셰(Fouché), *Black Inventors*, 91.
16. 푸셰(Fouché), *Black Inventors*, 87.
17. 래티머(Latimer), 탄소 제조 공정, 미국 특허 252,386.
18. 니콜스 외(Nichols and Latimer), 전등, 미국 특허 247,097.
19. "Maxim System," 620.
20. 스윈번(Swinburne), "Incandescent Electric Lamps," 160.
21. 밀러(Miller), *Yankee Scientist*, 4.
22. 쿨리지(Coolidge), "Ductile Tungsten," 961.
23. 밀러(Miller), *Yankee Scientist*, 55.
24. 쿨리지(Coolidge), "Ductile Tungsten," 961.
25. 밀러(Miller), Yankee Scientist, 72.
26. 쿨리지(Coolidge), 백열전등 필라멘트 및 그 밖의 목적으로 이용하기 위한 텅스텐 및 그 제조 방법, 미국 특허 1,082,988.
27. 허친슨(Hutchinson), *Big Ideas*, 209.
28. 존슨(Johnson), *Shuji Nakamura* 참조.
29. 자세한 내용은 나카무라 외(Nakamura, Pearton, and Fasol), *Blue Laser Diode* 참조.

30. 롤스턴 외(Rolston et al.), "Rapid Open-Air Fabrication," 2675.

9장 | 전자레인지의 역사에 숨겨진 미래의 해답

1. 백스터(Baxter), *Scientists Against Time*, 142.
2. 보엔(Bowen), *Radar Days*, 155.
3. 이 흥미로운 시스템은 닐(Neale), "First Operational Radar"에 잘 설명되어 있다.
4. 앨런 D. 화이트(Allan D. White, 레이시온의 공학자), 지은이와 나눈 대화에서, 1998년 6월 16일 자.
5. 곤(Gorn), "Micro Wave Cooking."
6. 머리(Murray), "Percy Spencer," 115.
7. 찰스 프랜시스 애덤스(Charles Francis Adams), 인터뷰, *Invention*, Discovery Channel, 1997년 2월 21일, 22일 자.
8. 이 문단에서 인용한 부분은 스펜서(Spencer), "P. L. Spencer"에서 가져왔다.
9. 화이트(White), 대화.
10. 이것은 머리(Murray), "Percy Spencer"에서 소개되었다.
11. "Rise of Raytheon," 188.
12. 마컴 외(Marcum and Kinn), "Heating with Microwaves," 85.
13. 마컴 외(Marcum and Kinn), "Heating with Microwaves," 85.
14. 스펜서(Spencer), 식품 처리 방법, 미국 특허 2,495,429.
15. 윌버 L. 프리처드(Wilbur L. Pritchard, 레이시온의 공학자), 지은이와 나눈 대화에서, 1998년 6월 30일 자.
16. 오셉척(Osepchuk), "History of Microwave Heating," 1,202.
17. 복(Bock)의 수첩은 레이시온의 문서보관소에 있다. 이후 인용한 내용은 거기 보관된 그의 수첩에서 가져왔다.
18. 레이시온의 광고. *Physical Therapy Review* 31, no. 6 (1951): 258에 게재.
19. 리처드 아이언필드(Richard Ironfield, 레이시온의 공학자), 지은이와 나눈

대화에서, 1998년 6월 17일 자.

20. 진화의 나무가 지닌 문제점과 분지학의 중요성에 대한 개론을 쉽게 설명한 글로는 굴드(Gould), "Ladders and Cones"와 굴드(Gould), "Redrafting"을 참조하기 바란다. DNA 시대인 오늘날 생물학자는 대부분 분지학을 난해하다고 생각하는 것으로 보인다. 이런 관점에 맞서 분지학을 열심히 옹호하는 글은 브라워(Brower), "Fifty Shades of Cladism" 참조.
21. 이 예는 코원(Cowan), *More Work for Mother*에서 가져왔다.
22. 휴스(Hughes), *American Genesis*, 4.
23. 러시코프(Rushkoff), *Program or Be Programed*.
24. 멈퍼드(Mumford), *Technics and Civilization*, 282.
25. 리처드 세넷(Richard Sennett)이 쓴 책 *The Craftsman*은 자신의 은사인 아렌트에게 보내는 반론이다. 이 책에서 그는 아렌트의 접근법을 공정하게 설명하지만, 가장 완전한 설명은 아렌트(Arendt), *Human Condition*에서 찾아볼 수 있다.
26. 아마도 현재 가장 유명한 테크노 유토피아주의자는 *The Singularity Is Near*를 쓴 커즈와일(Kurzweil)이겠지만, 이런 유형의 사고는 19세기로 거슬러 올라갈 수 있다. 1888년부터 1933년 사이에 쓰인 유토피아 소설 25편을 매우 흥미롭게 연구한 시걸(Segal), *Technological Utopianism* 참조.
27. 사이먼(Simon), *Ultimate Resource 2*, 589.

에필로그

1. 부시(Bush), *Science—The Endless Frontier*. 부시의 과학, 공학, 기술 관념은 그의 선언에서 대학교들이 끌어 낸 선형 모델보다 더 폭이 넓었다. 이것을 섬세하게 다룬 내용은 레이든 외(Leyden and Menter), "Legacy" 참조.
2. 알렉산더 플레밍이 페니킬룸 노타툼(*Penicillium notatum*) 곰팡이를 발

견한 것은 제2차 세계대전이 벌어지기 10년 이상 이전이지만 대량 제조된 적은 없었다. 몇몇 의약 업체가 시도하기는 했지만 모두 생산을 포기했다. 1941년 미국 정부는 페니실린 제조 계획을 시행했고, 1945년 1월에 이르렀을 때 미국은 매월 4백만 회 투약분을 생산하고 있었다. 퀸(Quinn), "Rethinking Antibiotic Research" 참조.

3. '단독' 발명자라는 발상이 특허법과 어떤 관계인지에 관한 흥미로운 연구는 렘리(Lemley), "Myth of the Sole Inventor" 참조. 발명과 기술에 관한 대중적 설명에 대한 역사학자들의 비평을 살펴보려면 브레이(Bray), "How Blind Is Love?", 개스코인(Gascoigne), "'Getting a Fix'", 넬(Knell), "Palatable Myth of William Smith", 밀러(Miller), "The 'Sobel Effect'" 참조.

4. 브로나우스키(Bronowski), *Ascent of Man*, 15.
5. 페트로스키(Petroski), *To Engineer Is Human*.

부록

1. *Oxford English Dictionary*, 표제어 "conservative," 2022년 2월 8일 열람, https://www.oed.com/view/Entry/39569.

참고문헌

이 책을 쓰면서 참고한 문헌을 두 가지로 나누었다. 하나는 도서, 잡지, 저널, 특허, 인터뷰이고, 또 하나는 신문이다. 자주 인용한 것들을 주에서는 간략하게 줄인 형태로 표시했다.

도서, 잡지, 저널, 특허, 인터뷰

개스코인, 존(John Gascoigne). "'Getting a Fix': The *Longitude* Phenomenon." *Isis* 90, no. 4 (December 2007): 769-78. https://doi.org/10.1086/529268.

갬블, 수전 A.(Susan A. Gamble). "The Hologram and Its Antecedents 1891-1965: The Illusory History of a Three-Dimensional Illusion." PhD Diss., Wolfson College, University of Cambridge, 2004, https://doi.org/10.17863/CAM.27481.

곤, 엘머 J.(Elmer J. Gorn). "Micro Wave Cooking—The Story of a Man and His Inventions." Unpublished manuscript, ca. 1970, Raytheon Archives.

골드버그, 비키(Vicki Goldberg). "Louise Dahl-Wolfe." *American Photographer* 6, no. 6 (June 1981): 38-46.

굴드, 스티븐 제이(Stephen Jay Gould). "Ladders and Cones: Constraining Evolution by Canonical Icons." In *Hidden Histories of Science*, edited by Robert B. Silvers, 37-67. New York: New York Review of Books, 1995.

──────. "Redrafting the Tree of Life." *Proceedings of the American Philosophical Society* 141, no. 1 (March 1997): 30-54. http://www.jstor.org/stable/987248.

_____. "The Smoking Gun of Eugenics." *Natural History* 100, no. 12 (December 1991): 8-17.

굼벨, 에밀 J.(Emil J. Gumbel). *Statistical Theory of Extreme Values and Some Practical Applications: A Series of Lectures*. Applied Mathematics Series 33. Washington, DC: National Bureau of Standards, U.S. Department of Commerce, 1954.

글래드스턴, J. H.(J. H. Gladstone). "Henry Victor Regnault." *Journal of the Chemical Society* 33 (1878): 235-39, https://doi.org/10.1039/CT8783300221.

나카무라, 슈지 외(Shuji Nakamura, Stephen Pearton, and Gerhard Fasol). *The Blue Laser Diode: The Complete Story*. Berlin: Springer-Verlag, 2000.

널, 로버타(Roberta Null). *Universal Design: Principles and Models*. Boca Raton, FL: CRC Press, 2014. 한국어판은 『유니버설 디자인』, 이연숙교수연구실 편역, 태림문화사, 1999.

넬, 사이먼(Simon Knell). "A Palatable Myth of William Smith." *Metascience* 11, no. 2 (June 2002): 261-65.

노블, 사피야 우모자(Safiya Umoja Noble). *Algorithms of Oppression: How Search Engines Reinforce Racism*. New York: New York University Press, 2018.

니커슨, 앤절라 K.(Angela K. Nickerson). *A Journey into Michelangelo's Rome*. Berkeley, CA: Roaring Forties Press, 2008.

니콜스, 조지프 V. 외(Joseph V. Nichols and Lewis H. Latimer). Electric lamp. US Patent 247,097, filed April 18, 1881, and issued September 13, 1881. https://patents.google.com/patent/US247097A/en.

닐, B. T.(B. T. Neale). "CH—The First Operational Radar." *GEC Journal of Research* 3, no. 2 (1985): 73-83. https://marconiradarhistory.pbworks.com/f/CH-The%20First%20Operational%20Radar.pdf.

다리골, 올리버(Olivier Darrigol). *Worlds of Flow: A History of Hydrodynamics from the Bernoullis to Prandtl*. Oxford: Oxford University Press, 2005.

데이비드, F. N.(F. N. David). *Games, Gods and Gambling: The Origins and History of Probability and Statistical Ideas from the Earliest Times to the Newtonian Era.* London: C. Griffin, 1962.

드레이퍼스, 헨리(Henry Dreyfuss). *Designing for People.* New York: Allworth Press, 2003. 한국어판은 『사용자를 위한 디자인 — 성공하는 디자이너의 작업과 사업에 관하여』, 현호영 옮김, 유엑스 리뷰, 2020.

디킨슨, H. W.(H. W. Dickinson). *A Short History of the Steam Engine.* New York: MacMillan, 1958.

라스코우, 세라(Sarah Laskow). "Inventing the LED Lightbulb." *The Atlantic*, September 10, 2014. https://www.theatlantic.com/technology/archive/2014/09/who-invented-the-newlightbulb/379905/.

라이먼, 프레더릭 A.(Frederic A. Lyman). "A Practical Hero: Or, How an Obscure New York Mechanic Got a Steam-Powered Toy to Drive Sawmills." *Mechanical Engineering* 126, no. 2 (February 2004): 36-38.

라이트, 제니퍼 S.(Jennifer S. Light). "When Computers Were Women." *Technology and Culture* 40, no. 3 (1999): 455-83. http://www.jstor.org/stable/25147356.

라일리, 로빈(Robin Reilly). "Josiah Wedgwood, A Lifetime of Achievement." In *Genius of Wedgwood*, edited by Hilary Young, 44-57. London: Victoria and Albert Museum, 1995.

_____. *Wedgwood.* 2 vols. New York: Stockton Press, 1989.

_____. *Wedgwood Jasper.* London: Thames and Hudson, 1994.

래티머, 루이스 하워드(Lewis H. Latimer). Process of manufacturing carbons. US Patent 252,386, filed February 19, 1881, issued January 17, 1882. https://patents.google.com/patent/US252386A/en.

러셀, 버트런드(Bertrand Russell). *Our Knowledge of the External World as a Field for Scientific Method in Philosophy.* Chicago: Open Court, 1914.

러시코프, 더글러스(Douglas Rushkoff). *Program or Be Programmed: Ten*

Commands for a Digital Age. Berkeley, CA: Soft Skull Press, 2011. 한국어 판은 『통제하거나 통제되거나 — 소셜 시대를 살아가는 10가지 생존법칙』, 김상현 옮김, 민음사, 2011.

레깃, 돈(Don Leggett). "Spectacle and Witnessing: Constructing Readings of Charles Parsons's Marine Turbine." Technology and Culture 52, no. 2 (2011): 287-309. https://doi.org/10.1353/tech.2011.0043.

레비스트로스, 클로드(Claude Lévi-Strauss). Tristes Tropiques. Translated by John and Doreen Weightman. New York: Penguin, 1992. 한국어판은 『슬픈 열대』, 박옥줄 옮김, 한길사, 2022.

레이놀즈, 오스본(Osborne Reynolds). Papers on Mechanical and Physical Subjects. 3 vols. Cambridge, UK: Cambridge University Press, 1900-3.

레이든, 데니스 패트릭 외(Dennis Patrick Leyden and Matthias Menter. "The Legacy and Promise of Vannevar Bush: Rethinking the Model of Innovation and the Role of Public Policy." Economics of Innovation and New Technology 27, no. 3 (2018): 225-42. https://doi.org/10.1080/10438599.2017.1329189.

렘리, 마크 A.(Mark A. Lemley). "The Myth of the Sole Inventor." Michigan Law Review 110, no. 5 (2012): 709-60. https://doi.org/10.2139/ssrn.1856610.

로사, 프란시스쿠(Francisco Louçã). "Emancipation Through Interaction—How Eugenics and Statistics Converged and Diverged." Journal of the History of Biology 42, no. 4 (Winter 2009): 649-84. https://doi.org/10.1007/s10739-008-9167-7.

로스, 로나(Lorna Roth). "Looking at Shirley, the Ultimate Norm: Colour Balance, Image Technologies, and Cognitive Equity." Canadian Journal of Communications 34, no. 1 (2009): 111-36. https://doi.org/10.22230/cjc.2009v34n1a2196.

로즈, 힐러리(Hilary Rose). Love, Power and Knowledge: Towards a Feminist Transformation of the Sciences. Cambridge, UK: Polity Press, 1994.

롤스턴, 니컬러스 외(Nicholas Rolston, William J. Scheideler, Austin C. Flick, Justin

P. Chen, Hannah Elmaraghi, Andrew Sleugh, Oliver Zhao, Michael Woodhouse, and Reinhold H. Dauskardt). "Rapid Open-Air Fabrication of Perovskite Solar Modules." *Joule* 4 (December 16, 2020): 2675-92. https://doi.org/10.1016/j.joule.2020.11.001.

롱, 패멀라 O.(Pamela O. Long). *Technology and Society in the Medieval Centuries: Byzantium, Islam, and the West, 500-1300*. Washington, DC: American Historical Association, 2003.

마셜, R. D. 외 엮음(R. D. Marshall and H. C. S. Thom, eds.) *Proceedings of Technical Meeting Concerning Wind Loads on Buildings and Structures*. Building Science Series 30. Washington, DC: National Bureau of Standards, U.S. Department of Commerce, 1970.

마스든, 벤(Ben Marsden). "Ranking Rankine: W. J. M. Rankine (1820-72) and the Making of 'Engineering Science' Revisited." *History of Science* 51, no. 4 (2013): 434-56. https://doi.org/10.1177/007327531305100403.

마컴, J. 외(J. Marcum and T. P. Kinn). "Heating with Microwaves." *Electronics* 20 (March 1947): 82-85.

매리슨, 워런 A.(Warren A. Marrison). "The Evolution of the Quartz Crystal Clock." *Bell System Technical Journal* 27, no. 3 (July 1948): 510-88. https://doi.org/10.1002/j.1538-7305.1948.tb01343.x.

매캐덤, 데이비드 L.(David L. MacAdam). "Quality of Color Reproduction." *Journal of the Society of Motion Picture and Television Engineers* 56 (May 1951): 487-512. https://doi.org/10.5594/J06314.

매켄드릭, 닐(Neil McKendrick). "Josiah Wedgwood and Factory Discipline." *Historical Journal* 4, no. 1 (1961): 30-55. https://www.jstor.org/stable/3020380.

_____. "Josiah Wedgwood and Thomas Bentley: An Inventor-Entrepreneur Partnership in the Industrial Revolution." *Transactions of the Royal Historical Society* 14 (1964): 1-33. https://doi.

org/10.2307/3678942.

_____. "The Role of Science in the Industrial Revolution: A Study of Josiah Wedgwood as a Scientist and Industrial Chemist." In *Changing Perspectives in the History of Science: Essays in Honor of Joseph Needham*, edited by Mikuláš Teich and Robert Young, 274-319. London: Heinemann, 1973.

매켄지, 도널드 A.(Donald A. MacKenzie). *Statistics in Britain 1865-1930*. Edinburgh, UK: Edinburgh University Press, 1981.

맥심, 하이럼 S.(Hiram S. Maxim). Improvements in devices for advertising purposes. GB Patent 190702482A, filed January 31, 1907, and issued April 30, 1908. https://patents.google.com/patent/GB190702482A/.

_____. *My Life*. London: Methuen, 1915. "Maxim's Electric Light." *Engineering* 31 (June 3, 1881): 569-70. "The Maxim System of Electric Illumination by Incandescence." *Engineering* 31 (June 17, 1881): 618-20.

머리, 돈(Don Murray). "Percy Spencer and His Itch to Know." *Reader's Digest* (August 1958): 114-18.

멀린, T.(T. Mullin). "Experimental Studies of Transition to Turbulence in a Pipe." *Annual Review of Fluid Mechanics* 43 (2011): 1-24. https://doi.org/10.1146/annurev-fluid-122109-160652.

멈퍼드, 루이스(Lewis Mumford). *Technics and Civilization*. Chicago: University of Chicago Press, 1934. 한국어판은 『기술과 문명』, 문종만 옮김, 책세상, 2013.

메칼프, 로버트 M.(Robert M. Metcalfe). Interviews by Len Shustek, November 29, 2006, January 31, 2007. Interview X3819.2007, Computer History Museum, Mountain View, California. https://www.computerhistory.org/collections/catalog/102657995.

메칼프, 로버트 M. 외(Robert M. Metcalfe and David R. Boggs). "Ethernet: Distributed Packet Switching for Local Computer Networks."

Communications of the ACM 19, no. 7 (July 1976): 395-404. https://doi.org/10.1145/360248.360253.

모펫, 클리블랜드(Cleveland Moffett). "The Fastest Vessel Afloat." *Pearson's Magazine* 6 (July-December 1898): 224-30.

뮐레탈러, 브루노 외(Bruno Mühlethaler and Jean Thissen). "Smalt." *Studies in Conservation*, no. 2 (1969): 47-61. https://doi.org/10.1179/sic.1969.005.

미티야드, 일라이자(Eliza Meteyard). *The Life of Josiah Wedgwood.* 2 vols. London: Hurst and Blackett, 1866.

밀러, 데이비드 필립(David Philip Miller). "The 'Sobel Effect.'" *Metascience* 11, no. 2 (June 2002): 185-200. https://doi.org/10.1007/BF02914819.

밀러, 존 앤더슨(John Anderson Miller). *Yankee Scientist: William David Coolidge.* Schenectady, NY: Mohawk Development Service, 1963.

바하도리, 메흐디 N.(Mehdi N. Bahadori). "Passive Cooling Systems in Iranian Architecture." *Scientific American* 238, no. 2 (February 1978): 144-55. https://www.jstor.org/stable/24955643.

백스터, 제임스 피니(James Phinney Baxter). *Scientists Against Time.* Boston: Little, Brown, 1946.

버그, 맥신(Maxine Berg). *Luxury and Pleasure in Eighteenth-Century Britain.* London: Oxford University Press, 2005.

베넷, J. H.(J. H. Bennett). *Natural Selection, Heredity, and Eugenics, including Selected Correspondence of R. A. Fisher with Leonard Darwin and others.* Oxford, UK: Clarendon Press, 1983.

베이커, G. R. M.(G. R. M. Baker). "Lippmann on Colour Photography." *British Journal of Photography* (April 4, 1896): 265.

보드머, 월터 외(Walter Bodmer, R. A. Bailey, Brian Charlesworth, Adam Eyre-Walker, Vernon Farewell, Andrew Mead, and Stephen Senn). "The Outstanding Scientist, R. A. Fisher: His Views on Eugenics and Race." *Heredity* 126 (2021): 565-76. https://doi.org/10.1038/s41437-020-00394-6.

보렐, 브렌던(Brendan Borrell). "Physics on Two Wheels." *Nature* 535, no. 7612 (July 21, 2016): 338-41. https://www.nature.com/articles/535338a.pdf?origin=ppub.

보르헤스, 호르헤 루이스(Jorge Luis Borges). *The Library of Babel*. Translated by Andrew Hurley. Boston: David R. Godine, 2000. 단편 『바벨의 도서관』의 한국어판은 『픽션들』, 송병선 옮김, 민음사, 2011에서 읽을 수 있다.

보엔, E. G.(E. G. Bowen). *Radar Days*. London: Institute of Physics Publishing, 1998.

보이티우스(Boethius). *The Consolation of Philosophy*. Translated by David R. Slavitt. Cambridge, MA: Harvard University Press, 2008. 한국어판은 『철학의 위안』, 염승섭 옮김, 부북스, 2019.

부시, 버니바(Vannevar Bush). *Science—The Endless Frontier: A Report to the President on a Program for Postwar Scientific Research*. Washington, DC: National Science Foundation, 1960. First published 1945.

브라워, 앤드류 V. Z.(Andrew V. Z. Brower). "Fifty Shades of Cladism." *Biology and Philosophy* 33, no. 8 (2018): 7-11. https://doi.org/10.1007/s10539-018-9622-6.

브레이, 프란체스카(Francesca Bray). "How Blind Is Love?: Simon Winchester's 'The Man Who Loved China.'" *Technology and Culture* 51, no. 3 (July 2010): 578-88. https://doi.org/10.1353/tech.2010.0015.

브레이어, 엘리자베스(Elizabeth Brayer). *George Eastman: A Biography*. Rochester, NY: University of Rochester Press, 2006.

브로나우스키, 제이컵(Jacob Bronowski). *The Ascent of Man*. Boston: Little, Brown, 1973. 한국어판은 『인간 등정의 발자취』, 제이콥 브로노우스키 지음, 김은국·김현숙 옮김, 바다출판사, 2023.

브릴, 이본 클레이스(Yvonne Claeys Brill). Dual thrust level monopropellant spacecraft propulsion system. US Patent 3,807,657, filed January 31, 1972, and issued April 30, 1974. https://patents.google.com/patent/

US3807657A/en.

_____. Interview by Deborah Rice, November 3, 2005. Interview LOH001952.4, Profiles of SWE Pioneers Oral History Project, Walter P. Reuther Library and Archives of Labor and Urban Affairs, Wayne State University, Detroit, MI. https://ethw.org/Oral-History:Yvonne_Brill.

블랭크, 폴라(Paula Blank). *Shakespeare and the Mismeasure of Renaissance Man*. Ithaca, NY: Cornell University Press, 2006.

사이먼, 줄리언 L.(Julian L. Simon). *The Ultimate Resource 2*. Princeton, NJ: Princeton University Press, 1996. 한국어판은 『근본자원 2 — 인구, 자원, 환경문제의 진실』(상, 하), 줄리언 L. 사이몬 지음, 조영일 옮김, 자유기업원, 2000-2001.

살바도리, 마리오(Mario Salvadori). *Why Buildings Stand Up: The Strength of Architecture*. New York: W. W. Norton, 1980. 한국어판은 『建築物은 어떻게해서 서 있는가』, 손기상 옮김, 技文堂, 1984.

서비스, 로버트 F.(Robert F. Service). "Protein Evolution Earns Chemistry Nobel." *Science* 362, no. 641 (October 12, 2018): 142. https://doi.org/10.1126/science.362.6411.142.

세넷, 리처드(Richard Sennett). *The Craftsman*. New Haven, CT: Yale University Press, 2008. 한국어판은 『장인 — 현대문명이 잃어버린 생각하는 손』, 김홍식 옮김, arte(아르테), 2021.

셸비, 론 R.(Lon R. Shelby). "The Education of Medieval English Master Masons." *Medieval Studies* 32 (1970): 1-26.

_____. "The Geometrical Knowledge of Mediaeval Master Masons." *Speculum* 47, no. 3 (1972): 395-421. https://doi.org/10.2307/2856152.

_____. "Mediaeval Masons' Templates." *Journal of the Society of Architectural Historians* 30, no. 2 (1971): 140-54. https://doi.org/10.2307/988630.

_____. "Medieval Masons' Tools. II. Compass and Square." *Technology and Culture* 6, no. 2 (1965): 236-48. https://doi.org/10.2307/3101076.

―――. "The Role of the Master Mason in Mediaeval English Building." *Speculum* 39, no. 3 (1964): 387-403. https://doi.org/10.2307/2852495.

셸비, 론 R. 외(Lon R. Shelby and Robert Mark). "Late Gothic Structural Design in the 'Instructions' of Lorenz Lechler.'" *Architectura* 9, no. 2 (1979): 113-31.

슈스터, 아서(Arthur Schuster). *Biographical Fragments*. London: MacMillan, 1932.

스마일스, 새뮤얼(Samuel Smiles). *Josiah Wedgwood, F.R.S., His Personal History*. New York: Harper & Brothers, 1895.

스모린스키, 크레이그(Craig Smoryński). *Mathematical Problems: An Essay on Their Nature and Importance*. Cham, Switzerland: Spring Nature, 2020.

스미스, 시릴 스탠리(Cyril Stanley Smith). *A Search for Structure: Selected Essays on Science, Art, and History*. Cambridge, MA: MIT Press, 1981.

스미스, 프랭크 E.(Frank E. Smith) "Sir Charles Parsons and Steam." *Transactions of the North-East Coast Institution of Engineers and Shipbuilders* 53 (1936-1937): 31-52.

스밀, 바츨라프(Vaclav Smil). *Creating the Twentieth Century: Technical Innovations of 1867-1914 and Their Lasting Impact*. Oxford: Oxford University Press, 2005.

스윈번, 제임스(James Swinburne). "Incandescent Electric Lamps: Part I." *Technics* 1, no. 2 (February 1904): 160-64.

스케이프, W. 개릿(W. Garrett Scaife). *From Galaxies to Turbines: Science, Technology and the Parsons Family*. Bristol, UK: Institute of Physics, 2000.

―――. "The Parsons Steam Turbine." *Scientific American* 252, no. 4 (April 1985): 132-39. http://www.jstor.org/stable/24967620.

스토던마이어, 존 M.(John M. Staudenmaier). *Technology's Storytellers: Reweaving the Human Fabric*. Cambridge: MIT Press, 1985.

스펜서, 퍼시 L.(Percy L. Spencer). Method of treating foodstuffs. US Patent 2,495,429, filed October 8, 1945, issued January 24, 1950. https://patents.google.com/patent/US2495429A/en.

_____. "P. L. Spencer: Raytheon November 15, 1925-June 1, 1959." Unpublished manuscript, January 25, 1960, Raytheon Archives.

시걸, 하워드(Howard Segal). *Technological Utopianism in American Culture*. Chicago: University of Chicago Press, 1985.

실버, 대니얼 S.(Daniel S. Silver). "Knot Theory's Odd Origins." *American Scientist* 94, no. 2 (March-April 2006): 158-65. https://doi.org/10.1511/2006.58.158.

싱, 사이먼(Simon Singh). *Fermat's Last Theorem*. New York: HarperCollins, 2012. 한국어판은 『페르마의 마지막 정리』, 박병철 옮김, 와이엘씨, 2022.

아널드, 프랜시스 H.(Frances H. Arnold). "Innovation by Evolution: Bringing New Chemistry to Life (Nobel Lecture)." *Angewandte Chemie International Edition* 58, no. 41 (2019): 14420-26. https://doi.org/10.1002/anie.201907729.

_____. "The Library of Maynard-Smith: My Search for Meaning in the Protein Universe." In *Microbes and Evolution: The World That Darwin Never Saw*, edited by R. Kolter and S. Maloy, 203-8. Washington, DC: ASM Press, 2012.

_____. "The Nature of Chemical Innovation: New Enzymes by Evolution." *Quarterly Reviews of Biophysics* 48, no. 4 (2015): 404-10. https://doi.org/10.1017/S003358351500013X.

아렌트, 한나(Hannah Arendt). *The Human Condition*. Chicago: University of Chicago Press, 1958. 한국어판은 『인간의 조건』, 이진우 옮김, 한길사, 2020.

아이브스, 허버트 E.(Herbert E. Ives). "An Experimental Study of the Lippmann Color Photograph." *Astrophysical Journal* 27 (1908): 325-52.

아이오와주립대학교 교수평의원회(Iowa State University Faculty Senate). "Memorial Resolutions," May 5, 2009. https://www.facsen.iastate.edu/sites/default/files/uploads/Memorial%20Resolutions/Memorial%20Resolutions20090505.pdf.

알자자리, 이븐 알라자즈(Ibn al-Razzāz al-Jazari). *The Book of Knowledge of Ingenious Mechanical Devices*. Translated by Donald R. Hill. Dordrecht, Netherlands: D. Reidel, 1974.

알핫산, 아흐마드 Y. 외(Ahmad Y. al-Hassan and Donald R. Hill). *Islamic Technology: An Illustrated History*. Cambridge, UK: Cambridge University Press, 1986.

앨런, 잭(Jack Allen). "The Life and Work of Osborne Reynolds." In Osborne Reynolds and Engineering Science Today, edited by D. M. McDowell and J. D. Jackson, 1-82. Manchester, UK: Manchester University Press, 1970.

에버하트, 조너선(Jonathan Eberhart). "The Gentle Rockets." *Science* 91, no. 4 (January 28, 1967): 95, 97. https://doi.org/10.2307/3951521.

엘리엇, 고든(Gordon Elliott). *Aspects of Ceramic History*. 3 vols. Endon, UK: G. W. E. Publications, n.d.

옐, 프랜시스(Francis Jehl). *Menlo Park Reminiscences*. 3 vols. Dearborn, MI: Edison's Institute, 1936-1941.

오레, 외위스테인(Oystein Ore). "Pascal and the Invention of Probability Theory." *American Mathematical Monthly* 67, no. 5 (May 1960): 409-19. https://doi.org/10.2307/2309286.

오셉척, 존 M.(John M. Osepchuk). "A History of Microwave Heating Applications." *IEEE Transactions on Microwave Theory and Techniques* MTT-32, no. 9 (September 1984): 1200-24. https://doi.org/10.1109/TMTT.1984.1132831.

와이즈, 조지(George Wise). "Ring Master." *American Heritage of Invention and Technology* 7, no.1 (Spring/Summer 1991): 58-63. https://www.

inventionandtech.com/content/ring-master-1.

와이즈먼, D. J.(D. J. Wiseman). "Mesopotamian Gardens." *Anatolian Studies* 33 (1983): 137-44. https://doi.org/10.2307/3642702.

워릴로우, E. J. D.(E. J. D. Warrillow). *History of Etruria: Staffordshire, England 1760-1951*. 3rd ed. Stoke-on-Trent, UK: Etruscan Publications, 1953.

웨지우드, 조사이어(Josiah Wedgwood). *Letters of Josiah Wedgwood*. Edited by Katherine Eufemia Farrer. 3 vols. London: Women's Printing Society, 1903-1906. Reprinted Manchester, UK: E. J. Morten for the Trustees of the Wedgwood Museum, 1973.

윈스턴, 브라이언(Brian Winston). "A Whole Technology of Dyeing: A Note on Ideology and the Apparatus of the Chromatic Moving Image." *Daedalus* 114, no. 4 (1985): 105-23. https://www.jstor.org/stable/20025012.

윌슨, H. W.(H. W. Wilson). "The Global Review at Spithead: A Superb Display." *The Graphic*, no. 1440 (July 3, 1897).

윌슨, S. S.(S. S. Wilson). "Bicycle Technology." *Scientific American* 228, no. 3 (March 1973): 81-91. https://www.jstor.org/stable/24923004.

유잉, J. A.(J. A. Ewing). "The Hon. Sir Charles Parsons, O.M., K.C.B. 1854-1931." *Proceedings of the Royal Society of London* Series A 131, no. 818 (June 3, 1931): v-xxv. https://doi.org/10.1098/rspa.1931.0068.

존슨, 밥(Bob Johnson). *Shuji Nakamura and the Revolution in Lightning Technology*. Amherst, NY: Prometheus Books, 2015.

챌드콧, 존 A.(John A. Chaldecott). "Josiah Wedgwood (1730-95): Scientist." *British Journal for the History of Science* 8, no. 1 (March 1975): 1-16. https://www.jstor.org/stable/4025813.

천, K. Q. 외(K. Q. Chen and F. H. Arnold). "Enzyme Engineering for Nonaqueous Solvents: Random Mutagenesis to Enhance Activity of Subtilisin E in Polar Organic Media." *Biotechnology* 9 (1991): 1073-77. https://doi.org/10.1038/nbt1191-1073.

카네이로, 로버트 L.(Robert L. Carneiro). "The Evolution of the Tipití: A Study in the Process of Invention." In *Cultural Evolution: Contemporary Viewpoints*, edited by Gary M. Feinman and Linda Manzanilla, 61-93. Dordrecht, Netherlands: Kluwer Academic/Plenum Publishers, 2000.

커밍, 로버트 B.(Robert B. Cumming). "Is Risk Assessment a Science?," Risk Analysis 1, no. 1 (1981): 1-3.

커즈와일, 레이(Ray Kurzweil). *The Singularity Is Near: When Humans Transcend Biology*. New York: Viking, 2005. 한국어판은 『특이점이 온다 — 인간은 기계가 되고 기계는 인간이 된다』, 김명남·장시형 옮김, 김영사, 2007.

케블스, 대니얼 J.(Daniel J. Kevles). *In the Name of Eugenics: Genetics and the Uses of Human Heredity*. New York: Knopf, 1985.

코니시, 폴(Paul Cornish). *Machine Guns and the Great War*. South Yorkshire, UK: Pen & Sword Military, 2009.

코언, 메러디스(Meredith Cohen). *The Sainte-Chapelle and the Construction of Sacral Monarchy: Royal Architecture in Thirteenth-Century Paris*. New York: Cambridge University Press, 2015.

코언, 빌리 본(Billy Vaughn Koen). *Discussion of the Method: Conducting the Engineer's Approach to Problem Solving*. Oxford: Oxford University Press, 2003.

코원, 루스 슈워츠(Ruth Schwartz Cowan). *More Work for Mother: The Ironies of Household Technology from the Open Hearth to the Microwave*. New York: Basic Books, 1983. 한국어판은 『과학기술과 가사노동』, 루쓰 코완 지음, 김성희 외 옮김, 학지사, 1997.

코이만, J. D. G. 외(J. D. G. Kooijman, J. P. Meijaard, Jim M. Papadopoulos, Andy Ruina, and A. L. Schwab). "A Bicycle Can Be Self-Stable Without Gyroscopic or Caster Effects." *Science* 332, no. 6027 (April 15, 2011): 339-42. https://doi.org/10.1126/science.1201959.

콜린스, 로버트 M.(Robert M. Collins). "History of Agronomy at the Iowa State College." PhD Diss., Iowa State College, 1953. https://dr.lib.iastate.edu/handle/20.500.12876/66686.

콜스, 스튜어트 G. 외(Stuart G. Coles and Elwyn A. Powell). "Bayesian Methods in Extreme Value Modelling: A Review and New Developments." *International Statistical Review* 64, no. 1 (April 1996): 119-36. https://doi.org/10.2307/1403426.

쿨리지, 윌리엄 D.(William D. Coolidge). "Ductile Tungsten." *Transactions of the American Institute of Electrical Engineers* 29, no. 2 (1910): 961-65. https://doi.org/10.1109/T-AIEE.1910.4764659.

─────────. Tungsten and method of making the same for use as filaments of incandescent electric lamps and for other purposes. US Patent 1,082,933A, filed June 19, 1912, and issued December 30, 1913. https://patents.google.com/patent/US1082933A/en.

퀸, 로즈웰(Roswell Quinn). "Rethinking Antibiotic Research and Development: World War II and the Penicillin Collaborative." *American Journal of Public Health* 103, no. 3 (March 2013): 426-34. https://doi.org/10.2105/AJPH.2012.300693.

크라우스, 피터(Peter Krause). "50 Years of Kodachrome." *Modern Photography* 49, no. 11 (October 1985): 47-63, 83, 94, 96, 98, 104, 106, 112, 114.

크러프트, 해노월터(Hanno-Walter Kruft). *History of Architectural Theory.* Princeton, NJ: Princeton Architectural Press, 1994.

크레이머, 에드나 E.(Edna E. Kramer). *The Nature and Growth of Modern Mathematics.* Princeton, NJ: Princeton University Press, 1970.

크리아두 페레스, 캐롤라인(Caroline Criado Perez). *Invisible Women: Data Bias in a World Designed for Men.* New York: Abrams Press, 2019. 한국어판은 『보이지 않는 여자들 — 편향된 데이터는 어떻게 세계의 절반을 지우는가』, 캐럴라인 크리아도 페레스 지음, 황가한 옮김, 웅진씽크빅, 2020.

클레멘트, 찰스 R. 외(Charles R. Clement, William M. Denevan, Michael J. Heckenberger, Andre Braga Junqueira, Eduardo G. Neves, Wenceslau G. Teixeira, and William I. Woods). "The Domestication of Amazonia before European Conquest." *Proceedings of the Royal Society B* 282, no. 1812 (2015): 1-9. https://doi.org/10.1098/rspb.2015.0813.

턴불, 데이비드(David Turnbull). "The Ad Hoc Collective Work of Building Gothic Cathedrals with Templates, String, and Geometry." *Science, Technology, & Human Values* 18, no. 3 (1993): 315-40. https://doi.org/10.1177/016224399301800304.

테너슨, 마이클(Michael Tennesen). "Uncovering the Arawaks." *Archaeology* 63, no. 5 (September/October 2010): 51-52, 54, 56. https://www.jstor.org/stable/41780608.

톰, H. C. S.(H. C. S. Thom). "Frequency of Maximum Winds." *Proceedings of the American Society of Civil Engineers* 80, no. 539 (November 1954): 1-11.

티페트, L. H. C.(L. H. C. Tippett). "Some Applications of Statistical Methods to the Study of Variation of Quality in the Production of Cotton Yarn." *Supplement to the Journal of the Royal Statistical Society* 2, no. 1 (1935): 27-62. https://doi.org/10.2307/2983586.

파스칼, 블레즈(Blaise Pascal). *Pensées*. Translated by A. J. Krailsheimer. London: Penguin Books, 1995. 한국어판은 『팡세』, 정봉구 옮김, 육문사, 2023.

파슨스, 찰스 A.(Charles A. Parsons). "The Application of the Compound Steam Turbine to the Purpose of Marine Propulsion." *Transactions of the Institution of Naval Architects* 38 (1897): 232-42.

_____. *The Steam Turbine: The Rede Lecture 1911*. Cambridge, UK: Cambridge University Press, 1911.

판 론, A. 외(A. van Loon, P. Noble, D. de Man, M. Alfeld, T. Callewaert, G. Van der Snickt, K. Jansens, and J. Dik). "The role of smalt in complex pigment mixtures in Rembrandt's Homer 1663: combining MA-XRF imaging, microanalysis, paint reconstructions and OCT." *Heritage Science* 8, no. 90 (2020): Herit Sci 8, 90 (2020). https://doi.org/10.1186/s40494-020-00429-5.

페트로스키, 헨리(Henry Petroski). *The Pencil: A History of Design and Circumstance.* New York: Knopf, 1990. 한국어판은 『연필 — 가장 작고 사소한 도구지만 가장 넓은 세계를 만들어낸』, 홍성림 옮김, 서해문집, 2020.

_____. *To Engineer Is Human: The Role of Failure in Successful Design.* New York: St. Martin's Press, 1985. 한국어판은 『인간과 공학 이야기 — 이카로스 후예들의 성공과 실패담』, 최용준 옮김, 지호, 1997.

포프, 프랭클린 레너드(Franklin Leonard Pope). *Evolution of the Electric Incandescent Lamp.* Elizabeth, NJ: Henry Cook, 1889.

푸셰, 레이본(Rayvon Fouché). *Black Inventors in the Age of Segregation: Granville T. Woods, Lewis H. Latimer, and Shelby J. Davidson.* Baltimore, MD: Johns Hopkins University Press, 2003.

프락, 마르텐(Maarten Prak). "Mega-Structures of the Middle Ages: The Construction of Religious Buildings in Europe and Asia, c.1000-1500." *Journal of Global History* 6 (2011): 381-406. https://doi.org/10.1017/S1740022811000386.

프리델, 로버트 외(Robert Friedel and Paul Israel). *Edison's Electric Light: Biography of an Invention.* Baltimore, MD: Johns Hopkins University Press, 2010.

플로먼, 새뮤얼 C.(Samuel C. Florman). *The Existential Pleasures of Engineering.* New York: St. Martin's Press, 1976.

_____. *The Introspective Engineer.* New York: St. Martin's Press, 1996.

플린트, 찰스 R.(Charles R. Flint). *Memories of an Active Life: Men, and Ships, and Sealing Wax.* New York: G. P. Putnam's Sons, 1923.

피페르노, 돌로레스 R. 외(Dolores R. Piperno, Crystal McMichael, and Mark B. Bush). "Amazonia and the Anthropocene: What Was the Spatial Extent and Intensity of Human Landscape Modification in the Amazon Basin at the End of Prehistory?" *Holocene* 25, no. 10 (2015): 1588-97. https://doi.org/10.1177/0959683615588374.

하이드, 랠프(Ralph Hyde). "Prints and Wedgwood." *Print Quarterly* 13, no. 2 (1996): 208-11. https://www.jstor.org/stable/41825291.

하임펠, 볼프강(Wolfgang Heimpel). *Letters to the King of Mari: A New Translation, with Historical Introduction, Notes, and Commentary.* Winona Lake, IN: Eisenbrauns, 2003.

허친슨, 알렉스(Alex Hutchinson). *Big Ideas: 100 Modern Inventions That Have Transformed Our World.* New York: Hearst Books, 2009.

헐리히, 데이비드 V.(David V. Herlihy). *Bicycle: The History.* New Haven, CT: Yale University Press, 2004. 한국어판은 『세상에서 가장 우아한 두 바퀴 탈것 — 자전거의 역사·문화·오늘』, / 데이비드 V. 헐리히 지음, 김인혜 옮김, 알마, 2008.

헤이먼, J.(J. Heyman). "On the Rubber Vaults of the Middle Ages and Other Matters." In *The Engineering of Medieval Cathedrals*, edited by Lynn T. Courtenay, 15-26. Brookfield, VT: Ashgate, 1997.

후에르타, 산티아고(Santiago Huerta). "Galileo Was Wrong: The Geometrical Design of Masonry Arches." *Nexus Network Journal* 8, no. 2 (2006): 25-52. https://doi.org/10.1007/s00004-006-0016-8.

_____. "Geometry and Equilibrium: The Gothic Theory of Structural Design." *Structural Engineer* 84, no. 2 (January 17, 2006): 23-28.

휴스, 토머스 P.(Thomas P. Hughes). *American Genesis: A Century of Invention and Technological Enthusiasm, 1870-1970.* Chicago: University of Chicago Press, 2004.

힐, 도널드 R.(Donald R. Hill). *Islamic Science and Engineering.* Edinburgh, UK:

참고문헌

Edinburgh University Press, 1993.

"45 Beacon." *Bulletin of the American Meteorological Society* 90, no. 5 (May 2009). https://doi.org/10.1175/1520-0477-90.5.706.

"Business Notes." *National Engineer* 10, no. 8 (August 1906): 38, 40, 42, 44, 46, 48, 50.

"Colour Photography at the Royal Institution." *Photography: The Journal of the Amateur, the Professional, and the Trade* 8, no. 389 (1896): 281.

"Niels Anton Christensen." *Successful American* 8, no. 1 (February 1903): 412-16.

Nobel Lectures Including Presentation Speeches and Laureates' Biographies: Physics 1901-1921. Amsterdam: Elsevier, 1967.

"The Rise of American Pay-TV." *The Economist* 268, no. 7039 (July 29, 1978): 62.

"The Rise of Raytheon." *Fortune* 34, no. 6 (October 1946): 136-88.

"The Society's Awards." *Bulletin of the American Meteorological Society* 47, no. 8 (1966): 624-33. https://doi.org/10.1175/1520-0477-47.8.624.

"Spirit of the Times." *Photography: The Journal of the Amateur, the Professional, and the Trade* 8, no. 389 (1896): 272.

신문

신문 기사는 먼저 신문 이름순으로, 다음에는 날짜순으로 정리했다.

《뉴욕 타임스(New York Times)》

마틴, 더글러스(Douglas Martin). "Yvonne Brill, a Pioneering Rocket Scientist, Dies at 88." March 30, 2013. https://www.nytimes.com/2013/03/31/science/space/yvonne-brill-rocketscientist-dies-at-88.html.

《리버풀 머큐리(Liverpool Mercury)》

"After the Spithead Review: The Cruise of the Teutonic." June 29, 1897.

《타임스(Times)》(런던)

Advertisement. April 17, 1896, 12.

"The Turbinia." June 28, 1897.

그림 출처

맥심의 전구 — 알글라브, 에밀 외(Em Alglave and J. Boulard). *The Electric Light: Its History, Production, and Applications.* New York: D. Appleton, 1884, 180.

상형문자 일부분 — 렙시우스, 카를 리하르트(Carl Richard Lepsius). *Denkmäler aus Aegypten und Aethiopien.* Plates 2, Band 3 [Giza plates only]. Berlin: Nicolaische Buchhandlung, 1849-1859.

에이버리의 증기 구동 둥근톱 — 미국 특허 6766X를 고쳐 그림. A. Foster and W. Avery "Steam Engine" September 28, 1831.

켈렉 — https://digitalcollections.nypl.org/RLIN/OCLC:6801167; NYPL catalog ID (B-number): b14308515; Universal Unique Identifier (UUID): f1a4e960-c6d3-012f-b5b0-58d385a7bc34.

풍속 지도 — 미국토목학회가 발행한 *Minimum Design Loads and Associated Criteria for Buildings and Other Structures*에서. 미국토목학회의 허락을 받고 사용.

옮긴이 권루시안

편집자이자 번역가로서 다양한 분야의 다양한 책을 독자들에게 아름답고 정확한 번역으로 소개하려 노력하고 있다. 옮긴 책으로는 존 그리빈의 『과학을 만든 사람들』과 『진화의 오리진』, 에릭 A. 해블록의 『뮤즈, 글쓰기를 배우다』, 이반 일리치·데이비드 케일리의 『이반 일리치와 나눈 대화』, 앨런 라이트맨의 『아인슈타인의 꿈』, 데이비드 크리스털의 『언어의 죽음』 등이 있다.

홈페이지 www.ultrakasa.com

삶은 공학
불확실한 세상에서 최선의 답을 찾는 생각법

펴낸날 초판 1쇄 2024년 7월 15일

지은이 빌 해맥

옮긴이 권루시안

펴낸이 이주애, 홍영완

편집장 최혜리

편집1팀 문주영, 양혜영, 김하영, 김혜원

편집 박효주, 한수정, 홍은비, 강민우, 이정미, 이소연

디자인 김주연, 기조숙, 윤소정, 박정원, 박소현

마케팅 김태윤, 정혜인, 김민준

홍보 김준영, 김철, 백지혜

해외기획 정미현

경영지원 박소현

펴낸곳 (주)윌북 **출판등록** 제2006-000017호

주소 10881 경기도 파주시 광인사길 217

전화 031-955-3777 **팩스** 031-955-3778 **홈페이지** willbookspub.com

블로그 blog.naver.com/willbooks **포스트** post.naver.com/willbooks

트위터 @onwillbooks **인스타그램** @willbooks_pub

ISBN 979-11-5581-743-8 (03500)

· 책값은 뒤표지에 있습니다.
· 잘못 만들어진 책은 구매하신 서점에서 바꿔드립니다.
· 이 책의 내용은 저작권자의 허락 없이 AI 트레이닝에 사용할 수 없습니다.